2022年版全国一级建造师执业资格考试考点精粹掌中宝

建设工程经济
考点精粹掌中宝

全国一级建造师执业资格考试考点精粹掌中宝编写委员会　编写

中国建筑工业出版社

图书在版编目（CIP）数据

建设工程经济考点精粹掌中宝／全国一级建造师执业资格考试考点精粹掌中宝编写委员会编写．— 北京：中国建筑工业出版社，2022.5

2022年版全国一级建造师执业资格考试考点精粹掌中宝

ISBN 978-7-112-27413-0

Ⅰ．①建… Ⅱ．①全… Ⅲ．①建筑经济-资格考试-自学参考资料　Ⅳ．①F407.9

中国版本图书馆 CIP 数据核字（2022）第 088821 号

责任编辑：蔡文胜
责任校对：芦欣甜

2022年版全国一级建造师执业资格考试考点精粹掌中宝
建设工程经济
考点精粹掌中宝
全国一级建造师执业资格考试考点精粹掌中宝编写委员会　编写

*

中国建筑工业出版社出版、发行（北京海淀三里河路9号）
各地新华书店、建筑书店经销
北京鸿文瀚海文化传媒有限公司制版
河北鹏润印刷有限公司印刷

*

开本：850毫米×1168毫米　1/32　印张：8½　字数：242千字
2022年6月第一版　2022年6月第一次印刷
定价：**20.00**元
ISBN 978-7-112-27413-0
（39155）

版权所有　翻印必究
如有印装质量问题，可寄本社图书出版中心退换
（邮政编码　100037）

前　　言

　　全国一级建造师执业资格考试考点精粹掌中宝系列图书由教学名师编写，是在多年教学和培训的基础上开发出的新体系。书中根据对历年考题命题点的分析，创新采用A、B、C分级考点的概念，将考点分为"必会、应知、熟悉"三个层次，将最为精华、最为重要、最有可能考到的高频考点，通过简单明了的编排方式呈现出来，能有效帮助考生快速掌握重要考试内容，特别适宜于学习时间紧张的在职考生。

　　全书根据近年考题出现的频次和分值，将各科知识点划分为A、B、C三级知识点，A级知识点涉及的是每年必考知识，即为考生必会的知识点；B级知识点是考试经常涉及的，是考生应知的知识点；C级知识点是考试偶尔涉及的，属于考生应该熟悉的知识点。上述A、B、C分级表明了考点的重要性，考生可以根据时间和精力，有选择地进行复习，以达到用较少的时间取得较好的考试成绩的目的。相比传统意义上的辅导图书，本系列图书省却了考生进行总结的过程，更加符合考生的学习规律和学习心理，能帮助考生从纷繁复杂的学习资料中脱离出来，达到事半功倍的复习效果。

　　本书既适合考生在平时的复习中对重要考点进行巩固记忆，又适合有了一定基础的考生在串讲阶段和考前冲刺阶段强化记忆。在复习备考的有限时间内，充分利用本书，即可以最少的时间达到最大的效果，从而获得更好的成绩，可谓一本图书适用备考全程。

　　本系列图书的作者都是一线教学和科研人员，有着丰富的教育教学经验，同时与实务界保持着密切的联系，熟知考生的知识背景和基础水平，编排的辅导教材在日常培训中取得了较好的效果。

　　本系列图书采用小开本印刷，方便考生随身携带，可充分利用等人、候车、餐前、饭后等碎片化的时间，高效率地完成备考工作。

本系列图书在编写过程中,参考了大量的资料,尤其是考试用书和历年真题,限于篇幅恕不一一列示致谢。在编写的过程中,立意较高颇具创新,但由于时间仓促、水平有限,虽经仔细推敲和多次校核,书中难免出现纰漏和瑕疵,敬请广大考生、读者批评和指正。

目　　录

A级知识点（必会考点） ··· 1
A1　投资回收期分析 ·· 2
A2　财务净现值分析 ·· 3
A3　偿债能力分析 ·· 4
A4　盈亏平衡分析 ·· 9
A5　敏感性分析 ··· 12
A6　收入的分类及确认 ··· 15
A7　基本财务比率的计算和分析 ································· 19
A8　现金和有价证券的财务管理 ································· 24
A9　建筑安装工程费用项目组成 ································· 25
A10　工程建设其他费用组成 ····································· 30
A11　施工机械台班使用定额的编制 ······························· 38
A12　设计概算的编制方法 ······································· 41
A13　施工图预算的审查内容 ····································· 49
A14　工程量清单编制的方法 ····································· 51
A15　工程量清单计价的方法 ····································· 56
A16　招标控制价的编制方法 ····································· 60
A17　投标价的编制方法 ··· 64
A18　合同价款调整 ··· 68
A19　质量保证金的处理 ··· 77
B级知识点（应知考点） ·· 79
B1　利息的计算 ··· 80
B2　名义利率与有效利率的计算 ································· 82
B3　投资收益率分析 ··· 83
B4　设备租赁与购买方案的比选分析 ····························· 85
B5　提高价值的途径 ··· 88

- B6 价值工程在工程建设应用中的实施步骤 ············· 89
- B7 新技术、新工艺和新材料应用方案的经济分析 ········· 95
- B8 工程成本的确认和结算方法 ····················· 97
- B9 施工企业期间费用的核算 ······················· 101
- B10 建造（施工）合同收入的核算 ··················· 101
- B11 资产负债表的内容和作用 ······················ 106
- B12 现金流量表的内容和作用 ······················ 107
- B13 筹资方式 ································· 109
- B14 资金成本的计算与应用 ······················· 114
- B15 人工定额的编制 ···························· 115
- B16 施工图预算的编制方法 ······················· 119
- B17 工程计量 ································· 122
- B18 施工索赔与现场签证 ························· 123
- B19 预付款及期中支付 ··························· 129
- B20 国际工程投标报价的组成 ······················ 137

C 级知识点（熟悉考点） ·························· 141
- C1 资金等值计算及应用 ························· 142
- C2 经济效果评价指标体系 ······················· 146
- C3 财务内部收益率分析 ························· 147
- C4 基准收益率的确定 ··························· 148
- C5 技术方案现金流量表 ························· 151
- C6 技术方案现金流量表的构成要素 ················· 152
- C7 设备磨损与补偿 ···························· 160
- C8 设备更新方案的比选原则 ······················ 162
- C9 设备更新时机的确定方法 ······················ 163
- C10 新技术、新工艺和新材料应用方案的选择原则 ········ 164
- C11 新技术、新工艺和新材料应用方案的技术分析 ········ 165
- C12 财务会计工作基本内容 ······················· 165
- C13 会计核算的原则 ···························· 169
- C14 费用与成本的关系 ··························· 171
- C15 工程成本的核算 ···························· 174

C16	利润的计算	178
C17	所得税费用的确认	182
C18	财务报表的构成和列报的基本要求	187
C19	利润表的内容和作用	189
C20	财务报表附注的内容和作用	190
C21	财务分析的常用方法	190
C22	筹资主体	191
C23	资本结构分析与优化	193
C24	存货的财务管理	194
C25	建设项目总投资费用项目组成	195
C26	建筑安装工程费用计算方法	198
C27	增值税计算	203
C28	设备购置费计算	206
C29	预备费计算	209
C30	资金筹措费计算	210
C31	建设工程定额的分类	211
C32	材料消耗定额的编制	214
C33	施工定额和企业定额的编制	215
C34	预算定额及其基价的编制	217
C35	设计概算的内容和作用	219
C36	设计概算的审查内容	221
C37	施工图预算的作用	223
C38	施工图预算的编制依据	223
C39	工程量清单的作用	225
C40	合同价款的约定	225
C41	工程变更价款的确定	227
C42	竣工结算与支付	229
C43	合同价款纠纷的处理	233
C44	国际工程投标报价的程序	242
C45	单价分析和标价汇总的方法	248
C46	国际工程投标报价的技巧	250

C47 经济效果评价的内容 ………………………………… 252
C48 不确定性分析 ………………………………………… 256
C49 财务会计的内涵 ……………………………………… 257
C50 会计核算的基本前提 ………………………………… 258
C51 流动资金的估算方法 ………………………………… 259
C52 概算定额与概算指标的编制 ………………………… 260

A 级 知 识 点

(必会考点)

A1 投资回收期分析

★高频考点：投资回收期分析

序号	项目	内容	说明
1	概念	也称投资返本期，是反映技术方案投资回收能力的重要指标	分为静态投资回收期和动态投资回收期，通常只进行技术方案静态投资回收期计算分析。静态投资回收期宜从技术方案建设开始年算起，若从技术方案投产开始年算起，应予以特别注明 从建设开始年算起，静态投资回收期（P_t）的计算公式： $$\sum_{t=0}^{P_t}(CI-CO)_t = 0$$ 式中 P_t——技术方案静态投资回收期； CI——技术方案现金流入量； CO——技术方案现金流出量； $(CI-CO)_t$——技术方案第 t 年净现金流量
2	应用式	当技术方案实施后各年的净收益（即净现金流量）均相同时	静态投资回收期的计算公式： $$P_t = \frac{I}{A}$$ 式中 I——技术方案总投资； A——技术方案每年的净收益，即 $A=(CI-CO)_t$
		当技术方案实施后各年的净收益不相同时	计算公式为： $$P_t = T-1 + \frac{\sum_{t=0}^{T-1}(CI-CO)_t}{(CI-CO)_T}$$ 式中 T——技术方案各年累计净现金流量首次为正或零的年数； $\sum_{t=0}^{T-1}(CI-CO)_t$——技术方案第 $(T-1)$ 年累计净现金流量的绝对值； $(CI-CO)_T$——技术方案第 T 年的净现金流量

序号	项目	内容	说明
3	判别准则	将计算出的静态投资回收期 P_t 与所确定的基准投资回收期 P_c 进行比较	（1）若 $P_t \leqslant P_c$，表明技术方案投资能在规定的时间内收回，则技术方案可以考虑接受； （2）若 $P_t > P_c$，则技术方案是不可行的

注：（1）静态投资回收期指标容易理解，计算也比较简便，在一定程度上显示了资本的周转速度。显然，资本周转速度愈快，静态投资回收期愈短，风险愈小，技术方案抗风险能力强。因此在技术方案经济效果评价中一般都要求计算静态投资回收期，以反映技术方案原始投资的补偿速度和技术方案投资风险性。对于那些技术上更新迅速的技术方案，或资金相当短缺的技术方案，或未来的情况很难预测而投资者又特别关心资金补偿的技术方案，采用静态投资回收期评价特别有实用意义。

（2）静态投资回收期的不足主要有：一是没有全面地考虑技术方案在整个计算期内现金流量，即只考虑回收之前的效果，不能反映投资回收之后的情况，故无法全面衡量技术方案在整个计算期内的经济效果；二是没有考虑资金时间价值，只考虑回收之前各年净现金流量的直接加减，以致无法准确判别技术方案的优劣。所以，静态投资回收期作为技术方案选择和技术方案排队的评价准则是不可靠的，它只能作为辅助评价指标，或与其他评价指标结合应用。

A2　财务净现值分析

★高频考点：财务净现值分析

序号	项目	内容	说明
1	概念	指用一个预定的基准收益率（或设定的折现率）i_c，分别把整个计算期间内各年所发生的净现金流量都折现到技术方案开始实施时的现值之和	反映技术方案在计算期内盈利能力的动态评价指标，计算公式为： $$FNPV = \sum_{t=0}^{n}(CI-CO)_t(1+i_c)^{-t}$$ 式中　$FNPV$——财务净现值； 　　　$(CI-CO)_t$——技术方案第 t 年的净现金流量（应注意"＋""－"号）； 　　　i_c——基准收益率； 　　　n——技术方案计算期

序号	项目	内容	说明
2	判别准则	是评价技术方案盈利能力的绝对指标	（1）财务净现值是评价技术方案盈利能力的绝对指标。当 $FNPV>0$ 时，说明该技术方案除了满足基准收益率要求的盈利之外，还能得到超额收益的现值，换句话说，技术方案现金流入的现值和大于现金流出的现值和，该技术方案有超额收益的现值，故该技术方案财务上可行；当 $FNPV=0$ 时，说明该技术方案基本能满足基准收益率要求的盈利水平，即技术方案现金流入的现值正好抵偿技术方案现金流出的现值，该技术方案财务上还是可行的；当 $FNPV<0$ 时，说明该技术方案不能满足基准收益率要求的盈利水平，即技术方案收益的现值不能抵偿支出的现值，该技术方案财务上不可行。 （2）对多个互斥技术方案评价时，在所有 $FNPV_j \geqslant 0$ 的技术方案中，以财务净现值最大的技术方案为财务上相对更优的方案

注：财务净现值指标的优点是：考虑了资金的时间价值，并全面考虑了技术方案在整个计算期内现金流量的时间分布的状况；经济意义明确，能够直接以货币额表示技术方案的盈利水平；判断直观。不足之处是：必须首先确定一个符合经济现实的基准收益率，而基准收益率的确定往往是比较困难的；在互斥方案评价时，财务净现值必须慎重考虑互斥方案的寿命，如果互斥方案寿命不等，必须构造一个相同的分析期限，才能进行各个方案之间的比选；财务净现值也不能真正反映技术方案投资中单位投资的使用效率；不能直接说明在技术方案运营期间各年的经营成果；没有给出该投资过程确切的收益大小，不能反映投资的回收速度。

A3　偿债能力分析

★高频考点：偿债能力分析的层次

技术方案的偿债能力分析有可能出现方案和企业两个层次，同时需要考察企业财务状况才能满足金融机构信贷决策的要求。

1. 技术方案层次的偿债能力分析

首先可以进行技术方案层次的偿债能力分析，编制项目的借款还本付息计划表，计算技术方案层次的偿债能力指标。

计算得到的技术方案偿债能力指标可以表示技术方案自身的各项收益偿付债务的能力，显示技术方案对企业整体财务状况的影响。计算得到的技术方案层次偿债能力指标可以给企业法人两种提示：一是靠本技术方案自身收益可以偿还债务，不会给企业法人增加债务负担；二是本技术方案的自身收益不能偿还债务，需要企业法人另筹资金偿还债务。

同样，计算得到的拟建技术方案偿债能力指标对银行等金融机构也可作为参考，一是技术方案自身有偿债能力；二是技术方案自身偿债能力不足，需要企业另外筹资偿还。

2. 企业层次的偿债能力分析

偿债能力分析，重点是分析判断技术方案的财务主体——企业的偿债能力。由于金融机构贷款是贷给企业法人而不是贷给技术方案的，金融机构进行信贷决策时，一般应根据企业的整体资产负债结构和偿债能力决定信贷取舍。有时虽然技术方案自身无偿债能力，但是整个企业偿债能力强，金融机构也可能给予贷款；有时虽然技术方案有偿债能力，但企业整体信誉差、负债高、偿债能力弱，金融机构也可能不予贷款。因此，偿债能力评价，一定要分析技术方案债务资金的融资主体的偿债能力，而不仅仅是"技术方案"的偿债能力。对于企业融资方案，应以技术方案所依托的整个企业作为偿债能力的分析主体。

3. 企业财务状况考察

为了考察企业的整体经济实力，分析技术方案融资主体的偿债能力，需要评价整个企业的财务状况和各种借款的综合偿债能力。为了满足债权人的要求，需要编制企业在拟实施技术方案建设期和投产后若干年的财务计划现金流量表、资产负债表、企业借款偿还计划表等报表，分析企业偿债能力。

★高频考点：偿债资金来源与还款顺序

序号	项目	内容	说明
1	偿债资金来源	（1）利润	用于归还贷款的利润，一般应是提取了盈余公积金、公益金后的未分配利润。如果是股份制企业需要向股东支付股利，那

序号	项目	内容	说明
1	偿债资金来源	(1)利润	么应从未分配利润中扣除分配给投资者的利润,然后用来归还贷款。技术方案投产初期,如果用规定的资金来源归还贷款的缺口较大,也可暂不提取盈余公积金、公益金,但这段时间不宜过长,否则将影响到企业的扩展能力
		(2)固定资产折旧	鉴于技术方案投产初期尚未面临固定资产更新的问题,作为固定资产重置准备金性质的折旧基金,在被提取以后暂时处于闲置状态。因此,为了有效地利用一切可能的资金来源以缩短还贷期限,加强企业的偿债能力,可以使用部分新增折旧基金作为偿还贷款的来源之一。一般地,投产初期可以利用的折旧基金占全部折旧基金的比例较大,随着生产时期的延伸,可利用的折旧基金比例逐步减小。最终,所有被用于归还贷款的折旧基金,应由未分配利润归还贷款后的余额垫回,以保证折旧基金从总体上不被挪作他用,在还清贷款后恢复其原有的经济属性
		(3)无形资产及其他资产摊销费	摊销费是按现行的财务制度计入企业的总成本费用,但是企业在提取摊销费后,这笔资金没有具体的用途规定,具有"沉淀"性质,因此可以用来归还贷款
		(4)其他还款资金	是指按有关规定可以用减免的营业中税金来作为偿还贷款的资金来源。进行预测时,如果没有明确的依据,可以暂不考虑
2	还款方式及还款顺序	(1)国外(含境外)借款的还款方式	需要按协议的要求计算出在规定的期限内每年需归还的本息总额
		(2)国内借款的还款方式	按照先贷先还、后贷后还,利息高的先还、利息低的后还的顺序归还

注:债务清偿能力评价,一定要分析债务资金的融资主体的清偿能力,而不是"技术方案"的清偿能力。

★高频考点：偿债能力分析

序号	项目	内容	说明
1	借款偿还期	(1)概念	指根据国家财税规定及技术方案的具体财务条件，以可作为偿还贷款的收益（利润、折旧、摊销费及其他收益）来偿还技术方案投资借款本金和利息所需要的时间
		(2)一般计算公式	$I_d = \sum_{t=0}^{P_d}(B+D+R_o-B_r)_t$ 式中 P_d——借款偿还期（从借款开始年计算；当从投产年算起时，应予注明）； I_d——投资借款本金和利息（不包括已用自有资金支付的部分）之和； B——第 t 年可用于还款的利润； D——第 t 年可用于还款的折旧和摊销费； R_o——第 t 年可用于还款的其他收益； B_r——第 t 年企业留利
		(3)实际工作中，借款偿还期可通过借款还本付息计算表推算	推算公式为： $P_d = $（借款偿还开始出现盈余年份$-1$）$+\dfrac{盈余当年应偿还借款额}{盈余当年可用于还款的余额}$
		(4)判别准则	借款偿还期满足贷款机构的要求期限时，技术方案是有借款偿债能力的；借款偿还期指标适用于那些不预先给定借款偿还期限，不适用于那些预先给定借款偿还期限的技术方案
2	利息备付率(ICR)	(1)概念	也称已获利息倍数，指在技术方案借款偿还期内各年企业可用于支付利息的息税前利润（$EBIT$）与当期应付利息（PI）的比值

序号	项目	内容	说明
2	利息备付率(ICR)	(2)计算公式	$ICR = \dfrac{EBIT}{PI}$ 式中 $EBIT$——息税前利润,即利润总额与计入总成本费用的利息费用之和; PI——计入总成本费用的应付利息
		(3)判别准则	利息备付率应分年计算,它从付息资金来源的充裕性角度反映企业偿付债务利息的能力,表示企业使用息税前利润偿付利息的保证倍率。利息备付率高,说明利息支付的保证度大,偿债风险小。正常情况下利息备付率应当大于1,并结合债权人的要求确定。否则,表示企业的付息能力保障程度不足。尤其是当利息备付率低于1时,表示企业没有足够资金支付利息,偿债风险很大。参考国际经验和国内行业的具体情况,根据我国企业历史数据统计分析,一般情况下,利息备付率不宜低于2,而且需要将该利息备付率指标与其他同类企业进行比较,来分析决定本企业的指标水平
3	偿债备付率(DSCR)	(1)概念	指在技术方案借款偿还期内,各年可用于还本付息的资金($EBITDA - T_{AX}$)与当期应还本付息金额(PD)的比值
		(2)计算公式	$DSCR = \dfrac{EBITDA - T_{AX}}{PD}$ 式中 $EBITDA$——企业息税前利润加折旧和摊销费; T_{AX}——企业所得税; PD——应还本付息的金额,包括当期应还贷款本金额及计入总成本费用的全部利息。融资租赁费用可视同借款偿还;运营期内的短期借款本息也应纳入计算

序号	项目	内容	说明
3	偿债备付率(DSCR)	(3)判别准则	偿债备付率应在借款偿还期内分年计算,它表示企业可用于还本付息的资金偿还借款本息的保证倍率。偿债备付率低,说明偿付债务本息的资金不充足,偿债风险大。正常情况偿债备付率应当大于1,并结合债权人的要求确定。当指标小于1时,表示企业当年资金来源不足以偿付当期债务,需要通过短期借款偿付已到期债务。参考国际经验和国内行业的具体情况,根据我国企业历史数据统计分析,一般情况下,偿债备付率不宜低于1.3

注:偿债能力指标包括:借款偿还期、利息备付率、偿债备付率、资产负债率、流动比率和速动比率。需要注意的是:利息备付率和偿债备付率都是反映技术方案在借款偿还期内企业偿债能力的指标,但有时借款偿还期难以确定,此时可以先大致估算出借款偿还期,再采用适宜的方法计算出每年企业需要还本和付息的金额,进而计算利息备付率和偿债备付率指标。此时的借款偿还期只是为估算利息备付率和偿债备付率指标所用,切不可将它与利息备付率和偿债备付率指标并列使用。

A4 盈亏平衡分析

★高频考点:总成本与固定成本、可变成本

序号	项目	内容	说明
1	固定成本	指在技术方案一定的产量范围内不受产品产量影响的成本,即不随产品产量的增减发生变化的各项成本费用	如工资及福利费(计件工资除外)、折旧费、修理费、无形资产及其他资产摊销费、其他费用
2	可变成本	是随技术方案产品产量的增减而成正比例变化的各项成本	如原材料、燃料、动力费、包装费和计件工资等

序号	项目	内容	说明
3	半可变（或半固定）成本	是指介于固定成本和可变成本之间，随技术方案产量增长而增长，但不成正比例变化的成本	如与生产批量有关的某些消耗性材料费用、工模具费及运输费等；在技术方案经济效果分析中，将产品半可变（或半固定）成本分解成固定成本和可变成本。长期借款利息应视为固定成本；流动资金借款和短期借款利息作为固定成本
4	技术方案总成本	是固定成本与可变成本之和，与产品产量的关系是线性关系	$C = C_F + C_u Q$ 式中 C——总成本； C_F——固定成本； C_u——单位产品变动成本； Q——产量（或工程量）

注：上述分类是根据成本费用与产量（或工程量）的关系，将技术方案总成本费用分解为可变成本、固定成本和半可变（或半固定）成本。

★高频考点：销售收入与营业税金及附加

序号	项目	内容	说明
1	销售收入	（1）呈线性关系	该技术方案的生产销售活动不会明显地影响市场供求状况，假定其他市场条件不变，产品价格不会随该技术方案的销量的变化而变化，可以看作一个常数，销售收入与销量呈线性关系
		（2）不是线性关系	该技术方案的生产销售活动将明显地影响市场供求状况，随着该技术方案产品销量的增加，产品价格有所下降，销售收入与销量之间不是线性关系
2	营业税金及附加	单位产品的营业税金及附加是随产品的销售单价变化而变化的	为便于分析，将销售收入与营业中税金及附加合并考虑
3	销售收入的函数公式	技术方案的销售收入是销量的线性函数	$S = p \times Q - T_u \times Q$ 式中 S——销售收入； p——单位产品售价； T_u——单位产品营业税金及附加（当投入产出都按不含税价格时，T_u 不包括增值税）； Q——销量

★高频考点：量本利模型

序号	项目	内容
1	含义	在一定期间把成本总额分解简化成固定成本和变动成本两部分后，再同时考虑收入和利润，使成本、产销量和利润的关系统一于一个数学模型
2	模型表达式	$B=S-C$ 式中　B——利润
3	线性盈亏平衡分析的假设的条件	（1）生产量等于销售量，即当年生产的产品（或提供的服务，下同）扣除自用量，当年完全销售出去。 （2）产销量变化，单位可变成本不变，总成本费用是产销量的线性函数。 （3）产销量变化，销售单价不变，销售收入是产销量的线性函数。 （4）只生产单一产品；或者生产多种产品，但可以换算为单一产品计算，不同产品的生产负荷率的变化应保持一致
4	损益方程式（假设基础上的表达式）	$B=p\times Q-C_u\times Q-C_F-T_u\times Q$ 式中　Q——产销量（即生产量等于销售量）

注：量本利之间的数量关系（损益方程式）是基本的，含有相互联系的 6 个变量，给定其中 5 个，便可求出另一个变量的值。

★高频考点：产销量（工程量）盈亏平衡分析的方法

计算式为：$BEP(Q)=\dfrac{C_F}{p-C_u-T_u}$

式中　$BEP(Q)$——盈亏平衡点时的产销量。

★高频考点：生产能力利用率盈亏平衡分析的方法

生产能力利用率表示的盈亏平衡点 BEP（%），是指盈亏平衡点产销量占技术方案正常产销量的比重。计算公式为：

$$BEP(\%)=\dfrac{BEP(Q)}{Q_d}\times 100\%=\dfrac{C_F}{S_n-C_V-T}\times 100\%$$

式中　$BEP(\%)$——盈亏平衡点时的生产能力利用率；

　　　Q_d——正常产销量或技术方案设计生产能力；

　　　S_n——年营业收入；

　　　C_V——年可变成本；

　　　T——年营业税金及附加。

★高频考点：结果分析

1. 盈亏平衡点计算注意事项

对技术方案运用盈亏平衡点分析时应注意：

（1）盈亏平衡点要按技术方案投产达到设计生产能力后正常年份的产销量、变动成本、固定成本、产品价格、营业税金及附加等数据来计算，而不能按计算期内的平均值计算。正常年份一般选择还款期间的第一个达产年和还款后的年份分别计算，以便分别给出最高和最低的盈亏平衡点区间范围。

（2）以上公式中的收入和成本均为不含增值税销项税和进项税的价格（简称不含税价格）。如采用含税价格，$BEP（Q）$公式的分母中应再减去单位产品增值税；$BEP（\%）$公式的分母中应再减去年增值税。

2. 结果判别

（1）盈亏平衡点反映了技术方案对市场变化的适应能力和抗风险能力。盈亏平衡点越低，达到此点的盈亏平衡产销量就越少，技术方案投产后盈利的可能性越大，适应市场变化的能力越强，抗风险能力也越强。一般用生产能力利用率的计算结果表示技术方案运营的安全程度。根据经验，若$BEP（\%）\leqslant 70\%$，则技术方案的运营是安全的，或者说技术方案可以承受较大的风险。

（2）盈亏平衡分析虽然能够从市场适应性方面说明技术方案风险的大小，但并不能揭示产生技术方案风险的根源。因此，还需采用其他方法来帮助达到这个目标。

A5 敏感性分析

★高频考点：敏感性分析的内容

敏感性分析有单因素敏感性分析和多因素敏感性分析两种。

1. 单因素敏感性分析：假设各个不确定性因素之间相互独立，每次只考察一个因素变动，其他因素保持不变，以分析这个可变因素对经济效果评价指标的影响程度和敏感程度。

2. 多因素敏感性分析：假设两个或两个以上互相独立的不确

定因素同时变化时,分析这些变化的因素对经济效果评价指标的影响程度和敏感程度。

注:技术方案评价中的敏感性分析,就是在技术方案确定性分析的基础上,通过进一步分析、预测技术方案主要不确定因素的变化对技术方案经济效果评价指标(如财务内部收益率、财务净现值等)的影响,从中找出敏感因素,确定评价指标对该因素的敏感程度和技术方案对其变化的承受能力。

★高频考点:单因素敏感性分析的步骤

序号	项目	内容	说明
1	确定分析指标	敏感性分析的指标应与确定性经济效果评价指标一致,不应超出确定性经济效果评价指标范围而另立新的分析指标	(1)技术方案评价的各种经济效果指标,如财务净现值、财务内部收益率、静态投资回收期等,都可以作为敏感性分析的指标。 (2)如果主要分析技术方案状态和参数变化对技术方案投资回收快慢的影响,则可选用静态投资回收期作为分析指标。 (3)如果主要分析产品价格波动对技术方案超额净收益的影响,则可选用财务净现值作为分析指标。 (4)如果主要分析投资大小对技术方案资金回收能力的影响,则可选用财务内部收益率指标等
2	选择需要分析的不确定性因素	只需选择一些主要的影响因素,考虑以下两条原则: (1)预计这些因素在其可能变动的范围内对经济效果评价指标的影响较大。 (2)对在确定性经济效果分析中采用该因素的数据的准确性把握不大	(1)从收益方面来看,主要包括产销量与销售价格、汇率。 (2)从费用方面来看,包括成本(特别是与人工费、原材料、燃料、动力费及技术水平有关的变动成本)、建设投资、流动资金占用、折现率、汇率等。

序号	项目	内容	说明
2	选择需要分析的不确定性因素	只需选择一些主要的影响因素,考虑以下两条原则: (1)预计这些因素在其可能变动的范围内对经济效果评价指标的影响较大。 (2)对在确定性经济效果分析中采用该因素的数据的准确性把握不大	(3)从时间方面来看,包括技术方案建设期、生产期,生产期又可考虑投产期和正常生产期
3	分析每个不确定性因素的波动程度及其对分析指标可能带来的增减变化情况	(1)首先,对所选定的不确定性因素,应根据实际情况设定这些因素的变动幅度,其他因素固定不变。 (2)其次,计算不确定性因素每次变动对技术方案经济效果评价指标的影响	对每一因素的每一变动,均重复以上计算,然后,把因素变动及相应指标变动结果用敏感性分析表和敏感性分析图的形式表示出来,以便于测定敏感因素
4	确定敏感性因素	敏感度系数(S_{AF}):表示技术方案经济效果评价指标对不确定因素的敏感程度。 计算公式为: $$S_{AF} = \frac{\Delta A/A}{\Delta F/F}$$ 式中 S_{AF}——评价指标 A 对于不确定性因素 F 的敏感度系数; $\Delta F/F$——不确定性因素 F 的变化率(%); $\Delta A/A$——不确定性因素 F 发生 ΔF 变化时,评价指标 A 的相应变化率(%)	$S_{AF}>0$,表示评价指标与不确定因素同方向变化; $S_{AF}<0$,表示评价指标与不确定因素反方向变化; $\|S_{AF}\|$越大,表明评价指标 A 对于不确定因素 F 越敏感; $\|S_{AF}\|$越小,越不敏感
		临界点:指技术方案允许不确定因素向不利方向变化的极限值,可用临界点百分比或者临界值分别表示	利用临界点判别敏感因素的方法是一种绝对测定法,技术方案能否接受的判据是各经济效果评价指标能否达到临界值

序号	项目	内容	说明
5	选择方案	应选择敏感程度小、承受风险能力强、可靠性大的技术方案	单因素敏感性分析以假定其他因素不变为前提,这种假定条件,在实际经济活动中是很难实现的,要用多因素敏感性分析,使之更接近于实际过程

注:敏感性分析在一定程度上对不确定因素的变动对技术方案经济效果的影响作了定量的描述,有助于搞清技术方案对不确定因素的不利变动所能容许的风险程度,有助于鉴别何者是敏感因素,从而能够及早排除对那些无足轻重的变动因素的注意力,把进一步深入调查研究的重点集中在那些敏感因素上,或者针对敏感因素制定出管理和应变对策,以达到尽量减少风险、增加决策可靠性的目的。但敏感性分析也有其局限性,它主要依靠分析人员凭借主观经验来分析判断,难免存在片面性。在技术方案的计算期内,各不确定性因素相应发生变动幅度的概率不会相同,这意味着技术方案承受风险的大小不同。而敏感性分析在分析某一因素的变动时,并不能说明不确定因素发生变动的可能性是大还是小。对于此类问题,还要借助于概率分析等方法。

A6　收入的分类及确认

★高频考点:收入的特点

1. 收入从企业的日常活动中产生,而不是从偶发的交易或事项中产生。日常活动是指企业为了完成所有的经济目标而从事的一切活动。这些活动具有经常性、重复性和可预见性的特点。如制造企业销售产成品,商品流通企业销售商品等。与日常活动相对应,企业还会发生一些偶然的事项,导致经济利益的流入,如出售固定资产、接受捐赠等。由这种偶然发生的非正常活动产生的收入则不能作为企业的收入。

2. 收入可能表现为企业资产的增加,也可能表现为企业负债的减少,或二者兼而有之。收入通常表现为资产的增加,如在销售商品或提供劳务并取得收入的同时,银行存款增加;有时也表现为负债的减少,如预收款项的销售业务,在提供了商品或劳务并取得收入的同时,预收账款将得以抵偿。有时这种预收款业务在预收款得以抵偿后,仍有银行存款的增加,此时即表现为负债的减少和资产的增加兼而有之。

3. 收入能导致企业所有者权益的增加,收入是与所有者投入无关的经济利益的总流入,这里的流入是总流入,而不是净流入。根据"资产＝负债＋所有者权益"的会计恒等式,收入无论表现为资产的增加还是负债的减少,最终必然导致所有者权益增加。不符合这一特征的经济利益流入,也不是企业的收入。

4. 收入只包括本企业经济利益的流入,不包括为第三方或客户代收的款项。如代国家收取的增值税,旅行社代客户收取门票、机票,还有企业代客户收取的运杂费等。因为代收的款项,一方面增加企业的资产,一方面增加企业的负债,但它不增加企业的所有者权益,也不属于本企业的经济利益,不能作为本企业的收入。

★高频考点：收入分类

序号	项目	内容
1	建造（施工)合同收入	指企业通过签订建造(施工)合同并按合同要求为客户设计和建造房屋、道路、桥梁、水坝等建筑物以及船舶、飞机、大型机械设备等而取得的收入
2	销售商品收入	指企业通过销售产品或商品而取得的收入。建筑业企业销售商品主要包括产品销售和材料销售两大类
3	提供劳务收入	包括机械作业、运输服务、设计业务、产品安装、餐饮住宿等
4	让渡资产使用权收入	是指企业通过让渡资产使用权而取得的收入,如金融企业发放贷款取得的收入,企业让渡无形资产使用权取得的收入等

注：狭义上的收入,即营业收入,是指在销售商品、提供劳务及让渡资产使用权等日常活动中形成的经济利益的总流入,包括主营业务收入和其他业务收入,不包括为第三方或客户代收的款项。按企业营业的主次分类,企业的收入也可以分为主营业务收入和其他业务收入两部分。主营业务收入和其他业务收入内容的划分是相对而言,而不是固定不变的。主营业务收入也称基本业务收入,是指企业从事主要营业活动所取得的收入,可以根据企业营业执照上注明的主营业务范围来确定。主营业务收入一般占企业收入的比重较大,对企业的经济效益产生较大的影响。建筑业企业的主营业务收入主要是建造（施工）合同收入。其他业务收入也称附营业务收入,是指企业非经常性的、兼营的业务所产生的收入,如销售原材料、转让技术、代购代销、出租包装物等取得的收入等。建筑业企业的其他业务收入主要包括产品销售收入、材料销售收入、机械作业收入、无形资产出租收入、固定资产出租收入等。

★高频考点：收入确认应当具备的条件

（1）合同各方已批准该合同并承诺将履行各自义务；

（2）该合同明确了合同各方与所转让商品或提供劳务（以下简称"转让商品"）相关的权利和义务；

（3）该合同有明确的与所转让商品相关的支付条款；

（4）该合同具有商业实质，即履行该合同将改变企业未来现金流量的风险、时间分布或金额；

（5）企业因向客户转让商品而有权取得的对价很可能收回。

注：（1）在合同开始日即满足上述条件的合同，企业在后续期间无需对其进行重新评估，除非有迹象表明相关事实和情况发生重大变化。

（2）在合同开始日不符合上述规定的合同，企业应当对其进行持续评估，并在其满足上述规定时按照规定进行会计处理。

（3）对于不符合上述规定的合同，企业只有在不再负有向客户转让商品的剩余义务，且已向客户收取的对价无需退回时，才能将已收取的对价确认为收入；否则，应当将已收取的对价作为负债进行会计处理。没有商业实质的非货币性资产交换，不确认收入。

★高频考点：其他特殊规定

序号	项目	内容
1	企业与同一客户（或该客户的关联方）同时订立或在相近时间内先后订立的两份或多份合同，在满足右侧条件之一时，应当合并为一份合同进行会计处理	（1）该两份或多份合同基于同一商业目的而订立并构成一揽子交易。 （2）该两份或多份合同中的一份合同的对价金额取决于其他合同的定价或履行情况。 （3）该两份或多份合同中所承诺的商品(或每份合同中所承诺的部分商品)构成准则规定的单项履约义务
2	企业应当区分右侧三种情形对合同变更分别进行会计处理	（1）合同变更增加了可明确区分的商品及合同价款，且新增合同价款反映了新增商品单独售价的,应当将该合同变更部分作为一份单独的合同进行会计处理。

序号	项目	内容
2	企业应当区分右侧三种情形对合同变更分别进行会计处理	（2）合同变更不属于上述（1）规定的情形，且在合同变更日已转让的商品或已提供的服务（以下简称"已转让的商品"）与未转让的商品或未提供的服务（以下简称"未转让的商品"）之间可明确区分的，应当视为原合同终止，同时，将原合同未履约部分与合同变更部分合并为新合同进行会计处理。 （3）合同变更不属于上述（1）规定的情形，且在合同变更日已转让的商品与未转让的商品之间不可明确区分的，应当将该合同变更部分作为原合同的组成部分进行会计处理，由此产生的对已确认收入的影响，应当在合同变更日调整当期收入
3	合同评估要求	合同开始日，企业应当对合同进行评估，识别该合同所包含的各单项履约义务，并确定各单项履约义务是在某一时段内履行，还是在某一时点履行，然后，在履行了各单项履约义务时分别确认收入
4	企业向客户承诺的商品同时满足右侧条件的，应当作为可明确区分商品	（1）客户能够从该商品本身或从该商品与其他易于获得资源一起使用中受益。 （2）企业向客户转让该商品的承诺与合同中其他承诺可单独区分
5	右侧情形通常表明企业向客户转让该商品的承诺与合同中其他承诺不可单独区分	（1）企业需提供重大的服务以将该商品与合同中承诺的其他商品整合成合同约定的组合产出转让给客户。 （2）该商品将对合同中承诺的其他商品予以重大修改或定制。 （3）该商品与合同中承诺的其他商品具有高度关联性
6	满足右侧条件之一的，属于在某一时段内履行履约义务；否则，属于在某一时点履行履约义务	（1）客户在企业履约的同时即取得并消耗企业履约所带来的经济利益。 （2）客户能够控制企业履约过程中在建的商品。 （3）企业履约过程中所产出的商品具有不可替代用途，且该企业在整个合同期间内有权就累计至今已完成的履约部分收取款项

序号	项目	内容
7	履约进度确定	(1)对于在某一时段内履行的履约义务,企业应当在该段时间内按照履约进度确认收入,但是,履约进度不能合理确定的除外。企业应当考虑商品的性质,采用产出法或投入法确定恰当的履约进度。其中,产出法是根据已转移给客户的商品对于客户的价值确定履约进度;投入法是根据企业为履行履约义务的投入确定履约进度。对于类似情况下的类似履约义务,企业应当采用相同的方法确定履约进度。 (2)当履约进度不能合理确定时,企业已经发生的成本预计能够得到补偿的,应当按照已经发生的成本金额确认收入,直到履约进度能够合理确定为止
8	对于在某一时点履行的履约义务,企业应当在客户取得相关商品控制权时点确认收入。在判断客户是否已取得商品控制权时,企业应当考虑的迹象	(1)企业就该商品享有现时收款权利,即客户就该商品负有现时付款义务。 (2)企业已将该商品的法定所有权转移给客户,即客户已拥有该商品的法定所有权。 (3)企业已将该商品实物转移给客户,即客户已实物占有该商品。 (4)企业已将该商品所有权上的主要风险和报酬转移给客户,即客户已取得该商品所有权上的主要风险和报酬。 (5)客户已接受该商品。 (6)其他表明客户已取得商品控制权的迹象

A7 基本财务比率的计算和分析

★高频考点:偿债能力比率

序号	类别	比率	计算公式	说明
1	短期偿债能力比率	流动比率	$流动比率=\dfrac{流动资产}{流动负债}$	(1)是企业流动资产与流动负债的比率,主要反映企业的偿债能力。 (2)生产性行业平均值为2

序号	类别	比率	计算公式	说明
1	短期偿债能力比率	速动比率	速动比率＝$\dfrac{速动资产}{流动负债}$	(1)指企业的速动资产与流动负债之间的比率关系,反映企业对短期债务偿付能力的指标。 (2)速动资产＝流动资产－存货或者速动资产＝货币资金＋交易性金融资产＋应收票据＋应收账款＋其他应收款。 (3)速动比率为1就说明企业有偿债能力,低于1则说明企业偿债能力不强,该指标越低,企业的偿债能力越差
2	长期偿债能力比率	资产负债率	资产负债率＝$\dfrac{负债总额}{资产总额}\times 100\%$	(1)是企业总负债与总资产之比,它既能反映企业利用债权人提供资金进行经营活动的能力,也能反映企业经营风险的程度。 (2)是综合反映企业偿债能力的重要指标,资产负债率越低,说明企业偿债能力越强,该指标为50%比较合适
		产权比率	产权比率＝$\dfrac{负债总额}{股东权益}$	表明每1元股东权益相对于负债的金额
		权益乘数	权益乘数＝$\dfrac{资产总额}{股东权益}$	表明每1元股东权益相对于资产的金额

★高频考点：营运能力比率

序号	比率	计算公式	说明
1	总资产周转率	总资产周转率＝$\dfrac{主营业务收入}{资产总额}$	(1)是指企业在一定时期内主营业务收入与总资产的比率。 (2)资产总额一般取期初资产总额和期末资产总额的平均值计算。 (3)周转率越高,反映企业销售能力越强

序号	比率	计算公式	说明
2	流动资产周转率	(1)流动资产周转次数＝主营业务收入/流动资产总额 (2)流动资产周转天数＝计算期天数/流动资产周转次数	(1)指企业在一定时期内企业主营业务收入与平均流动资产总额之间的比率。 (2)通常用周转次数和周转天数来表示。 (3)流动资产总额一般取期初流动资产总额和期末流动资产总额的平均值计算。 (4)流动资产周转次数表明1年中流动资产周转的次数，或说明1元流动资产支持的营业收入。 (5)流动资产周转天数表明流动资产周转1次需要的时间
3	存货周转率	(1)存货周转次数＝主营业务收入/存货总额 (2)存货周转天数＝计算期天数/存货周转次数	(1)指企业在一定时期内存货占用资金可周转的次数，或存货每周转一次所需要的天数。 (2)存货周转率指标有存货周转次数和存货周转天数两种形式。 (3)存货总额一般取期初存货总额和期末存货总额的平均值。 (4)存货周转率越高、周转天数越短,说明该指标越好
4	应收账款周转率	(1)应收账款周转周转次数＝主营业务收入/应收账款总额 (2)应收账款周转天数＝计算期天数/应收账款周转次数	(1)指企业在某一时期赊销收入和同期应收账款之间的比率。 (2)通常用应收账款周转次数和应收账款周转天数两种形式来表示。 (3)应收账款总额一般取期初应收账款总额和期末应收账款总额的平均值。 (4)该指标一般是用赊销和现销总数即销售收入净额来反映。 (5)应收账款周转率越高、周转天数越短越好,它表明企业应收账款收回速度快

注：营运能力比率是用于衡量公司资产管理效率的指标。常用的指标有：总资产周转率、流动资产周转率、存货周转率、应收账款周转率等。

★高频考点：盈利能力比率

序号	比率	计算公式	说明
1	营业净利率	—	营业净利率是指净利润与营业收入的比率。该比率越大，企业的盈利能力越强
2	净资产收益率	$净资产收益率 = \dfrac{净利润}{净资产} \times 100\%$	（1）是指企业本期净利润和净资产的比率，是反映企业盈利能力的核心指标。 （2）该指标越高，净利润越多，说明企业盈利能力越好。 （3）净利润是指企业当期税后利润。 （4）净资产是指企业期末资产减负债后的余额，通常取期初净资产和期末净资产的平均值。 （5）指标越高越好，表明资产的利用效率越高
3	总资产净利率	$总资产净利率 = \dfrac{净利润}{资产总额} \times 100\%$	（1）总资产净利率是指企业运用全部资产的净收益率，它反映企业全部资产运用的总成果。 （2）资产总额可以取期初资产总额和期末资产总额的平均值。 （3）总资产净利率反映公司资产的利用效率，是个综合性很强的指标。该指标越高，表明企业资产的利用效率越高，同时也意味着企业资产的盈利能力越强，该指标越高越好

注：反映企业盈利能力的指标很多，常用的主要有营业净利率、净资产收益率（也称为权益净利率）和总资产净利率。分析企业盈利能力时，应当排除以下项目：（1）证券买卖等非正常经营项目；（2）已经或将要停止的营业项目；（3）重大事故或法律更改等特别项目；（4）会计准则或财务制度变更带来的累积影响等因素。

★高频考点：发展能力比率

序号	比率	计算公式	说明
1	营业增长率	营业增长率 = $\dfrac{\text{本期营业收入增加额}}{\text{上期营业收入总额}} \times 100\%$	（1）指企业本期营业收入增长额同上期营业收入总额的比率。 （2）表示与上期相比，营业收入的增减变化情况，是评价企业成长状况和发展能力的重要指标。 （3）指标值越高，表明增长速度越快，企业市场前景越好
2	资本积累率	资本积累率 = $\dfrac{\text{本年所有者权益增长额}}{\text{年初所有者权益}} \times 100\%$	（1）指企业本年所有者权益增长额同年初所有者权益的比率。 （2）反映了企业所有者权益在当年的变动水平。 （3）反映了投资者投入企业资本的保全性和增长性。 （4）指标越高越好，表明企业的资本积累越多，企业资本保全性越强，应付风险、持续发展的能力越大

注：注意说明中的有关内容，两项指标值都是越高越好。

★高频考点：杜邦财务分析图

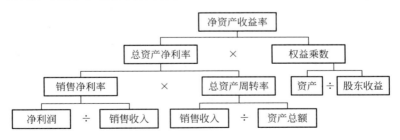

注：杜邦财务分析体系是利用各主要财务比率指标之间的内在联系对企业财务状况和经营成果进行综合系统评价的方法。该体系是以净资产收益率为核心指标，以总资产净利率和权益乘数为两个方面，重点揭示企业获利能力及权益乘数对净资产收益率的影响，以及各相关指标之间的相互作用关系。

A8 现金和有价证券的财务管理

★高频考点：现金管理

序号	项目	内容	说明
1	现金管理的目标	主要是满足交易性需要、预防性需要和投机性需要。企业现金管理的目标，就是要在资产的流动性和盈利能力之间做出抉择，以获取最大的长期利益	(1)交易性需要是指满足日常业务的现金支付需要。 (2)预防性需要是指置存现金以防发生意外的支付。 (3)投机性需要是指置存现金用于不寻常的购买机会
2	现金管理的方法	(1)力争现金流量同步	使其现金流入和现金流出发生的时间趋于一致
		(2)使用现金浮游量	从企业开出支票，到收票人收到支票并存入银行，至银行将款项划出企业账户，中间需要一段时间。现金在这段时间的占用称为现金浮游量
		(3)加速收款	缩短应收账款的时间
		(4)推迟应付款的支付	在不影响自己信誉的前提下尽可能地推迟应付款的支付期
3	最佳现金持有量分析	成本分析模式下考虑现金的成本	企业持有的现金，有三种成本： ①机会成本。现金作为企业的一项资金占用，是有代价的； ②管理成本。现金管理的支出。 ③短缺成本：缺乏必要的现金，使企业蒙受损失或为此付出的代价

注：常用的确定现金持有量的方法有成本分析模式、存货模式和随机模式三种，在成本分析模式中，三项成本之和最小的现金持有量，就是最佳现金持有量。

A9 建筑安装工程费用项目组成

★高频考点：按费用构成要素划分的建筑安装工程费用项目组成

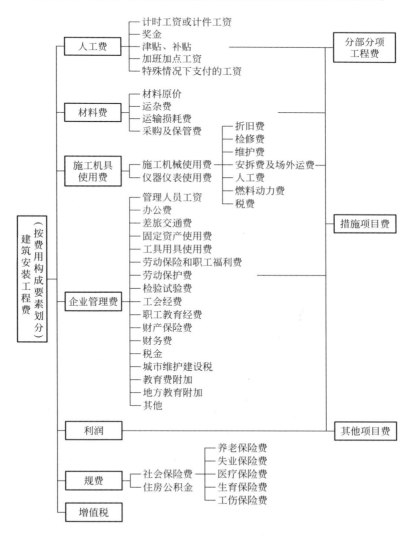

★高频考点：按费用构成要素的建筑安装工程费用项目组成说明

序号	项目	内容	说明
1	人工费	指按工资总额构成规定，支付给从事建筑安装工程施工的生产工人和附属生产单位工人的各项费用	内容包括： (1)计时工资或计件工资。 (2)奖金。 (3)津贴补贴。 (4)加班加点工资。 (5)特殊情况下支付的工资
2	材料费	指工程施工过程中耗费的各种原材料、半成品、构配件的费用，以及周转材料等的摊销、租赁费用	内容包括： (1)材料原价。 (2)运杂费。 (3)运输损耗费。 (4)采购及保管费
3	施工机具使用费	指施工作业所发生的施工机械、仪器仪表使用费或其租赁费	(1)施工机械使用费：施工机械台班单价费用组成：折旧费、检修费、维护费、安拆费及场外运费（大型机械除外）、人工费（机上司机和其他操作人员的人工费）、燃料动力费、税费（车船使用税、保险费及年检费）。 (2)仪器仪表使用费：施工仪器仪表使用费是指工程施工所发生的仪器仪表使用费或租赁费，施工仪器仪表台班单价由折旧费、维护费、校验费和动力费组成
4	企业管理费	指建筑安装企业组织施工生产和经营管理所需的费用	内容包括：管理人员工资、办公费、差旅交通费、固定资产使用费、工具用具使用费、劳动保险和职工福利费、劳动保护费、检验试验费、工会经费、职工教育经费、财产保险费、财务费、税金、城市维护建设税、教育费附加、地方教育附加，其他（包括技术转让费、技术开发费、投标费、业务招待费、绿化费、广告费、公证费、法律顾问费、审计费、咨询费、保险费等）
5	利润	指施工企业完成所承包工程获得的盈利	—

序号	项目	内容	说明
6	规费	(1)社会保险费	包括:养老保险费、失业保险费、医疗保险费、生育保险费、工伤保险费
		(2)住房公积金	指企业按规定标准为职工缴纳的住房公积金
7	增值税	以商品(含应税劳务)在流转过程中产生的增值额作为计税依据	税前工程造价为人工费、材料费、施工机具使用费、企业管理费、利润和规费之和,各费用项目均以不包含增值税的价格计算

★高频考点:按造价形成划分的建筑安装工程费用项目组成

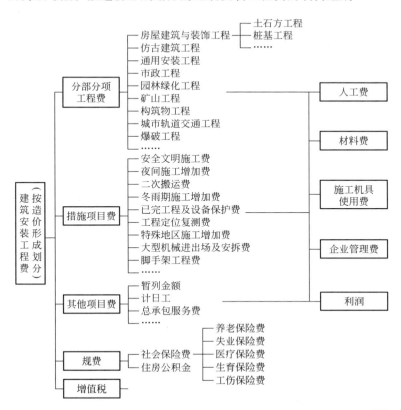

★高频考点：按造价形成划分的建筑安装工程费用项目组成说明

序号	项目	内容	说明
1	分部分项工程费	（1）专业工程	是指按现行国家计量规范划分的房屋建筑与装饰工程、仿古建筑工程、通用安装工程、市政工程、园林绿化工程、矿山工程、构筑物工程、城市轨道交通工程、爆破工程等各类工程
		（2）分部分项工程	指按现行国家计量规范对各专业工程划分的项目。如房屋建筑与装饰工程划分的土石方工程、地基处理与桩基工程、砌筑工程、钢筋及钢筋混凝土工程等
2	措施项目费	（1）安全文明施工费	①环境保护费：是指施工现场为达到环保部门要求所需要的各项费用。 ②文明施工费：是指施工现场文明施工所需要的各项费用。 ③安全施工费：是指施工现场安全施工所需要的各项费用。 ④临时设施费：是指施工企业为进行建设工程施工所必须搭设的生活和生产用的临时建筑物、构筑物和其他临时设施费用。包括临时设施的搭设、维修、拆除、清理费或摊销费等
		（2）夜间施工增加费	是指因夜间施工所发生的夜班补助费、夜间施工降效、夜间施工照明设备摊销及照明用电等费用
		（3）二次搬运费	是指因施工场地条件限制而发生的材料、构配件、半成品等一次运输不能到达堆放地点，必须进行二次或多次搬运所发生的费用
		（4）冬雨季施工增加费	是指在冬季或雨季施工需增加的临时设施、防滑、排除雨雪，人工及施工机械效率降低等费用
		（5）已完工程及设备保护费	是指竣工验收前，对已完工程及设备采取的必要保护措施所发生的费用

序号	项目	内容	说明
2	措施项目费	(6)工程定位复测费	是指工程施工过程中进行全部施工测量放线和复测工作的费用
		(7)特殊地区施工增加费	是指工程在沙漠或其边缘地区、高海拔、高寒、原始森林等特殊地区施工增加的费用
		(8)大型机械设备进出场及安拆费	是指机械整体或分体自停放场地运至施工现场或由一个施工地点运至另一个施工地点,所发生的机械进出场运输及转移费用以及机械在施工现场进行安装、拆卸所需的人工费、材料费、机械费、试运转费和安装所需的辅助设施的费用
		(9)脚手架工程费	是指施工需要的各种脚手架搭、拆、运输费用以及脚手架购置费的摊销(或租赁)费用
3	其他项目费	(1)暂列金额	是指发包人在工程量清单中暂定并包括在工程合同价款中的一笔款项。用于施工合同签订时尚未确定或者不可预见的所需材料、工程设备、服务的采购,施工中可能发生的工程变更、合同约定调整因素出现时的工程价款调整以及发生的索赔、现场签证确认等的费用
		(2)计日工	是指在施工过程中,承包人完成发包人提出的施工图纸以外的零星项目或工作所需的费用
		(3)总承包服务费	是指总承包人为配合、协调发包人进行的专业工程发包,对发包人自行采购的材料、工程设备等进行保管以及施工现场管理、竣工资料汇总整理等服务所需的费用
4	规费	同前表含义	
5	增值税	同前表含义	

A10 工程建设其他费用组成

★高频考点：建设用地费

序号	项目	内容	说明
1	农用土地征用费	征收土地应当给予公平、合理的补偿，保障被征地农民原有生活水平不降低、长远生计有保障。征收土地应当依法及时足额支付土地补偿费、安置补助费以及农村村民住宅、其他地上附着物和青苗等的补偿费用，并安排被征地农民的社会保障费用	（1）征收农用地的土地补偿费、安置补助费标准由省、自治区、直辖市通过制定公布区片综合地价确定。制定区片综合地价应当综合考虑土地原用途、土地资源条件、土地产值、土地区位、土地供求关系、人口以及经济社会发展水平等因素，并至少每三年调整或者重新公布一次。 （2）征收农用地以外的其他土地、地上附着物和青苗等的补偿标准，由省、自治区、直辖市制定。对其中的农村村民住宅，应当按照先补偿后搬迁、居住条件有改善的原则，尊重农村村民意愿，采取重新安排宅基地建房、提供安置房或者货币补偿等方式给予公平、合理的补偿，并对因征收造成的搬迁、临时安置等费用予以补偿，保障农村村民居住的权利和合法的住房财产权益。地上附着物和青苗等的补偿费用，归其所有权人所有。 （3）县级以上地方人民政府应当将被征地农民纳入相应的养老等社会保障体系。被征地农民的社会保障费用主要用于符合条件的被征地农民的养老保险等社会保险缴费补贴。被征地农民社会保障费用的筹集、管理和使用办法，由省、自治区、直辖市制定。 （4）大中型水利、水电工程建设征收土地的补偿费标准和移民安置办法，由国务院另行规定。 （5）建设项目施工和地质勘查需要临时使用国有土地或者农民集体所有的土地的，由县级以上人民政府自然资源主管部门批准。其中，在城市规划区内的临时用地，在报批前，应当先经有关城市规划行政主管部门同意。土地使用者应当根据土地

序号	项目	内容	说明
1	农用土地征用费	征收土地应当给予公平、合理的补偿,保障被征地农民原有生活水平不降低、长远生计有保障。征收土地应当依法及时足额支付土地补偿费、安置补助费以及农村村民住宅、其他地上附着物和青苗等的补偿费用,并安排被征地农民的社会保障费用	权属,与有关自然资源主管部门或者农村集体经济组织、村民委员会签订临时使用土地合同,并按照合同的约定支付临时使用土地补偿费。 (6)建设项目施工、地质勘查需要临时使用土地的,应当尽量不占或者少占耕地。临时用地由县级以上人民政府自然资源主管部门批准,期限一般不超过2年;建设周期较长的能源、交通、水利等基础设施建设使用的临时用地,期限不超过四年;法律、行政法规另有规定的除外。土地使用者应当自临时用地期满之日起一年内完成土地复垦,使其达到可供利用状态,其中占用耕地的应当恢复种植条件
2	取得国有土地使用费	取得国有土地使用费包括:土地使用权出让金、城市建设配套费、房屋征收与补偿费等	(1)土地使用权出让金是指建设工程通过土地使用权出让方式,取得有限期的土地使用权,依照《中华人民共和国城镇国有土地使用权出让和转让暂行条例》规定,支付的费用。 (2)城市建设配套费是指因进行城市公共设施的建设而分摊的费用。 (3)房屋征收与补偿费。根据《国有土地上房屋征收与补偿条例》的规定,房屋征收对被征收人给予的补偿包括: ①被征收房屋价值的补偿; ②因征收房屋造成的搬迁、临时安置的补偿; ③因征收房屋造成的停产停业损失的补偿。 注:市、县级人民政府应当制定补助和奖励办法,对被征收人给予补助和奖励。对被征收房屋价值的补偿,不得低于房屋征收决定公告之日被征收房屋类似房地产的市场价格。被征收房屋的价值,由具有相应资质的房地产价格评估机构按照房屋征收评估办法评估确定。被征收人可以选择货币补偿,也可以选择房屋产权调换。被征收人选择房屋产权调换的,市、县级人民

序号	项目	内容	说明
2	取得国有土地使用费	取得国有土地使用费包括：土地使用权出让金、城市建设配套费、房屋征收与补偿费等	政府应当提供用于产权调换的房屋，并与被征收人计算、结清被征收房屋价值与用于产权调换房屋价值的差价。因旧城区改建征收个人住宅，被征收人选择在改建地段进行房屋产权调换的，作出房屋征收决定的市、县级人民政府应当提供改建地段或者就近地段的房屋。因征收房屋造成搬迁的，房屋征收部门应当向被征收人支付搬迁费；选择房屋产权调换的，产权调换房屋交付前，房屋征收部门应当向被征收人支付临时安置费或者提供周转用房。对因征收房屋造成停产停业损失的补偿，根据房屋被征收前的效益、停产停业期限等因素确定。具体办法由省、自治区、直辖市制定。房屋征收部门与被征收人依照条例的规定，就补偿方式、补偿金额和支付期限、用于产权调换房屋的地点和面积、搬迁费、临时安置费或者周转用房、停产停业损失、搬迁期限、过渡方式和过渡期限等事项，订立补偿协议。实施房屋征收应当先补偿、后搬迁。作出房屋征收决定的市、县级人民政府对被征收人给予补偿后，被征收人应当在补偿协议约定或者补偿决定确定的搬迁期限内完成搬迁

注：工程建设其他费用，按其内容大体可分为三类。第一类为建设用地费；第二类是与项目建设有关的费用；第三类是与未来企业生产和经营活动有关的费用。

★高频考点：与项目建设有关的其他费用

序号	项目	内容	说明
1	建设管理费	（1）建设单位管理费	①建设单位管理费是指建设单位发生的管理性质的开支。包括：工作人员工资、工资性补贴、施工现场津贴、职工福利费、住房公积金、基本养老保险费、基本医疗保险费、失业保险费、工伤保险费、办公费、差旅交通费、劳动保护费、工具用具使用费、固定资产使用费、必要的办公及生活用品购置费、必要的通信设备及交通工具购置费、

序号	项目	内容	说明
1	建设管理费	（1）建设单位管理费	零星固定资产购置费、招募生产工人费、技术图书资料费、业务招待费、合同契约公证费、法律顾问费、咨询费、完工清理费、竣工验收费、印花税和其他管理性质开支。 ②建设管理采用工程总承包方式,其总包管理费由建设单位与总包单位根据总包工作范围在合同中商定,从建设管理费中支出。 ③建设单位管理费以建设投资中的工程费用为基数乘以建设单位管理费费率计算:建设单位管理费＝工程费用×建设单位管理费费率。 ④工程费用是指建筑安装工程费用和设备及工器具购置费用之和
		（2）工程监理费	①工程监理费是指建设单位委托工程监理单位实施工程监理的费用。 ②监理费应根据委托的监理工作范围和监理深度在监理合同中商定或按当地或所属行业部门有关规定计算
2	可行性研究费	可行性研究费是指在工程项目投资决策阶段,对有关建设方案、技术方案或生产经营方案进行的技术经济论证,以及编制、评审可行性研究报告等所需的费用	
3	专项评价费	是指建设单位按照国家规定委托有资质的单位开展专项评价及有关验收工作发生的费用	包括环境影响评价及验收费、安全预评价及验收费、职业病危害预评价及控制效果评价费、地震安全性评价费、地质灾害危险性评价费、水土保持评价及验收费、压覆矿产资源评价费、节能评估费、危险与可操作性分析及安全完整性评价费以及其他专项评价及验收费
4	研究试验费	研究试验费是指为建设项目提供和验证设计参数、数据、资料等进行必要的研究和试验,以及设计规定在施工中必须进行试验、	研究试验费不包括以下项目: ①应由科技三项费用(即新产品试制费、中间试验费和重要科学研究补助费)开支的项目。 ②应在建筑安装费用中列支的施工企业对建筑材料、构件和建筑物进行一般鉴定、检查所发生的费用及技术革新的研究试验费。

序号	项目	内容	说明
4	研究试验费	验证所需要费用。包括自行或委托其他部门的专题研究、试验所需人工费、材料费、试验设备及仪器使用费等	③应由勘察设计费或工程费用中开支的项目
5	勘察设计费	(1)勘察费	指勘察人根据发包人的委托,收集已有资料、现场踏勘、制定勘察纲要,进行勘察作业,以及编制工程勘察文件和岩土工程设计文件等收取的费用
		(2)设计费	指设计人根据发包人的委托,提供编制建设项目初步设计文件、施工图设计文件、非标准设备设计文件、竣工图文件等服务所收取的费用
6	场地准备费和临时设施费	(1)场地准备费	指为使工程项目的建设场地达到开工条件,由建设单位组织进行的场地平整等准备工作而发生的费用
		(2)临时设施费	①是指建设单位为满足施工建设需要而提供的未列入工程费用的临时水、电、路、讯、气等工程和临时仓库等建(构)筑物的建设、维修、拆除、摊销费用或租赁费用,以及铁路、码头租赁等费用。 ②此项费用不包括已列入建筑安装工程费用中的施工单位临时设施费用。 ③场地准备及临时设施应尽量与永久性工程统一考虑。建设场地的大型土石方工程应进入工程费用中的总图运输费用中。 ④新建项目的场地准备和临时设施费应根据实际工程量估算,或按工程费用的比例计算。 ⑤改扩建项目一般只计拆除清理费。 ⑥场地准备和临时设施费=工程费用×费率+拆除清理费。 ⑦发生拆除清理费时可按新建同类工程造价或主材费、设备费的比例计算。 ⑧凡可回收材料的拆除工程采用以料抵工方式冲抵拆除清理费

序号	项目	内容	说明
7	引进技术和进口设备材料其他费	引进技术和进口设备材料其他费是指引进技术和设备发生的但未计入引进技术费和设备材料购置费的费用	包括图纸资料翻译复制费、备品备件测绘费、出国人员费用、来华人员费用、银行担保及承诺费、进口设备材料国内检验费等。具体如下： (1)出国人员费用 指为引进技术和进口设备派出人员到国外培训和进行设计联络、设备检验等的差旅费、制装费、生活费等。这项费用根据设计规定的出国培训和工作的人数、时间及派往国家，按财政部、外交部规定的临时出国人员费用开支标准及中国民用航空公司现行国际航线票价等进行计算，其中使用外汇部分应计算银行财务费用。 (2)国外工程技术人员来华费用 指为安装进口设备、引进国外技术等聘用外国工程技术人员进行技术指导工作所发生的费用。包括技术服务费、外国技术人员的在华工资、生活补贴、差旅费、医药费、住宿费、交通费、宴请费、参观游览等招待费用。这项费用按每人每月费用指标计算。 (3)技术引进费 指为引进国外先进技术而支付的费用。包括专利费、专有技术费(技术保密费)、国外设计及技术资料费、计算机软件费等。这项费用根据合同或协议的价格计算。 (4)分期或延期付款利息 指利用出口信贷引进技术或进口设备采取分期或延期付款的办法所支付的利息。 (5)担保费 指国内金融机构为买方出具保函的担保费。这项费用按有关金融机构规定的担保率计算(一般可按承保金的5‰计算)。 (6)进口设备检验费用 指进口设备按规定付给商品检验部门的进口设备检验鉴定费。这项费用按进口设备货价的3‰~5‰计算

序号	项目	内容	说明
8	特殊设备安全监督检验费	是指对在施工现场安装的列入国家特种设备范围内的设备(设施)检验检测和监督检查所发生的应列入项目开支的费用	特殊设备安全监督检验费按照建设项目所在省(市、自治区)安全监察部门的规定标准计算。无具体规定的,在编制投资估算和概算时可按受检设备现场安装费的比例估算
9	市政公用配套设施费	是指使用市政公用设施的工程项目,按照项目所在地政府有关规定建设或缴纳的市政公用设施建设配套费用	
10	工程保险费	是指在建设期内对建筑工程、安装工程、机械设备和人身安全进行投保而发生的费用	包括建筑安装工程一切险、工程质量保险、进口设备财产保险和人身意外伤害险等
11	专利及专有技术使用费	是指在建设期内取得专利、专有技术、商标、商誉和特许经营的所有权或使用权发生的费用	包括工艺包费、设计及技术资料费、有效专利、专有技术使用费、技术保密费和技术服务费等;商标权、商誉和特许经营权费;软件费等

注:建设管理费是指为组织完成工程项目建设在建设期内发生的各类管理性质费用。包括建设单位管理费、代建管理费、工程监理费、监造费、招标投标费、设计评审费、特殊项目定额研究及测定费、其他咨询费、印花税等。

★高频考点:与未来企业生产经营有关的其他费用

序号	项目	内容	说明
1	联合试运转费	是指新建或新增生产能力的工程项目,在交付生产前按照批准的设计文件规定	(1)包括试运转所需材料、燃料及动力消耗、低值易耗品、其他物料消耗、机械使用费、联合试运转人员工资、施工单位参加试运转人工费、专家指导费,以及必要的工业炉烘炉费。

序号	项目	内容	说明
1	联合试运转费	的工程质量标准和技术要求,对整个生产线或装置进行负荷联合试运转所发生的费用净支出	(2)联合试运转费不包括应由设备安装工程费用开支的调试及试车费用,以及在试运转中暴露出来的因施工原因或设备缺陷等发生的处理费用。 (3)不发生试运转或试运转收入大于(或等于)费用支出的工程,不列此项费用。 (4)当联合试运转收入小于试运转支出时:联合试运转费＝联合试运转费支出－联合试运转收入。 (5)试运行期按照以下规定确定: ①引进国外设备项目按建设合同中规定的试运行期执行。 ②国内一般性建设项目试运行期原则上按照批准的设计文件所规定期限执行。 ③个别行业的建设项目试运行期需要超过规定试运行期的,应报项目设计文件审批机关批准。 ④试运行期一经确定,建设单位应严格按规定执行,不得擅自缩短或延长
2	生产准备费	是指新建项目或新增生产能力的项目,为保证竣工交付使用进行必要的生产准备所发生的费用	(1)生产职工培训费。自行培训、委托其他单位培训人员的工资、工资性补贴、职工福利费、差旅交通费、学习资料费、学费、劳动保护费。 (2)生产单位提前进厂参加施工、设备安装、调试等以及熟悉工艺流程及设备性能等人员的工资、工资性补贴、职工福利费、差旅交通费、劳动保护费等。 (3)新建项目按设计定员为基数计算,改扩建项目按新增设计定员为基数计算:生产准备费＝设计定员×生产准备费指标(元/人)
3	办公和生活家具购置费	是指为保证新建、改建、扩建项目初期正常生产、使用和管理所必须购置的办公和生活家具、用具的费用	(1)改建、扩建项目所需的办公和生活用具购置费,应低于新建项目。 (2)范围包括办公室、会议室、资料档案室、阅览室、文娱室、食堂、浴室、理发室和单身宿舍等。 (3)本项费用按照设计定员人数乘以综合指标计算

序号	项目	内容	说明
4	备注	特殊项目的工程建其他费用项目	移民安置费、水资源费、水土保持评价费、地震安全性评价费、地质灾害危险性评价费、河道占用补偿费、超限设备运输特殊措施费、航道维护费、植被恢复费、种质检测费、引种测试费等

A11 施工机械台班使用定额的编制

★高频考点：施工机械台班使用定额的形式

形式	内容	计算公式
施工机械时间定额	指完成单位合格产品所必需的工作时间。包括有效工作时间（正常负荷下的工作时间和降低负荷下的工作时间）、不可避免的中断时间、不可避免的无负荷工作时间	(1)机械时间定额以"台班"表示，即一台机械工作一个作业班时间。一个作业班时间为8h。 单位产品机械时间定额(台班)＝1/台班产量 (2)由于机械必须由工人小组配合，所以完成单位合格产品的时间定额，同时列出人工时间定额。即： 单位产品人工时间定额(工日)＝$\dfrac{小组成员总人数}{台班产量}$
机械产量定额	是指在合理劳动组织与合理使用机械条件下，机械在每个台班时间内，应完成合格产品的数量	机械台班产量定额＝$\dfrac{1}{机械时间定额(台班)}$
定额表示方法	机械台班使用定额的复式表示法	复式表示法形式如下： $\dfrac{人工时间定额}{机械台班产量}$

注：机械产量定额和机械时间定额互为倒数关系。

★高频考点：机械工作时间消耗分类图

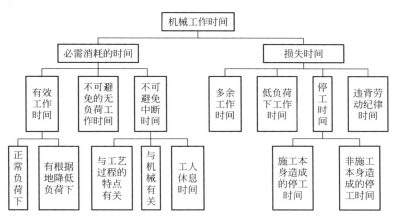

★高频考点：机械工作时间消耗的分类

序号	项目	内容
1	必需消耗的工作时间	包括有效工作、不可避免的无负荷工作和不可避免的中断三项时间消耗。而在有效工作的时间消耗中又包括正常负荷下、有根据地降低负荷下的工时消耗。 （1）正常负荷下的工作时间，是指机械在与机械说明书规定的计算负荷相符的情况下进行工作的时间。 （2）有根据地降低负荷下的工作时间，是指在个别情况下由于技术上的原因，机械在低于其计算负荷下工作的时间。例如，汽车运输重量轻而体积大的货物时，不能充分利用汽车的载重吨位因而不得不降低其计算负荷。 （3）不可避免的无负荷工作时间，是指施工过程的特点和机械结构的特点造成的机械无负荷工作时间。例如筑路机在工作区末端调头等，都属于此项工作时间的消耗。 （4）不可避免的中断工作时间，是与工艺过程的特点、机械的使用和保养、工人休息有关的中断时间。 （5）与工艺过程的特点有关的不可避免中断工作时间，有循环的和定期的两种。循环的不可避免中断，是在机械工作的每一个循环中重复一次。如汽车装货和卸货时的停车。定期的不可避免中断，是经过一定时期重复一次。比如把灰浆泵由一个工作地点转移到另一工作地点时的工作中断。

序号	项目	内容
1	必需消耗的工作时间	（6）与机械有关的不可避免中断工作时间，是由于工人进行准备与结束工作或辅助工作时，机械停止工作而引起的中断工作时间。它是与机械的使用与保养有关的不可避免中断时间。 （7）工人休息时间前面已经作了说明。要注意的是应尽量利用与工艺过程有关的和与机械有关的不可避免中断时间进行休息，以充分利用工作时间
2	损失的工作时间	包括多余工作、停工、违背劳动纪律所消耗的工作时间和低负荷下的工作时间。 （1）机械的多余工作时间，是机械进行任务内和工艺过程内未包括的工作而延续的时间。如工人没有及时供料而使机械空运转的时间。 （2）机械的停工时间，按其性质也可分为施工本身造成和非施工本身造成的停工。前者是由于施工组织得不好而引起的停工现象，如由于未及时供给机械燃料而引起的停工。后者是由于气候条件所引起的停工现象，如暴雨时压路机的停工。上述停工中延续的时间，均为机械的停工时间。 （3）违反劳动纪律引起的机械的时间损失，是指由于工人迟到早退或擅离岗位等引起的机械停工时间。 （4）低负荷下的工作时间，是由于工人或技术人员的过错所造成的施工机械在降低负荷的情况下工作的时间。例如，工人装车的砂石数量不足引起的汽车在降低负荷的情况下工作所延续的时间。此项工作时间不能作为计算时间定额的基础

★高频考点：施工机械台班使用定额的编制内容

序号	编制内容	说明
1	拟定机械工作的正常施工条件	包括工作地点的合理组织、施工机械作业方法的拟定、配合机械作业的施工小组的组织以及机械工作班制度等
2	确定机械净工作生产率	机械纯工作1h的正常生产率
3	确定机械的利用系数	机械的正常利用系数指机械在施工作业班内对作业时间的利用率： $$机械利用系数 = \frac{工作班净工作时间}{机械工作班时间}$$

序号	编制内容	说明
4	计算机械台班定额	施工机械台班产量定额＝机械净工作生产率×工作班延续时间×机械利用系数 施工机械时间定额＝$\dfrac{1}{\text{施工机械台班产量定额}}$
5	拟定工人小组的定额时间	工人小组的定额时间指配合施工机械作业工人小组的工作时间总和； 工人小组定额时间＝施工机械时间定额×工人小组的人数

A12　设计概算的编制方法

★高频考点：设计概算的编制方法总述

序号	项目	内容
1	单位工程概算的编制方法	（1）单位工程概算分建筑工程概算和设备及安装工程概算两大类。 （2）建筑工程概算的编制方法有概算定额法、概算指标法、类似工程预算法。 （3）设备及安装工程概算的编制方法有预算单价法、扩大单价法、设备价值百分比法和综合吨位指标法等。
2	单项工程综合概算的编制方法	（1）单项工程综合概算是以其所包含的建筑工程概算表和设备及安装工程概算表为基础汇总编制的。 （2）当建设工程项目只有一个单项工程时，单项工程综合概算（实为总概算）还应包括工程建设其他费用概算（含建设期利息、预备费）。 （3）单项工程综合概算文件一般包括编制说明和综合概算表两部分
3	建设工程项目总概算的编制方法	（1）总概算是以整个建设工程项目为对象，确定项目从立项开始，到竣工交付使用整个过程的全部建设费用的文件。将各单项工程综合概算及其他工程和费用概算等汇总即为建设工程项目总概算。总概算由以下四部分组成：①工程费用；②其他费用；③预备费；④应列入项目概算总投资的其他费用，包括资金筹措费和铺底流动资金。

序号	项目	内容
3	建设工程项目总概算的编制方法	(2)总概算书的内容： 建设项目总概算是设计文件的重要组成部分。它由各单项工程综合概算、工程建设其他费用、建设期利息、预备费和经营性项目的铺底流动资金组成，并按主管部门规定的统一表格编制而成。 (3)编制总概算表的基本步骤： ①按总概算组成的顺序和各项费用的性质，将各个单项工程综合概算及其他工程和费用概算汇总列入总概算表。 ②将工程项目和费用名称及各项数值填入相应各栏内，然后按各栏分别汇总。 ③以汇总后总额为基础，按取费标准计算预备费用、资金筹措费、铺底流动资金。 ④计算回收金额。回收金额是指在整个基本建设过程中所获得的各种收入。如原有房屋拆除所回收的材料和旧设备等的变现收入；试车收入大于支出部分的价值等。回收金额的计算方法，应按地区主管部门的规定执行。 ⑤计算总概算价值。 总概算价值＝工程费用＋其他费用＋预备费＋资金筹措费＋铺底流动资金－回收金额 ⑥计算技术经济指标。整个项目的技术经济指标应选择有代表性和能说明投资效果的指标填列。 ⑦投资分析。为对基本建设投资分配、构成等情况进行分析，应在总概算表中计算出各项工程和费用投资占总投资比例，在表的末栏计算出每项费用的投资占总投资的比例

★高频考点：单位建筑工程概算编制方法

序号	方法	内容	说明
1	概算定额法	利用概算定额法编制设计概算的具体步骤如下： (1)按照概算定额分部分项顺序，列出各分项工程的名称。工程量计算应按概算定额中规定的工程量计算规则进行，并将计算所得各分项工程量按概算定额编号顺序，填入工程概算表内。	概算定额法又叫扩大单价法或扩大结构定额法。它与利用预算定额编制单位建筑工程施工图预算的方法基本相同。其不同之处在于编制概算所采用的依据是概算定额，所采用的工程量计算规则是概算工程量计算规则。

序号	方法	内容	说明
1	概算定额法	（2）确定各分部分项工程项目的概算定额单价（基价）。工程量计算完毕后，逐项套用相应概算定额单价和人工、材料消耗指标，然后分别将其填入工程概算表和工料分析表中。如遇设计图中的分项工程项目名称、内容与采用的概算定额手册中相应的项目有某些不相符时，则按规定对定额进行换算后方可套用。 注：有些地区根据地区人工工资、物价水平和概算定额编制了与概算定额配合使用的扩大单位估价表，该表确定了概算定额中各扩大分部分项工程或扩大结构构件所需的全部人工费、材料费、机械台班使用费之和，即概算定额单价。在采用概算定额法编制概算时，可以将计算出的扩大分部分项工程的工程量，乘以扩大单位估价表中的概算定额单价进行人、料、机费用的计算。概算定额单价的计算公式为： 概算定额单价＝概算定额人工费＋概算定额材料费＋概算定额机械台班使用费＝Σ（概算定额中人工消耗量×人工单价）＋Σ（概算定额中材料消耗量×材料预算价）＋Σ（概算定额中机械台班消耗量×机械台班单价） （3）计算单位工程的人、料、机费用。将已算出的各分部分项工程项目的工程量分别乘以概算定额单价、单位人工、材料消耗指标，即可得出各分项工程的人、料、机费用和人工、材料消耗量。再汇总各分项工程的人、料、机费用及人工、材料消耗量，即可得到该单位工程的人、料、机费用和工料总消耗量。如果规定有地区的人工、材料价差调整指标，计算人、料、机费用时，按规定的调整系数或其他调整方法进行调整计算。	该方法要求初步设计达到一定深度，建筑结构比较明确时方可采用

序号	方法	内容	说明
1	概算定额法	(4)根据人、料、机费用,结合其他各项取费标准,分别计算企业管理费、利润、规费和税金。 (5)计算单位工程概算造价,其计算公式为: 单位工程概算造价＝人、料、机费用＋企业管理费＋利润＋规费＋税金	概算定额法又叫扩大单价法或扩大结构定额法。它与利用预算定额编制单位建筑工程施工图预算的方法基本相同。其不同之处在于编制概算所采用的依据是概算定额,所采用的工程量计算规则是概算工程量计算规则。该方法要求初步设计达到一定深度,建筑结构比较明确时方可采用
2	概算指标法	(1)拟建工程结构特征与概算指标相同时的计算 ①在使用概算指标法时,如果拟建工程在建设地点、结构特征、地质及自然条件、建筑面积等方面与概算指标相同或相近,就可直接套用概算指标编制概算。 ②根据选用的概算指标的内容,可选用两种套算方法。 a. 一种方法是以指标中所规定的工程每平方米或立方米的人、料、机费用单价,乘以拟建单位工程建筑面积或体积,得出单位工程的人、料、机费用,再计算其他费用,即可求出单位工程的概算造价。人、料、机费用计算公式为: 人、料、机费用＝概算指标每平方米(立方米)人、料、机费用单价×拟建工程建筑面积(体积) 注:这种简化方法的计算结果参照的是概算指标编制时期的价格标准,未考虑拟建工程建设时期与概算指标编制时期的价差,所以在计算人、料、机费用后还应用物价指数另行调整。 b. 另一种方法是以概算指标中规定的每 $100m^2$ 建筑物面积(或 $1000m^3$	当初步设计深度不够,不能准确地计算工程量,但工程设计采用的技术比较成熟而又有类似工程概算指标可以利用时,可以采用概算指标法编制工程概算。概算指标法将拟建厂房、住宅的建筑面积或体积乘以技术条件相同或基本相同的概算指标而得出人、料、机费用,然后按规定计算出企业管理费、利润、规费和税金等。概算指标法计算精度较低,但由于其编制速度快,因此对一般附属、辅助和服务工程等项目,以及住宅和文化福利工程项目或投资比较小、比较简单的工程项目投资概算有一定实用价值

序号	方法	内容	说明
2	概算指标法	体积)所耗人工工日数、主要材料数量为依据，首先计算拟建工程人工、主要材料消耗量，再计算人、料、机费用，并取费。在概算指标中，一般规定了 $100m^2$ 建筑物面积(或 $1000m^3$ 体积)所耗工日数、主要材料数量，通过套用拟建地区当时的人工工资单价和主材预算价格，便可得到每 $100m^2$ (或 $1000m^3$)建筑物的人工费和主材费而无需再作价差调整。计算公式为： $100m^2$ 建筑物面积的人工费＝指标规定的工日数×本地区人工工日单价 $100m^2$ 建筑物面积的主要材料费＝Σ(指标规定的主要材料数量×地区材料预算单价) $100m^2$ 建筑物面积的其他材料费＝主要材料费×其他材料费占主要材料费的百分比 $100m^2$ 建筑物面积的机械使用费＝(人工费＋主要材料费＋其他材料费)×机械使用费所占百分比 每 $1m^2$ 建筑面积的人、料、机费用＝(人工费＋主要材料费＋其他材料费＋机械使用费)÷100 注：根据人、料、机费用，结合其他各项取费方法，分别计算企业管理费、利润、规费和税金，得到每 $1m^2$ 建筑面积的概算单价，乘以拟建单位工程的建筑面积，即可得到单位工程概算造价。 (2)拟建工程结构特征与概算指标有局部差异时的调整 由于拟建工程往往与类似工程的概算指标的技术条件不尽相同，而且概算编制年份的设备、材料、人工等价格与拟建工程当时当地的价格也会	当初步设计深度不够，不能准确地计算工程量，但工程设计采用的技术比较成熟而又有类似工程概算指标可以利用时，可以采用概算指标法编制工程概算。概算指标法将拟建厂房、住宅的建筑面积或体积乘以技术条件相同或基本相同的概算指标而得出人、料、机费用，然后按规定计算出企业管理费、利润、规费和税金等。概算指标法计算精度较低，但由于其编制速度快，因此对一般附属、辅助和服务工程等项目，以及住宅和文化福利工程项目或投资比较小、比较简单的工程项目投资概算有一定实用价值

序号	方法	内容	说明
2	概算指标法	不同,在实际工作中,还经常会遇到拟建对象的结构特征与概算指标中规定的结构特征有局部不同的情况,因此必须对概算指标进行调整后方可套用。调整方法如下所述。 ①调整概算指标中的每 $1m^2$($1m^3$)造价 当设计对象的结构特征与概算指标有局部差异时需要进行这种调整。这种调整方法是将原概算指标中的单位造价进行调整(仍使用人、料、机费用指标),扣除每 $1m^2$($1m^3$)原概算指标中与拟建工程结构不同部分的造价,增加每 $1m^2$($1m^3$)拟建工程与概算指标结构不同部分的造价,使其成为与拟建工程结构相同的工程单位人、料、机费用造价。计算公式为: 结构变化修正概算指标(元/m^2)= $J+Q_1P_1-Q_2P_2$ 式中 J——原概算指标; Q_1——概算指标中换入结构的工程量; Q_2——概算指标中换出结构的工程量; P_1——换入结构的人、料、机费用单价; P_2——换出结构的人、料、机费用单价。 则拟建单位工程的人、料、机费用为: 人、料、机费用=修正后的概算指标×拟建工程建筑面积(或体积) 注:求出人、料、机费用后,再按照规定的取费方法计算其他费用,最终得到单位工程概算价值。 ②调整概算指标中的人、料、机数量	当初步设计深度不够,不能准确地计算工程量,但工程设计采用的技术比较成熟而又有类似工程概算指标可以利用时,可以采用概算指标法编制工程概算。概算指标法将拟建厂房、住宅的建筑面积或体积乘以技术条件相同或基本相同的概算指标而得出人、料、机费用,然后按规定计算出企业管理费、利润、规费和税金等。概算指标法计算精度较低,但由于其编制速度快,因此对一般附属、辅助和服务工程等项目,以及住宅和文化福利工程项目或投资比较小、比较简单的工程项目投资概算有一定实用价值

序号	方法	内容	说明
2	概算指标法	这种方法是将原概算指标中每$100m^2$（$1000m^3$）建筑面积（体积）中的人、料、机数量进行调整，扣除原概算指标中与拟建工程结构不同部分的人、料、机消耗量，增加拟建工程与概算指标结构不同部分的人、料、机消耗量，使其成为与拟建工程结构相同的每$100m^2$（$1000m^3$）建筑面积（体积）人、料、机数量。计算公式为： 结构变化修正概算指标的人、料、机数量＝原概算指标的人、料、机数量＋换入结构件工程量×相应定额人、料、机消耗量－换出结构件工程量×相应定额人、料、机消耗量 注：以上两种方法，前者是直接修正概算指标单价，后者是修正概算指标的工、料、机数量。修正之后，方可按上述第一种情况分别套用	当初步设计深度不够，不能准确地计算工程量，但工程设计采用的技术比较成熟而又有类似工程概算指标可以利用时，可以采用概算指标法编制工程概算。概算指标法将拟建厂房、住宅的建筑面积或体积乘以技术条件相同或基本相同的概算指标而得出人、料、机费用，然后按规定计算出企业管理费、利润、规费和税金等。概算指标法计算精度较低，但由于其编制速度快，因此对一般附属、辅助和服务工程等项目，以及住宅和文化福利工程项目或投资比较小、比较简单的工程项目投资概算有一定实用价值
3	类似工程预算法	类似工程预算法是利用技术条件与设计对象相类似的已完工程或在建工程的工程造价资料来编制拟建工程设计概算的方法。该方法适用于拟建工程初步设计与已完工程或在建工程的设计相类似且没有可用的概算指标的情况，但必须对建筑结构差异和价差进行调整	—

★高频考点：设备及安装工程概算编制方法

序号	项目	内容
1	设备购置费概算	（1）设备购置费是指为项目建设而购置或自制的达到固定资产标准的设备、工器具、交通运输设备、生产家具等本身及其运杂费用。 （2）设备购置费由设备原价和运杂费两项组成。设备购置费是根据初步设计的设备清单计算出设备原价，并汇总求出设备总价，然后按有关规定的设备运杂费率乘以设备总价，两项相加即为设备购置费概算，计算公式为：

序号	项目	内容
1	设备购置费概算	设备购置费概算＝Σ(设备清单中的设备数量×设备原价)×(1＋运杂费率) 或： 设备购置费概算＝Σ(设备清单中的设备数量×设备预算价格) (3)国产标准设备原价可根据设备型号、规格、性能、材质、数量及附带的配件，向制造厂家询价或向设备、材料信息部门查询或按主管部门规定的现行价格逐项计算。 (4)国产非标准设备原价在编制设计概算时可以根据非标准设备的类别、重量、性能、材质等情况，以每台设备规定的估价指标计算原价，也可以某类设备所规定吨重估价指标计算。 (5)工具、器具及生产家具购置费一般以设备购置费为计算基数，按照部门或行业规定的工具、器具及生产家具费率计算
2	设备安装工程概算的编制方法	设备安装工程费包括用于设备、工器具、交通运输设备、生产家具等的组装和安装，以及配套工程安装而发生的全部费用。 (1)预算单价法。当初步设计有详细设备清单时，可直接按预算单价(预算定额单价)编制设备安装工程概算。根据计算的设备安装工程量，乘以安装工程预算单价，经汇总求得。用预算单价法编制概算，计算比较具体，精确性较高。 (2)扩大单价法。当初步设计的设备清单不完备，或仅有成套设备的重量时，可采用主体设备、成套设备或工艺线的综合扩大安装单价编制概算。 (3)概算指标法。当初步设计的设备清单不完备，或安装预算单价及扩大综合单价不全，无法采用预算单价法和扩大单价法时，可采用概算指标编制概算。概算指标形式较多，概括起来主要可按以下几种指标进行计算。 ①按占设备价值的百分比(安装费率)的概算指标计算。 设备安装费＝设备原价×设备安装费率 ②按每吨设备安装费的概算指标计算。 设备安装费＝设备总吨数×每吨设备安装费(元/t) ③按座、台、套、组、根或功率等为计量单位的概算指标计算。如工业炉，按每台安装费指标计算；冷水箱，按每组安装费指标计算安装费等等。

序号	项目	内容
2	设备安装工程概算的编制方法	④按设备安装工程每平方米建筑面积的概算指标计算。设备安装工程有时可按不同的专业内容(如通风、动力、管道等)采用每平方米建筑面积的安装费用概算指标计算安装费

注：设备及安装工程概算费用由设备购置费和安装工程费组成。

A13 施工图预算的审查内容

★高频考点：施工图预算审查的内容

（1）审查施工图预算的编制是否符合现行法律、法规和规定要求；

（2）审查工程量计算的准确性、工程量计算规则与计价规范规则或定额规则的一致性；

（3）审查在施工图预算的编制过程中，各种计价依据使用是否恰当，各项费率计取是否正确；

（4）审查各种要素市场价格选用是否合理；

（5）审查施工图预算是否超过设计概算并进行偏差分析。

★高频考点：施工图预算审查的步骤

序号	项目	内容
1	审查前准备工作	(1)熟悉施工图纸。 (2)了解预算包括的工程范围。 (3)了解适用范围,搜集单价、定额资料
2	选择审查方法、审查相应内容	选择适当的审查方法进行审查
3	整理审查资料并调整定案	发现差错与编制单位协商,统一意见后进行相应增加或核减的修正

★高频考点：施工图预算审查的方法

序号	项目	内容	说明
1	全面审查法	按定额顺序或施工顺序，对各项工程细目逐项全面详细审查	（1）优点：全面、细致，审查质量高、效果好。 （2）缺点：工作量大，时间较长。 （3）适用：工程量较小、工艺简单的工程
2	标准预算审查法	对利用标准图纸或通用图纸施工的工程，先集中力量编制标准预算，以此为准来审查工程预算	（1）优点：时间短、效果好、易定案。 （2）缺点：适用范围小。 （3）适用：采用标准图纸的工程
3	分组计算审查法	把预算中有关项目按类别划分若干组，利用同组中的一组数据审查分项工程量	审查速度快、工作量小
4	对比审查法	当工程条件相同时，用已完工程的预算或未完但已经过审查修正的工程预算对比审查拟建工程	须符合下列条件： （1）拟建工程与已完或在建工程预算采用同一施工图，但基础部分和现场施工条件不同，则相同部分可采用对比审查法。 （2）工程设计相同，但建筑面积不同，两工程的建筑面积之比与两工程各分部分项工程量之比大体一致。此时可按分项工程量的比例，审查拟建工程各分部分项工程的工程量，或用两工程每平方米建筑面积造价、每平方米建筑面积的各分部分项工程量对比进行审查。 （3）两工程面积相同，但设计图纸不完全相同，则相同的部分，如厂房中的柱子、屋架、屋面、砖墙等，可进行工程量的对照审查。对不能对比的分部分项工程可按图纸计算

序号	项目	内容	说明
5	筛选审查法	针对工程量、价格、用工三个单方基本指标,用来筛选各分部分项工程,对不符合条件的应进行详细审查,若审查对象的预算标准与基本指标的标准不符,就应对其进行调整	(1)优点:简单易懂,便于掌握,审查速度快,便于发现问题。 (2)缺点:出现的原因尚需继续审查。 (3)适用:审查住宅工程或不具备全面审查条件的工程
6	重点审查法	抓住施工图预算中的重点进行审核	(1)审查的重点:工程量大或者造价较高的各种工程、补充定额、计取的各项费用。 (2)优点:突出重点,审查时间短、效果好

注:施工图预算的审查可采用全面审查法、标准预算审查法、分组计算审查法、对比审查法、筛选审查法、重点审查法、分解对比审查法等。

A14 工程量清单编制的方法

★高频考点:分部分项工程项目清单的编制

序号	项目	内容
1	项目编码的设置	项目编码是分部分项工程和措施项目清单名称的阿拉伯数字标识。分部分项工程量清单项目编码分五级设置,用12位阿拉伯数字表示
2	项目名称的确定	应以附录中的项目名称为基础,考虑该项目的规格、型号、材质等特征要求,并结合拟建工程的实际情况,对其进行适当的调整或细化,使其能够反映影响工程造价的主要因素
3	项目特征的描述	应按《计量规范》的项目特征,结合拟建工程项目的实际予以描述,是区分清单项目的依据,是确定综合单价的前提,是履行合同义务的基础: (1)项目特征是区分清单项目的依据。工程量清单项目特征是用来表述分部分项清单项目的实质内容,用于区分计价规范中同一清单条目下各个具体的清单项目。没有项目特征的准确描述,对于相同或相似的清单项目名称,就无从区分。

序号	项目	内容
3	项目特征的描述	(2)项目特征是确定综合单价的前提。由于工程量清单项目的特征决定了工程实体的实质内容,必然直接决定了工程实体的自身价值。因此,工程量清单项目特征描述的准确与否,直接关系到工程量清单项目综合单价的准确确定。 (3)项目特征是履行合同义务的基础。实行工程量清单计价,工程量清单及其综合单价则构成施工合同的组成部分。因此,如果工程量清单项目特征的描述不清甚至漏项、错误,就会引起在施工过程中的更改,从而引起分歧、导致纠纷
4	计量单位的选择	(1)以重量计算的项目——吨或千克(t 或 kg);吨计量的保留小数点后三位数字,第四位小数四舍五入,千克计量的应保留小数点后二位数字,第三位小数四舍五入。 (2)以体积计算的项目——立方米(m^3);应保留小数点后二位数字,第三位小数四舍五入。 (3)以面积计算的项目——平方米(m^2);应保留小数点后二位数字,第三位小数四舍五入。 (4)以长度计算的项目——米(m);应保留小数点后二位数字,第三位小数四舍五入。 (5)以自然计量单位计算的项目——个、套、块、组、台……计量单位取整数。 (6)没有具体数量的项目——宗、项;计量单位取整数
5	工程量的计算	清单中所列工程量应按计算规则计算,除另有说明外,所有清单项目的工程量以实体工程量为准,并以完成后的净值来计算
6	补充项目	附录中未包括的项目,编制人应做补充,并报省级或行业工程造价管理机构备案,应从 XB001 起顺序编制

注:分部分项工程项目工程量清单应按建设工程工程量计量规范的规定,确定项目编码、项目名称、项目特征、计量单位,并按不同专业工程量计量规范给出的工程量计算规则,进行工程量的计算。

★高频考点:措施项目清单的编制

(1)参考拟建工程的常规施工组织设计,以确定环境保护、安全文明施工、临时设施、材料的二次搬运等项目;

(2)参考拟建工程的常规施工技术方案,以确定大型机械设备进出场及安拆、混凝土模板及支架、脚手架、施工排水、施工降水、垂直运输机械、组装平台等项目；

（3）参阅相关的施工规范与工程验收规范，以确定施工方案没有表述的但为实现施工规范与工程验收规范要求而必须发生的技术措施；

（4）确定设计文件中不足以写进施工方案，但要通过一定的技术措施才能实现的内容；

（5）确定招标文件中提出的某些需要通过一定的技术措施才能实现的要求。

注：措施项目清单必须根据相关工程现行国家计量规范的规定编制。规范中将措施项目分为能计量和不能计量的两类。对能计量的措施项目（即单价措施项目），同分部分项工程量一样，编制措施项目清单时应列出项目编码、项目名称、项目特征、计量单位，并按现行计量规范规定，采用对应的工程量计算规则计算其工程量。对不能计量的措施项目（即总价措施项目），措施项目清单中仅列出了项目编码、项目名称，但未列出项目特征、计量单位的项目，编制措施项目清单时，应按现行计量规范附录（措施项目）的规定执行。由于工程建设施工特点和承包人组织施工生产的施工装备水平、施工方案及其管理水平的差异，同一工程、不同承包人组织施工采用的施工措施有时并不完全一致，因此，《建设工程工程量清单计价规范》GB 50500—2013 规定：措施项目清单应根据拟建工程的实际情况列项。

★**高频考点：其他项目清单的编制**

序号	项目	内容
1	暂列金额	暂列金额是招标人暂定并包括在合同中的一笔款项。用于施工合同签订时尚未确定或者不可预见的所需材料、设备、服务的采购,施工中可能发生的工程变更、合同约定调整因素出现时的工程价款调整以及发生的索赔、现场签证确认等的费用
2	暂估价	暂估价是指招标人在工程量清单中提供的用于支付必然发生但暂时不能确定价格的材料价款、工程设备价款以及专业工程金额。暂估价是在招标阶段预见肯定要发生,但是由于标准尚不明确或者需要由专业承包人来完成,暂时无法确定具体价格时所采用的一种价格形式

序号	项目	内容
3	计日工	(1)计日工是为了解决现场发生的零星工作的计价而设立的。计日工以完成零星工作所消耗的人工工时、材料数量、机械台班进行计量,并按照计日工表中填报的适用项目的单价进行计价支付。计日工适用的所谓零星工作一般是指合同约定之外的或者因变更而产生的、工程量清单中没有相应项目的额外工作,尤其是那些时间不允许事先商定价格的额外工作。 (2)编制工程量清单时,计日工表中的人工应按工种,材料和机械应按规格、型号详细列项。其中人工、材料、机械数量,应由招标人根据工程的复杂程度,工程设计质量的优劣及设计深度等因素,按照经验来估算一个比较贴近实际的数量,并作为暂定量写到计日工表中,纳入有效投标竞争,以期获得合理的计日工单价
4	总承包服务费	总承包服务费是为了解决招标人在法律、法规允许的条件下进行专业工程发包以及自行采购供应材料、设备时,要求总承包人对发包的专业工程提供协调和配合服务(如分包人使用总包人的脚手架、水电接驳等);对供应的材料、设备提供收、发和保管服务以及对施工现场进行统一管理;对竣工资料进行统一汇总整理等发生并向总承包人支付的费用。招标人应当预计该项费用并按投标人的投标报价向投标人支付该项费用

注:其他项目清单是指分部分项工程量清单、措施项目清单所包含的内容以外,包括下列4项内容列项:(1)暂列金额;(2)暂估价:包括材料暂估单价、工程设备暂估价、专业工程暂估价;(3)计日工;(4)总承包服务费。

★高频考点:规费与税金的编列

序号	项目	内容	说明
1	规费项目清单的编制	(1)社会保险费:包括养老保险费、失业保险费、医疗保险费、工伤保险费、生育保险费。 (2)住房公积金	未列的项目,应根据省级政府或省级有关部门的规定列项

序号	项目	内容	说明
2	税金项目清单的编制	税金是指国家税法规定的应计入建筑安装工程造价的增值税销项税额	未列的项目，应根据税务部门的规定列项

★**高频考点：工程量清单总说明的内容**

（1）工程概况。工程概况中要对建设规模、工程特征、计划工期、施工现场实际情况、自然地理条件、环境保护要求等做出描述。其中建设规模是指建筑面积；工程特征应说明基础及结构类型、建筑层数、高度、门窗类型及各部位装饰、装修做法；计划工期是指按工期定额计算的施工天数；施工现场实际情况是指施工场地的地表状况；自然地理条件，是指建筑场地所处地理位置的气候及交通运输条件；环境保护要求，是针对施工噪声及材料运输可能对周围环境造成的影响和污染所提出的防护要求。

（2）工程招标及分包范围。招标范围是指单位工程的招标范围，如建筑工程招标范围为"全部建筑工程"，装饰装修工程招标范围为"全部装饰装修工程"，或招标范围不含桩基础、幕墙、门窗等。工程分包是指特殊工程项目的分包，如招标人自行采购安装"铝合金门窗"等。

（3）工程量清单编制依据。包括《建设工程工程量清单计价规范》GB 50500—2013、设计文件、招标文件、施工现场情况、工程特点及常规施工方案等。

（4）工程质量、材料、施工等的特殊要求。工程质量的要求，是指招标人要求拟建工程的质量应达到合格或优良标准；对材料的要求，是指招标人根据工程的重要性、使用功能及装饰装修标准提出，诸如对水泥的品牌、钢材的生产厂家、花岗石的出产地、品牌等的要求；施工要求，一般是指建设项目中对单项工程的施工顺序等的要求。

（5）其他需要说明的事项。

注：招标工程量清单汇总：在分部分项工程量清单、措施项目清单、其他项目清单、规费和税金项目清单编制完成以后，经审查

复核，与工程量清单封面及总说明汇总并装订，由相关责任人签字和盖章，形成完整的招标工程量清单文件。

A15 工程量清单计价的方法

★高频考点：**工程量清单编制程序**

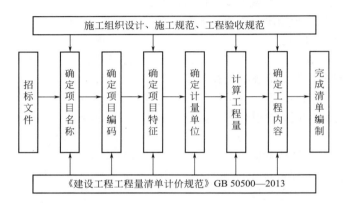

★高频考点：**工程造价的计算**

（1）采用工程量清单计价，建筑安装工程造价由分部分项工程费、措施项目费、其他项目费、规费和税金组成。在工程量清单计价中，如按分部分项工程单价组成来分，工程量清单计价主要有三种形式：①工料单价法；②综合单价法；③全费用综合单价法。

工料单价＝人工费＋材料费＋施工机具使用费

综合单价＝人工费＋材料费＋施工机具使用费＋管理费＋利润

全费用综合单价＝人工费＋材料费＋施工机具使用费
　　　　　　　＋管理费＋利润＋规费＋税金

（2）《计价规范》规定，分部分项工程量清单应采用综合单价计价。但在2015年发布实施的《建设工程造价咨询规范》GB/T 51095—2015中，为了贯彻工程计价的全费用单价，强调最高投标限价、投标报价的单价应采用全费用综合单价。即采用综合单价法计价。利用综合单价法计价需分项计算清单项目，再汇总得到工程总造价。

分部分项工程费＝Σ分部分项工程量×分部分项工程综合单价
措施项目费＝Σ措施项目工程量×措施项目综合单价
　　　　　＋Σ单项措施费
其他项目费＝暂列金额＋暂估价＋计日工＋总承包服务费＋其他
单位工程报价＝分部分项工程费＋措施项目费
　　　　　　＋其他项目费＋规费＋税金
单项工程报价＝Σ单位工程报价
总造价＝Σ单项工程报价

★高频考点：分部分项工程中的综合单价的确定方法

序号	项目	内容
1	确定组合定额子目	将清单项目的工程内容与定额项目的工程内容进行比较，结合清单项目的特征描述，确定拟组价清单项目应该由哪几个定额子目来组合
2	计算定额子目工程量	清单工程量不能直接用于计价，在计价时必须考虑施工方案等各种影响因素，根据所采用的计价定额及相应的工程量计算规则重新计算各定额子目的施工工程量
3	测算人、料、机消耗量	人、料、机的消耗量一般参照定额进行确定。在编制最高投标限价时一般参照政府颁发的消耗量定额；编制投标报价时一般采用反映企业水平的企业定额，投标企业没有企业定额时可参照消耗量定额进行调整
4	确定人、料、机单价	人工单价、材料价格和施工机械台班单价，应根据工程项目的具体情况及市场资源的供求状况进行确定，采用市场价格作为参考，并考虑一定的调价系数
5	计算清单项目的人、料、机总费用	按确定的分项工程人工、材料和机械的消耗量及询价获得的人工单价、材料单价、施工机械台班单价，与相应的计价工程量相乘得到各定额子目的人、料、机总费用，将各定额子目的人、料、机总费用汇总后算出清单项目的人、料、机总费用。 人、料、机总费用＝Σ计价工程量×（Σ人工消耗量×人工单价＋Σ材料消耗量×材料单价＋Σ台班消耗量×台班单价）
6	计算清单项目的管理费和利润	企业管理费及利润通常根据各地区规定的费率乘以规定的计价基础得出。通常情况下，计算公式如下： 管理费＝人、料、机总费用×管理费费率 利润＝（人、料、机总费用＋管理费）×利润率

序号	项目	内容
7	计算清单项目的综合单价	(1)将清单项目的人、料、机总费用、管理费及利润汇总得到该清单项目合价,将该清单项目合价除以清单项目的工程量即可得到该清单项目的综合单价。 综合单价=(人、料、机总费用+管理费+利润)/清单工程量 (2)如果采用全费用综合单价计价,则还需计算清单项目的规费和税金

注：工程量清单综合单价是指完成一个规定清单项目所需的人工费、材料和工程设备费、施工机具使用费和企业管理费、利润以及一定范围内的风险费用。规费和税金等不可竞争的费用并不包括在项目单价中。如果采用全费用综合单价计价,则还需计算清单项目的规费和税金。

★高频考点：措施项目费的计算方法

序号	项目	内容	说明
1	综合单价法	不要求每个措施项目的综合单价必须包含人工费、材料费、机具费、管理费和利润中的每一项	措施项目费=∑(单价措施项目工程量×单价措施项目综合单价)
2	参数法计价	指按一定的基数乘系数的方法或自定义公式进行计算	(1)安全文明施工费=计算基数×安全文明施工费费率(%) (2)夜间施工增加费=计算基数×夜间施工增加费费率(%) (3)二次搬运费=计算基数×二次搬运费费率(%) (4)冬雨季施工增加费=计算基数×冬雨季施工增加费费率(%) (5)已完工程及设备保护费=计算基数×已完工程及设备保护费费率(%)
		备注	(1)安全文明施工费计算基数应为定额基价(定额分部分项工程费+定额中可以计量的措施项目费)、定额人工费或(定额人工费+定额机械费)。

序号	项目	内容	说明
2	参数法计价	备注	（2）②～⑤项措施项目的计费基数应为定额人工费或（定额人工费＋定额机械费），其费率由工程造价管理机构根据各专业工程特点和调查资料综合分析后确定
3	分包法计价		在分包价格的基础上增加投标人的管理费及风险费进行计价的方法，这种方法适合可以分包的独立项目

注：措施项目清单计价可以计算工程量的措施项目，应按分部分项工程量清单的方式采用综合单价计价；其余的不能算出工程量的措施项目，则采用总价项目的方式，以"项"为单位的方式计价，应包括除规费、税金外的全部费用。措施项目清单中的安全文明施工费应按照国家或省级、行业建设主管部门的规定计价，不得作为竞争性费用。

★高频考点：其他项目、规费与税金及风险费用的确定

序号	项目	内容	说明
1	其他项目费计算	暂列金额	（1）由招标人按估算金额确定。
		暂估价	（2）招标人在工程量清单中提供的暂估价的材料、工程设备和专业工程，若属于依法必须招标的，由承包人和招标人共同通过招标确定材料、工程设备单价与专业工程分包价；若材料、工程设备不属于依法必须招标，经发承包双方协商确认单价后计价；若专业工程不属于依法必须招标的，由发包人、总承包人与分包人按有关计价依据进行计价
		计日工	由承包人根据招标人提出的要求，按估算的费用确定
		总承包服务费	
2	规费与税金的计算	规费	按国家或省级、行业建设主管部门的规定计算，不得作为竞争性费用
		税金	
3	风险费用的确定	在招标文件、合同中明确计价中的风险内容及其范围	不得采用无限风险、所有风险或类似语句规定计价中的风险内容及范围

A16 招标控制价的编制方法

★高频考点：最高投标限价的概念

序号	项目	内容
1	国有资金投资的建设工程招标	招标人必须编制最高投标限价，作为投标人的最高投标限价，招标人能够接受的最高交易价格
2	最高投标限价超过批准的概算时	招标人应将其报原概算审批部门审核
3	投标人的投标报价高于最高投标限价的	其投标应予以拒绝
4	最高投标限价的编制	由具有编制能力的招标人或受其委托具有相应资质的工程造价咨询人编制和复核
5	最高投标限价不允许调整	在招标文件中公布，不应上调或下浮，招标人应将最高投标限价及有关资料报送工程所在地工程造价管理机构备查

注：最高投标限价是招标工程项目限定的最高工程造价，也可称其为拦标价、预算控制价或最高报价等。

★高频考点：最高投标限价的编制内容

序号	项目	内容
1	分部分项工程费的编制	（1）分部分项工程费采用综合单价的方法编制。采用的分部分项工程量应是招标文件中工程量清单提供的工程量；综合单价应根据招标文件中的分部分项工程量清单的特征描述及有关要求、行业建设主管部门颁发的计价依据、标准和办法进行编制。 （2）为使最高投标限价与投标报价所包含的内容一致，综合单价中应包括招标文件中招标人要求投标人承担的风险内容及其范围（幅度）产生的风险费用，可以风险费率的形式进行计算。招标文件提供了暂估单价的材料，应按暂估单价计入综合单价

序号	项目	内容
2	措施项目费的编制	措施项目费应依据招标文件中提供的措施项目清单和拟建工程项目的施工组织设计进行确定。可以计算工程量的措施项目,应按分部分项工程量清单的方式采用综合单价计价;其余的措施项目可以以"项"为单位的方式计价,应包括除规费、税金外的全部费用。措施项目费中的安全文明施工费应当按照国家或地方行业建设主管部门的规定标准计价
3	其他项目费	(1)暂列金额 应按招标工程量清单中列出的金额填写。 (2)暂估价 暂估价中的材料、工程设备单价、控制价应按招标工程量清单列出的单价计入综合单价;暂估价专业工程金额应按招标工程量清单中列出的金额填写。 (3)计日工 编制最高投标限价时,对计日工中的人工单价和施工机械台班单价应按省级、行业建设主管部门或其授权的工程造价管理机构公布的单价计算;材料应按工程造价管理机构发布的工程造价信息中的材料单价计算,工程造价信息未发布材料单价的材料,其价格应按市场调查确定的单价计算。 (4)总承包服务费 编制最高投标限价时,总承包服务费应按照省级或行业建设主管部门的规定,并根据招标文件列出的内容和要求估算。在计算时可参考以下标准: ①招标人仅要求总包人对其发包的专业工程进行施工现场协调和统一管理、对竣工材料进行统一汇总整理等服务时,总承包服务费按发包的专业工程估算造价的 1.5% 左右计算; ②招标人要求总包人对其发包的专业工程既进行总承包管理和协调,又要求提供相应配合服务时,总承包服务费应根据招标文件列出的配合服务内容,按发包的专业工程估算造价的 3%~5% 计算; ③招标人自行供应材料、设备的,按招标人供应材料、设备价值的 1% 计算
4	规费和税金	按国家或省级、行业建设主管部门规定的标准计算,不得作为竞争性费用

注:采用工程量清单计价时,最高投标限价的编制内容包括:分部分项工程费、措施项目费、其他项目费、规费和税金。

★高频考点：最高投标限价编制时的注意事项

(1)《建设工程工程量清单计价规范》GB 50500—2013 将原规范中"国有资金投资的工程建设项目应实行工程量清单招标，并应编制最高投标限价……"上升为强制性条文，即：国有资金投资的工程建设招投标，必须编制最高投标限价。

(2) 最高投标限价编制的表格格式等应执行《建设工程工程量清单计价规范》GB 50500—2013 的有关规定。

(3) 一般情况下，编制最高投标限价，采用的材料价格应是工程造价管理机构通过工程造价信息发布的材料单价，工程造价信息未发布材料单价的材料，其材料价格应通过市场调查确定。另外，未采用工程造价管理机构发布的工程造价信息时，需在招标文件或答疑补充文件中对最高投标限价采用的与造价信息不一致的市场价格予以说明，采用的市场价格则应通过调查、分析确定，有可靠的信息来源。

(4) 施工机械设备的选型直接关系到基价综合单价水平，应根据工程项目特点和施工条件，本着经济实用、先进高效的原则确定。

(5) 不可竞争的措施项目和规费、税金等费用的计算均属于强制性条款，编制最高投标限价时应该按国家有关规定计算。

(6) 不同工程项目、不同施工单位会有不同的施工组织方法，所发生的措施费也会有所不同。因此，对于竞争性的措施费用的编制，应该首先编制施工组织设计或施工方案，然后依据经过专家论证后的施工方案，合理地确定措施项目与费用。

★高频考点：最高投标限价的编制程序

(1) 了解编制要求与范围；

(2) 熟悉工程图纸及有关设计文件；

(3) 熟悉与建设工程项目有关的标准、规范、技术资料；

(4) 熟悉拟订的招标文件及其补充通知、答疑纪要等；

(5) 了解施工现场情况、工程特点；

(6) 熟悉工程量清单；

(7) 掌握工程量清单涉及计价要素的信息价格和市场价格，依据招标文件确定其价格；

(8) 进行分部分项工程量清单计价；

(9) 论证并拟定常规的施工组织设计或施工方案；

(10) 进行措施项目工程量清单计价；

(11) 进行其他项目、规费项目、税金项目清单计价；

(12) 工程造价汇总、分析、审核；

(13) 成果文件签认、盖章；

(14) 提交成果文件。

★高频考点：投标人对编制最高投标限价进行投诉的规定

序号	项目	内容	说明
1	提起投诉	(1)时间	应在最高投标限价公布后5天内向招投标监督机构和工程造价管理机构投诉
		(2)书面投诉书要求	①投诉人与被投诉人的名称、地址及有效联系方式； ②投诉的招标工程名称、具体事项及理由； ③投诉依据及有关证明材料； ④相关的请求及主张
		(3)禁止行为	投诉人不得进行虚假、恶意投诉，阻碍招投标活动的正常进行
2	投诉受理决定阶段	(1)审查受理时间	工程造价管理机构在接到投诉书后应在2个工作日内进行审查
		(2)不予受理情形	①投诉人不是所投诉招标工程招标文件的收受人； ②投诉书提交的时间不符合规定的； ③投诉书不符合规定的； ④投诉事项已进入行政复议或行政诉讼程序的
		(3)明确是否受理决定	在不迟于结束审查的次日将是否受理投诉的决定书面通知投诉人、被投诉人以及负责该工程招投标监督的招投标管理机构

序号	项目	内容	说明
3	受理投诉后工作	(1)工作内容	工程造价管理机构受理投诉后,应立即对最高投标限价进行复查,组织投诉人、被投诉人或其委托的最高投标限价编制人等单位人员对投诉问题逐一核对
		(2)复查时间	工程造价管理机构应当在受理投诉的10天内完成复查,特殊情况下可适当延长
		(3)复查结论	①以书面结论通知投诉人、被投诉人及负责该工程招投标监督的招投标管理机构; ②最高投标限价复查结论与原公布的最高投标限价误差＞±3%的,应当责成招标人改正; ③需要重新公布最高投标限价的,其最终公布的时间至招标文件要求提交投标文件截止时间不足15天的,应相应延长投标文件的截止时间

A17 投标价的编制方法

★高频考点：编制投标报价的原则

(1) 投标报价由投标人自主确定,但必须执行《建设工程工程量清单计价规范》GB 50500—2013 的强制性规定。投标价应由投标人或受其委托具有相应资质的工程造价咨询人编制。

(2) 投标人的投标报价不得低于工程成本。《中华人民共和国招标投标法》中规定:"中标人的投标应当符合下列条件……（二）能够满足招标文件的实质性要求,并且经评审的投标价格最低;但是投标价格低于成本的除外。"《评标委员会和评标方法暂行规定》中规定:"在评标过程中,评标委员会发现投标人的报价明显低于其他投标报价或者在设有标底时明显低于标底的,使得其投标报价可能低于其个别成本的,应当要求该投标人做出书面说明并提供相关证明材料。投标人不能合理说明或者不能提供相关证明材料的,由评标委员会认定该投标人以低于成本报价竞标,其投标应作为废标处理。"上述法律法规的规定,特别要求投标人的投标报价不得低于工程成本。

(3) 投标人必须按招标工程量清单填报价格。实行工程量清单招标,招标人在招标文件中提供工程量清单,其目的是使各投标人在投标报价中具有共同的竞争平台。因此,为避免出现差错,要求投标人必须按招标人提供的招标工程量清单填报投标价格,填写的项目编码、项目名称、项目特征、计量单位、工程量必须与招标工程量清单一致。

(4) 投标报价要以招标文件中设定的承发包双方责任划分,作为设定投标报价费用项目和费用计算的基础。承发包双方的责任划分不同,会导致合同风险分摊不同,从而导致投标人报价不同;不同的工程承发包模式会直接影响工程项目投标报价的费用内容和计算深度。

(5) 应该以施工方案、技术措施等作为投标报价计算的基本条件。企业定额反映企业技术和管理水平,是计算人工、材料和机械台班消耗量的基本依据;更要充分利用现场考察、调研成果、市场价格信息和行情资料等编制基础标价。

(6) 报价计算方法要科学严谨,简明适用。

★高频考点:投标报价编制的依据

(1)《建设工程工程量清单计价规范》GB 50500—2013;

(2) 国家或省级、行业建设主管部门颁发的计价办法;

(3) 企业定额,国家或省级、行业建设主管部门颁发的计价定额和计价办法;

(4) 招标文件、招标工程量清单及其补充通知、答疑纪要;

(5) 建设工程设计文件及相关资料;

(6) 施工现场情况、工程特点及投标时拟定的施工组织设计或施工方案;

(7) 与建设项目相关的标准、规范等技术资料;

(8) 市场价格信息或工程造价管理机构发布的工程造价信息;

(9) 其他的相关资料。

★高频考点:工程项目工程量清单投标报价流程

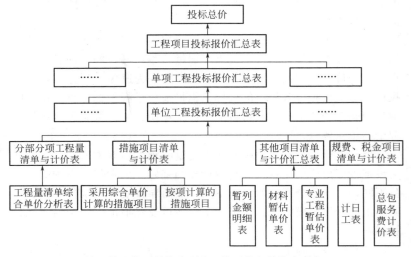

注:从上往下是从大到小,从下往上是从小到大。

★高频考点:投标报价的分析说明

序号	项目	内容	说明
1	综合单价	应包括招标文件中划分的应由投标人承担的风险范围及其费用	招标文件中没有明确的,应提请招标人明确
2	单价项目	(1)工程量清单项目特征描述	①招投标过程中,若出现工程量清单特征描述与设计图纸不符,投标人应以招标工程量清单的项目特征描述为准,确定投标报价的综合单价; ②若施工中施工图纸或设计变更与招标工程量清单项目特征描述不一致,发承包双方应按实际施工的项目特征依据合同约定重新确定综合单价
		(2)企业定额	按企业定额来计算,没有时可根据企业自身情况参照消耗量定额进行调整

序号	项目	内容	说明
2	单价项目	(3)资源可获取价格	综合单价中的人工费、材料费、机械费是以企业定额的人、料、机消耗量乘以人、料、机的实际价格得出
		(4)企业管理费费率	管理费费率可由投标人根据本企业近年的企业管理费核算数据自行测定
		(5)利润率	可由投标人根据本企业当前盈利情况、施工水平、拟投标工程的竞争情况以及企业当前经营策略自主确定
		(6)风险费用	投标人应在综合单价中给予考虑,通常以风险费率的形式进行计算。在施工过程中,当出现的风险内容及其范围(幅度)在招标文件规定的范围(幅度)内时,综合单价不得变动,合同价款不作调整
		(7)材料、工程设备暂估价	按招标工程量清单中提供的暂估的单价计入综合单价
3	总价项目	(1)措施项目中的总价项目	应采用综合单价方式报价,包括除规费、税金外的全部费用
		(2)措施项目中的安全文明施工费	应按照国家或省级、行业主管部门的规定计算确定
4	其他项目费	(1)暂列金额	应按照招标工程量清单中列出的金额填写,不得变动
		(2)暂估价	暂估价不得变动和更改。暂估价中的材料、工程设备必须按照暂估单价计入综合单价;专业工程暂估价必须按照招标工程量清单中列出的金额填写
		(3)计日工	计日工应按照招标工程量清单列出的项目和估算的数量,自主确定各项综合单价并计算费用
		(4)总承包服务费	总承包服务费应根据招标工程量列出的专业工程暂估价内容和供应材料、设备情况,按照招标人提出协调、配合与服务要求和施工现场管理需要自主确定

序号	项目	内容	说明
5	规费和税金	按国家或省级、行业建设主管部门规定的标准计算	不得作为竞争性费用
6	投标总价	投标人在进行工程项目工程量清单招标的投标报价时,不能进行投标总价优惠(或降价、让利)	投标人对投标报价的任何优惠(或降价、让利)均应反映在相应清单项目的综合单价中

A18 合同价款调整

★高频考点:合同价款应当调整的事项及调整程序

序号	项目	内容
1	合同价款应当调整的事项	(1)法律法规变化。 (2)工程变更。 (3)项目特征不符。 (4)工程量清单缺项。 (5)工程量偏差。 (6)计日工。 (7)市场价格波动。 (8)暂估价。 (9)不可抗力。 (10)提前竣工(赶工补偿)。 (11)误期赔偿。 (12)索赔。 (13)现场签证。 (14)暂列金额。 (15)发承包双方约定的其他调整事项
2	合同价款调整的程序	(1)调增事项(不含工程量偏差、计日工、现场签证、施工索赔)出现后的14天内,承包人应向发包人提交报告,未在14天内提出视为不存在调增事项。

序号	项目	内容
2	合同价款调整的程序	（2）调减事项（不含工程量偏差、施工索赔）后的14天内，发包人应向承包人提交合同价款调减报告并附相关资料；发包人在14天内未提交合同价款调减报告的，应视为发包人对该事项不存在调整价款请求。 （3）发（承）包人应在收到承（发）包人合同价款调增（减）报告及相关资料之日起14天内对其核实，予以确认的应书面通知承（发）包人。当有疑问时，应向承（发）包人提出协商意见。发（承）包人在收到合同价款调增（减）报告之日起14天内未确认也未提出协商意见的，应视为承（发）包人提交的合同价款调增（减）报告已被发（承）包人认可。发（承）包人提出协商意见的，承（发）包人应在收到协商意见后的14天内对其核实，予以确认的应书面通知发（承）包人。承（发）包人在收到发（承）包人的协商意见后14天内既不确认也未提出不同意见的，应视为发（承）包人提出的意见已被承（发）包人认可。 注：如果发包人与承包人对合同价款调整的不同意见不能达成一致，只要对承发包双方履约不产生实质影响，双方应继续履行合同义务，直到其按照合同约定的争议解决方式得到处理。关于合同价款调整后的支付原则，《建设工程工程量清单计价规范》GB 50500—2013规定：经发承包双方确认调整的合同价款，作为追加（减）合同价款，与工程进度款或结算款同期支付

★高频考点：合同价款调整的具体规定

序号	项目	内容
1	法律法规变化	（1）招标工程以投标截止日前28天，非招标工程以合同签订前28天为基准日，基准日期后，法律变化导致承包人在合同履行过程中所需要的费用发生"市场价格波动引起的调整"条款约定以外的增加时，由发包人承担由此增加的费用；减少时，应从合同价格中予以扣减。基准日期后，因法律变化造成工期延误时，工期应予以顺延。 （2）因法律变化引起的合同价格和工期调整，合同当事人无法达成一致的，由总监理工程师按"商定或确定"条款的约定处理。 （3）因承包人原因造成工期延误，在工期延误期间出现法律变化的，由此增加的费用和（或）延误的工期由承包人承担。 （4）因承包人原因导致工期延误，按上述规定的调整时间，在合同工程原定竣工时间之后，增加的不调，减少的调整

序号	项目	内容
2	项目特征描述不符	(1)发包人在招标工程量清单中对项目特征的描述,应被认为是准确的和全面的,并且与实际施工要求相符合。承包人应按照发包人提供的招标工程量清单,根据其项目特征描述的内容及有关要求实施合同工程,直到项目被改变为止。 (2)承包人应按照发包人提供的设计图纸实施工程合同,若在合同履行期间出现设计图纸(含设计变更)与招标工程量清单任一项目的特征描述不符,且该变化引起该项目工程造价增减变化的,应按照实际施工的项目特征,按规范中工程变更相关条款的规定重新确定相应工程量清单项目的综合单价,并调整合同价款。 (3)项目特征是构成清单项目价值的本质特征,单价的高低与其具有必然联系。因此,发包人在招标工程量清单中对项目特征的描述应被认为是准确的和全面的,并且与实际施工要求相符合,否则,承包人无法报价。而当项目特征变化后,发承包双方应按实际施工的项目特征重新确定综合单价
3	工程量清单缺项	(1)合同履行期间,由于招标工程量清单中缺项,新增分部分项工程量清单项目的,应按照规范中工程变更相关条款确定单价,并调整合同价款。 (2)新增分部分项工程量清单项目后,引起措施项目发生变化的,应按照规范中工程变更相关规定,在承包人提交的实施方案被发包人批准后调整合同价款。 (3)由于招标工程量清单中措施项目缺项,承包人应将新增措施项目实施方案提交发包人批准后,按照规范相关规定调整合同价款
4	工程量偏差	(1)合同履行期间,当予以计算的实际工程量与招标工程量清单出现偏差,且符合下述两条规定的,发承包双方应调整合同价款。 (2)对于任一招标工程量清单项目,如果因工程量偏差和工程变更等原因导致工程量偏差超过15%时,可进行调整。当工程量增加15%以上时,增加部分的工程量的综合单价应予调低;当工程量减少15%以上时,减少后剩余部分的工程量的综合单价应予调高。 (3)如果工程量出现超过15%的变化,且该变化引起相关措施项目相应发生变化时,按系数或单一总价方式计价的,工程量增加的措施项目费调增,工程量减少的措施项目费调减。

序号	项目	内容
4	工程量偏差	(4)当合同中没有约定时,工程量偏差超过15%时的调整方法,可参照如下公式: ①当 $Q_1 > 1.15Q_0$ 时: $$S = 1.15Q_0 \times P_0 + (Q_1 - 1.15Q_0) \times P_1$$ ②当 $Q_1 < 0.85Q_0$ 时: $$S = Q_1 \times P_1$$ 式中 S——调整后的某一分部分项工程费结算价; Q_1——最终完成的工程量; Q_0——招标工程量清单列出的工程量; P_1——按照最终完成工程量重新调整后的综合单价; P_0——承包人在工程量清单中填报的综合单价。 采用上述两式的关键是确定新的综合单价,即 P_1 确定的方法,一是发承包双方协商确定,二是与招标控制价相联系,当工程量偏差项目出现承包人在工程量清单中填报的综合单价与发包人招标控制价相应清单项目的综合单价偏差超过15%时,工程量偏差项目综合单价的调整可参考以下公式: ③当 $P_0 < P_2 \times (1-L) \times (1-15\%)$ 时,该类项目的综合单价: P_1 按照 $P_2 \times (1-L) \times (1-15\%)$ 调整 ④当 $P_0 > P_2 \times (1+15\%)$ 时,该类项目的综合单价: P_1 按照 $P_2 \times (1+15\%)$ 调整 ⑤当 $P_0 > P_2 \times (1-L) \times (1-15\%)$ 或 $P_0 < P_2 \times (1+15\%)$ 时,可不调整。 式中 P_0——承包人在工程量清单中填报的综合单价; P_2——发包人在招标控制价相应项目的综合单价; L——计价规范中定义的承包人报价浮动率
5	计日工	(1)计日工是指在施工过程中,承包人完成发包人提出的工程合同范围以外的零星项目或工作,按合同中约定的综合单价计价。发包人通知承包人以计日工方式实施的零星工作,承包人应予执行。 (2)需要采用计日工方式的,经发包人同意后,由监理人通知承包人以计日工计价方式实施相应的工作,其价款按列入已标价工程量清单或预算书中的计日工计价项目及其单价进行计算;已标价工程量清单或预算书中无相应的计日工单价的,按照合理的成本与利润构成的原则,由合同当事人确定计日工的单价。 (3)采用计日工计价的任何一项工作,承包人应在该项工作实施过程中,每天提交以下报表和有关凭证报送监理人审查:

序号	项目	内容
5	计日工	①工作名称、内容和数量； ②投入该工作的所有人员的姓名、专业、工种、级别和耗用工时； ③投入该工作的材料类别和数量； ④投入该工作的施工设备型号、台数和耗用台时； ⑤其他有关资料和凭证。 (4)计日工由承包人汇总后，列入最近一期进度付款申请单，由监理人审查并经发包人批准后列入进度付款
6	市场价格波动引起的调整	(1)除专用合同条款另有约定外，市场价格波动超过合同当事人约定的范围，合同价格应当调整。 (2)合同当事人可以在专用合同条款中约定选择以下一种方式对合同价格进行调整： ①采用价格指数进行价格调整； ②采用造价信息进行价格调整； ③专用合同条款约定的其他方式
7	暂估价	暂估价专业分包工程、服务、材料和工程设备的明细由合同当事人在专用合同条款中约定
8	不可抗力	不可抗力发生后，发包人和承包人应收集证明不可抗力发生及不可抗力造成损失的证据，并及时认真统计所造成的损失。合同当事人对是否属于不可抗力或其损失的意见不一致的，由监理人按约定处理。发生争议时，按"争议解决"条款的约定处理
9	提前竣工（赶工补偿）	(1)工程发包时，招标人应当依据相关工程的工期定额合理计算工期，压缩的工期天数不得超过定额工期的20%，将其量化。超过者，应在招标文件中明示增加赶工费用。 (2)工程实施过程中，发包人要求合同工程提前竣工的，应征得承包人同意后与承包人商定采取加快工程进度的措施，并应修订合同工程进度计划。发包人应承担承包人由此增加的提前竣工（赶工补偿）费用。 (3)发承包双方应在合同中约定提前竣工每日历天应补偿额度，此项费用应作为增加合同价款列入竣工结算文件中，应与结算款一并支付。 注：赶工费用主要包括：①人工费的增加，例如新增加投入人工的报酬，不经济使用人工的补贴等；②材料费的增加，例如可能造成不经济使用材料而损耗过大，材料提前交货可能增加的费用以及材料运输费的增加等；③机械费的增加，例如可能增加机械设备投入，不经济使用机械等

序号	项目	内容
10	暂列金额	（1）暂列金额是指招标人在工程量清单中暂定并包括在合同价款中的一笔款项。用于工程合同签订时尚未确定或者不可预见的所需材料、工程设备、服务的采购，施工中可能发生的工程变更、合同约定调整因素出现时的合同价款调整以及发生的索赔、现场签证等确认的费用。 （2）已签约合同价中的暂列金额由发包人掌握使用。发包人按照合同的规定作出支付后，如有剩余，则暂列金额余额归发包人所有

★高频考点：采用价格指数进行价格调整

序号	项目	说明
1	价格调整公式	$$\Delta P = P_0 \left[A + \left(B_1 \times \frac{F_{t1}}{F_{01}} + B_2 \times \frac{F_{t2}}{F_{02}} + B_3 \times \frac{F_{t3}}{F_{03}} + \cdots + B_n \times \frac{F_{tn}}{F_{0n}} \right) - 1 \right]$$ 式中　ΔP——需调整的价格差额。 P_0——约定的付款证书中承包人应得到的已完成工程量的金额。此项金额应不包括价格调整、不计质量保证金的扣留和支付、预付款的支付和扣回。约定的变更及其他金额已按现行价格计价的，也不计在内。 A——定值权重（即不调部分的权重）。 $B_1; B_2; B_3; \cdots; B_n$——各可调因子的变值权重（即可调部分的权重），为各可调因子在签约合同价中所占的比例。 $F_{t1}; F_{t2}; F_{t3}; \cdots; F_{tn}$——各可调因子的现行价格指数，指约定的付款证书相关周期最后一天的前42天的各可调因子的价格指数。 $F_{01}; F_{02}; F_{03}; \cdots; F_{0n}$——各可调因子的基本价格指数，指基准日期的各可调因子的价格指数
2	暂时确定调整差额	在计算调整差额时无现行价格指数的，合同当事人同意暂用前次价格指数计算。实际价格指数有调整的，合同当事人进行相应调整
3	权重的调整	因变更导致合同约定的权重不合理时，按照"商定或确定"条款执行

序号	项目	说明
4	因承包人原因工期延误后的价格调整	因承包人原因未按期竣工的,对合同约定的竣工日期后继续施工的工程,在使用价格调整公式时,应采用计划竣工日期与实际竣工日期的两个价格指数中较低的一个作为现行价格指数

★高频考点：采用造价信息进行价格调整

序号	项目	内容
1	人工单价发生变化且符合省级或行业建设主管部门发布的人工费调整规定	合同当事人应按省级或行业建设主管部门或其授权的工程造价管理机构发布的人工费等文件调整合同价格,但承包人对人工费或人工单价的报价高于发布价格的除外
2	材料、工程设备价格变化的价款调整按照发包人提供的基准价格,按右侧风险范围规定执行	(1)承包人在已标价工程量清单或预算书中载明材料单价低于基准价格的:除专用合同条款另有约定外,合同履行期间材料单价涨幅以基准价格为基础超过5%时,或材料单价跌幅以在已标价工程量清单或预算书中载明材料单价为基础超过5%时,其超过部分据实调整。 (2)承包人在已标价工程量清单或预算书中载明材料单价高于基准价格的:除专用合同条款另有约定外,合同履行期间材料单价跌幅以基准价格为基础超过5%时,材料单价涨幅以在已标价工程量清单或预算书中载明材料单价为基础超过5%时,其超过部分据实调整。 (3)承包人在已标价工程量清单或预算书中载明材料单价等于基准价格的:除专用合同条款另有约定外,合同履行期间材料单价涨跌幅以基准价格为基础超过±5%时,其超过部分据实调整。 (4)承包人应在采购材料前将采购数量和新的材料单价报发包人核对,发包人确认用于工程时,发包人应确认采购材料的数量和单价。发包人在收到承包人报送的确认资料后5天内不予答复的视为认可,作为调整合同价格的依据。未经发包人事先核对,承包人自行采购材料的,发包人有权不予调整合同价格。发包人同意的,可以调整合同价格。 注:前述基准价格是指由发包人在招标文件或专用合同条款中给定的材料、工程设备的价格,该价格原则上应当按照省级或行业建设主管部门或其授权的工程造价管理机构发布的信息价编制

序号	项目	内容
3	施工机械台班单价或施工机械使用费发生变化	超过省级或行业建设主管部门或其授权的工程造价管理机构规定的范围时,按规定调整合同价格

★高频考点:暂估价项目确认和批准的规定

序号	项目	方式	内容
1	依法必须招标的暂估价项目	(1)由承包人招标	①承包人应当根据施工进度计划,在招标工作启动前14天将招标方案通过监理人报送发包人审查,发包人应当在收到承包人报送的招标方案后7天内批准或提出修改意见。承包人应当按照经过发包人批准的招标方案开展招标工作。 ②承包人应当根据施工进度计划,提前14天将招标文件通过监理人报送发包人审批,发包人应当在收到承包人报送的相关文件后7天内完成审批或提出修改意见;发包人有权确定最高投标限价并按照法律规定参加评标。 ③承包人与供应商、分包人在签订暂估价合同前,应当提前7天将确定的中标候选供应商或中标候选分包人的资料报送发包人,发包人应在收到资料后3天内与承包人共同确定中标人;承包人应当在签订合同后7天内,将暂估价合同副本报送发包人留存
		(2)发包人和承包人共同招标确定暂估价供应商或分包人的	①承包人应按照施工进度计划,在招标工作启动前14天通知发包人,并提交暂估价招标方案和工作分工。 ②发包人应在收到后7天内确认。确定中标人后,由发包人、承包人与中标人共同签订暂估价合同
2	不属于依法必须招标的暂估价项目	(1)一般规定	①承包人应根据施工进度计划,在签订暂估价项目的采购合同、分包合同前28天向监理人提出书面申请。监理人应当在收到申请后3天内报送发包人,发包人应在收到申请后14天内给予批准或提出修改意见,发包人逾期未予批准或提出修改意见的,视为该书面申请已获得同意。

序号	项目	方式	内容
2	不属于依法必须招标的暂估价项目	(1) 一般规定	②发包人认为承包人确定的供应商、分包人无法满足工程质量或合同要求的,发包人可以要求承包人重新确定暂估价项目的供应商、分包人。 ③承包人应当在签订暂估价合同后 7 天内,将暂估价合同副本报送发包人留存
		(2) 承包人直接实施的暂估价项目	承包人具备实施暂估价项目的资格和条件的,经发包人和承包人协商一致后,可由承包人自行实施暂估价项目,合同当事人可以在专用合同条款约定具体事项
		(3) 特殊情形	承包人按照"依法必须招标的暂估价项目"约定的第 1 种方式确定暂估价项目

注: 因发包人原因导致暂估价合同订立和履行迟延的,由此增加的费用和(或)延误的工期由发包人承担,并支付承包人合理的利润。因承包人原因导致暂估价合同订立和履行迟延的,由此增加的费用和(或)延误的工期由承包人承担。暂估材料或工程设备的单价确定后,在综合单价中只应取代原暂估单价,不应再在综合单价中涉及企业管理费或利润等其他费的变动。

★高频考点:不可抗力的规定

序号	项目	内容
1	不可抗力的通知	不可抗力持续发生的,合同一方当事人应及时向合同另一方当事人和监理人提交中间报告,说明不可抗力和履行合同受阻的情况,并于不可抗力事件结束后 28 天内提交最终报告及有关资料
2	不可抗力后果的承担原则	(1) 永久工程、已运至施工现场的材料和工程设备的损坏,以及因工程损坏造成的第三人人员伤亡和财产损失由发包人承担。 (2) 承包人施工设备的损坏由承包人承担。 (3) 发包人和承包人承担各自人员伤亡和财产的损失。 (4) 因不可抗力影响承包人履行合同约定的义务,已经引起或将引起工期延误的,应当顺延工期,由此导致承包人停工的费用损失由发包人和承包人合理分担,停工期间必须支付的工人工资由发包人承担。 (5) 因不可抗力引起或将引起工期延误,发包人要求赶工的,由此增加的赶工费用由发包人承担。 (6) 承包人在停工期间按照发包人要求照管、清理和修复工程的费用由发包人承担

序号	项目	内容
3	不可抗力的除外责任	(1)不可抗力发生后,合同当事人均应采取措施尽量避免和减少损失的扩大,任何一方当事人没有采取有效措施导致损失扩大的,应对扩大的损失承担责任。 (2)因合同一方迟延履行合同义务,在迟延履行期间遭遇不可抗力的,不免除其违约责任

A19　质量保证金的处理

★高频考点：质量保证金的规定

序号	项目	内容
1	质量保证金的提供方式	(1)质量保证金保函。 (2)相应比例的工程款。 (3)双方约定的其他方式
2	质量保证金的扣留方式	(1)在支付工程进度款时逐次扣留,在此情形下,质量保证金的计算基数不包括预付款的支付、扣回以及价格调整的金额。 (2)工程竣工结算时一次性扣留质量保证金。 (3)双方约定的其他扣留方式
3	质量保证金的扣留比例	(1)发包人累计扣留的质量保证金不得超过工程价款结算总额的3%。 (2)如承包人在发包人签发竣工付款证书后28天内提交质量保证金保函,发包人应同时退还扣留的作为质量保证金的工程价款。 (3)保函金额不得超过工程价款结算总额的3%
4	质量保证金的退还	(1)发包人在退还质量保证金的同时按照中国人民银行发布的同期同类贷款基准利率支付利息。 (2)缺陷责任期内,承包人认真履行合同约定的责任,到期后,承包人可向发包人申请返还保证金。 (3)发包人在接到承包人返还保证金申请后,应于14天内会同承包人按照合同约定的内容进行核实。如无异议,发包人应当按照约定将保证金返还给承包人。对返还期限没有约定或者约定不明确的,发包人应当在核实后14天内将保证金返还承包人,逾期未返还的,依法承担违约责任。发包人在接到承包人返还保证金申请后14天内不予答复,经催告后14天内仍不予答复,视同认可承包人的返还保证金申请。 (4)发包人和承包人对保证金预留、返还以及工程维修质量、费用有争议的,按约定的争议和纠纷解决程序处理

★高频考点：保修的规定

序号	项目	内容
1	保修责任	(1)工程保修期从工程竣工验收合格之日起算,具体分部分项工程的保修期由合同当事人在专用合同条款中约定,但不得低于法定最低保修年限。 (2)在工程保修期内,承包人应当根据有关法律规定以及合同约定承担保修责任。 (3)发包人未经竣工验收擅自使用工程的,保修期自转移占有之日起算
2	修复费用	(1)保修期内,因承包人原因造成工程的缺陷、损坏,承包人应负责修复,并承担修复的费用以及因工程的缺陷、损坏造成的人身伤害和财产损失。 (2)保修期内,因发包人使用不当造成工程的缺陷、损坏,可以委托承包人修复,但发包人应承担修复的费用,并支付承包人合理利润。 (3)因其他原因造成工程的缺陷、损坏,可以委托承包人修复,发包人应承担修复的费用,并支付承包人合理的利润,因工程的缺陷、损坏造成的人身伤害和财产损失由责任方承担
3	修复通知	(1)在保修期内,发包人在使用过程中,发现已接收的工程存在缺陷或损坏的,应书面通知承包人予以修复。 (2)情况紧急必须立即修复缺陷或损坏的,发包人可以口头通知承包人并在口头通知后 48 小时内书面确认,承包人应在专用合同条款约定的合理期限内到达工程现场并修复缺陷或损坏
4	未能修复	因承包人原因造成工程的缺陷或损坏,承包人拒绝维修或未能在合理期限内修复缺陷或损坏,且经发包人书面催告后仍未修复的,发包人有权自行修复或委托第三方修复,所需费用由承包人承担,但修复范围超出缺陷或损坏范围的,超出范围部分的修复费用由发包人承担

B 级 知 识 点

(应知考点)

B1 利息的计算

★高频考点：影响资金时间价值的因素

序号	项目	内容	说明
1	资金的使用时间	在单位时间的资金增值率一定的条件下，资金使用时间越长，则资金的时间价值越大；使用时间越短，则资金的时间价值越小	—
2	资金数量的多少	在其他条件不变的情况下，资金数量越多，资金的时间价值就越多；反之，资金的时间价值则越少	—
3	资金投入和回收的特点	在总资金一定的情况下，前期投入的资金越多，资金的负效益越大；反之，后期投入的资金越多，资金的负效益越小	在资金回收额一定的情况下，离现在越近的时间回收的资金越多，资金的时间价值就越多；反之，离现在越远的时间回收的资金越多，资金的时间价值就越少
4	资金周转的速度	资金周转越快，在一定的时间内等量资金的周转次数越多，资金的时间价值越多；反之，资金的时间价值越少	—

注：资金的时间价值是客观存在的，生产经营的基本原则就是充分利用资金的时间价值并最大限度地获得其时间价值。

★高频考点：利息与利率

序号	项目	内容	说明
1	利息	借贷过程中，债务人支付给债权人超过原借贷金额的部分就是利息	利息是资金的机会成本，从本质上看利息是由贷款发生利润的一种再分配，在工程经济分析中，利息是指占用资金所付的代价或者是放弃使用资金所得的补偿

序号	项目	内容	说明
2	利率	是在单位时间内所得利息额与原借贷金额之比,通常用百分数表示	表示计算利息的时间单位称为计息周期,计息周期 t 通常为年、半年、季、月、周或天
3	利率的决定因素	(1)利率的高低首先取决于社会平均利润率的高低,并随之变动。在通常情况下,社会平均利润率是利率的最高界限。因为如果利率高于利润率,无利可图就不会去借款。 (2)在社会平均利润率不变的情况下,利率高低取决于金融市场上借贷资本的供求情况。借贷资本供过于求,利率便下降;反之,求过于供,利率便上升。 (3)借出资本要承担一定的风险,风险越大,利率也就越高。 (4)通货膨胀对利息的波动有直接影响,资金贬值往往会使利息无形中成为负值。 (5)借出资本的期限长短。贷款期限长,不可预见因素多,风险大,利率就高;反之利率就低	—

注：利息和利率在工程经济活动中的作用：是以信用方式动员和筹集资金的动力；促进投资者加强经济核算,节约使用资金；是宏观经济管理的重要杠杆；是金融企业经营发展的重要条件。

★高频考点：利息的计算

序号	项目	内容	说明
1	单利方式计算利息	指在计算利息时,仅用最初本金来计算,而不计入先前计息周期中所累积增加的利息	计算公式如下： $$I_t = P \times i_单$$ 式中 I_t——代表第 t 计息周期的利息额； P——代表本金； $i_单$——计息周期单利利率。 n 期末单利本利和 F 等于本金加上总利息,即： $$F = P + I_n = P(1 + n \times i_单)$$ 式中 I_n——代表 n 个计息周期所付或所收的单利总利息

序号	项目	内容	说明
2	复利方式计算利息	指在计算某一计息周期的利息时,其先前周期上所累积的利息要计算利息	计算公式如下: $$I_t = i \times F_{t-1}$$ 式中 i——计息周期复利利率; F_{t-1}——表示第($t-1$)期末复利本利和。 第 t 期末复利本利和的表达式如下: $$F_t = F_{t-1} \times (1+i)$$

注:复利计算有间断复利和连续复利之分。按期(年、半年、季、月、周、日)计算复利的方法称为间断复利(即普通复利);按瞬时计算复利的方法称为连续复利。在实际使用中都采用间断复利。

B2 名义利率与有效利率的计算

★高频考点:名义利率与有效利率的计算

序号	项目	内容	说明
1	名义利率的计算	名义利率 r 是指计息周期利率 i 乘以一年内的计息周期数 m 所得的年利率	(1)名义利率为:$r = i \times m$。 (2)若计息周期月利率为 1%,则年名义利率为 12%。计算名义利率时忽略了前面各期利息再生的因素,通常所说的年利率都是名义利率
2	有效利率的计算	指资金在计息中所发生的实际利率,包括计息周期有效利率和年有效利率两种情况	(1)计息周期有效利率,即计息周期利率 i 为: $$i = \frac{r}{m}$$ (2)年有效利率的计算,年有效利率 i_{eff} 为: $$i_{eff} = \frac{I}{P} = (1 + \frac{r}{m})^m - 1$$

注:每年计息周期 m 越多,i_{eff} 与 r 相差越大;在工程经济分析中,如果技术方案的计息期不同,不能简单地使用名义利率来评价,必须换算成有效利率进行评价,否则会得出不正确的结论。

★高频考点:计息周期小于(或等于)资金收付周期时的等值计算

当计息周期小于(或等于)资金收付周期时,等值的计算方法有以下两种。

（1）按收付周期实际利率计算。
（2）按计息周期利率计算，即：

$$F = P\left(F/P, \frac{r}{m}, mn\right)$$

$$P = F\left(P/F, \frac{r}{m}, mn\right)$$

$$F = A\left(F/A, \frac{r}{m}, mn\right)$$

$$P = A\left(P/A, \frac{r}{m}, mn\right)$$

注：有时上述两法计算结果有很小差异，这是因为一次支付终值系数略去尾数误差造成的，此差异是允许的。对等额系列流量，只有计息周期与收付周期一致时才能按计息期利率计算。否则，只能用收付周期实际利率来计算。

B3 投资收益率分析

★高频考点：投资收益率分析

序号	项目	内容	说明
1	概念	表明技术方案在正常生产年份中，单位投资每年所创造的年净收益额	计算公式如下： $$R = \frac{A}{I} \times 100\%$$ 式中 R——投资收益率； A——技术方案年净收益额或年平均净收益额； I——技术方案投资
2	判别准则	将计算出的技术方案投资收益率(R)与所确定的基准投资收益率(R_c)进行比较	(1)若$R \geqslant R_c$，则技术方案可考虑接受。 (2)若$R < R_c$，则技术方案是不可行的

序号	项目	内容	说明
3	应用式	（1）技术方案总投资收益率（ROI）：表示总投资的盈利水平	计算公式如下： $$ROI = \frac{EBIT}{TI} \times 100\%$$ 式中 TI——技术方案总投资（包括建设投资、建设期贷款利息和全部流动资金）； $EBIT$——技术方案运营期内正常年份的年息税前利润或运营期内年平均息税前利润，年息税前利润＝年利润总额＋计入年总成本费用的利息费用
		（2）技术方案资本金净利润率（ROE）：表示技术方案资本金的盈利水平	计算公式如下： $$ROE = \frac{NP}{EC} \times 100\%$$ 式中 EC——技术方案资本金； NP——技术方案正常年份的年净利润或运营期内年平均净利润，净利润＝利润总额－所得税

注：(1) 总投资收益率（ROI）是用来衡量整个技术方案的获利能力，要求技术方案的总投资收益率（ROI）应大于行业的平均投资收益率；总投资收益率越高，从技术方案所获得的收益就越多。而资本金净利润率（ROE）则是用来衡量技术方案资本金的获利能力，资本金净利润率（ROE）越高，资本金所取得的利润就越多，权益投资盈利水平也就越高；反之，则情况相反。对于技术方案而言，若总投资收益率或资本金净利润率高于同期银行利率，适度举债是有利的；反之，过高的负债比率将损害企业和投资者的利益。由此可以看出，总投资收益率或资本金净利润率指标不仅可以用来衡量技术方案的获利能力，还可以作为技术方案筹资决策参考的依据。(2) 投资收益率（R）指标经济意义明确、直观，计算简便，在一定程度上反映了技术方案投资效果的优劣，可适用于各种投资规模。但不足的是没有考虑技术方案投资收益的时间因素，忽视了资金具有时间价值的重要性；指标的计算主观随意性太强，技术方案正常生产年份的选择比较困难，其确定带有一定的不确定性和人为因素。因此，以投资收益率指标作为主要的决策依据不太可靠，其主要用在技术方案制定的早期阶段或研究过程，且计算期较短、不具备综合分析所需详细资料的技术方案，尤其适用于工艺简单而生产情况变化不大的技术方案的选择和投资经济效果的评价。

B4 设备租赁与购买方案的比选分析

★高频考点：设备租赁的优点

（1）在资金短缺的情况下，既可用较少资金获得生产急需的设备，也可以引进先进设备，加速技术进步的步伐；

（2）可获得良好的技术服务；

（3）可以保持资金的流动状态，防止呆滞，也不会使企业资产负债状况恶化；

（4）可避免通货膨胀和利率波动的冲击，减少投资风险；

（5）设备租金可在所得税前扣除，能享受税费上的利益。

注：设备租赁的不足之处在于：（1）在租赁期间承租人对租用设备无所有权，只有使用权，故承租人无权随意对设备进行改造，不能处置设备，也不能用于担保、抵押贷款；（2）承租人在租赁期间所交的租金总额一般比直接购置设备的费用要高；（3）长年支付租金，形成长期负债；（4）融资租赁合同规定严格，毁约要赔偿损失，罚款较多等。

★高频考点：影响设备租赁与购买的主要因素

序号	项目	内容
1	设备租赁或购买都需要考虑的影响因素	（1）技术方案的寿命期。 （2）企业是需要长期占有设备,还是只希望短期占有这种设备。 （3）设备的技术性能和生产效率。 （4）设备对工程质量(产品质量)的保证程度,对原材料、能源的消耗量,以及设备生产的安全性。 （5）设备的成套性、灵活性、耐用性、环保性和维修的难易程度。 （6）设备的经济寿命。 （7）技术过时风险的大小。 （8）设备的资本预算计划、资金可获量(包括自有资金和融通资金),融通资金时借款利息或利率高低。 （9）提交设备的进度
2	设备租赁考虑的影响因素	（1）租赁期长短。 （2）设备租金额,包括总租金额和每租赁期租金额。

序号	项目	内容
2	设备租赁考虑的影响因素	(3)租金的支付方式,包括租赁期起算日、支付日期、支付币种和支付方法等。 (4)企业经营费用减少与折旧费和利息减少的关系。 (5)租赁的节税优惠。 (6)预付资金(定金)、租赁保证金和租赁担保费用。 (7)维修方式,即是由企业自行维修,还是由租赁机构提供维修服务。 (8)租赁期满,资产的处理方式。 (9)租赁机构的信用度、经济实力,与承租人的配合情况
3	设备购买考虑的影响因素	(1)设备的购置价格、设备价款的支付方式,支付币种和支付利率等。 (2)设备的年运转费用和维修方式、维修费用。 (3)保险费,包括购买设备的运输保险费,设备在使用过程中的各种财产保险费

注:企业是否作出租赁与购买决定的关键在于设备方案的技术经济可行性分析。

★高频考点:设备经营租赁与购置方案的经济比选方法

序号	项目	内容	说明
1	设备经营租赁方案的现金流量	采用设备经营租赁的方案,租赁费可以直接计入成本,但为与设备购置方案具有可比性,特将租赁费用从经营成本分离出来	租赁费用主要包括:租赁保证金、租金、担保费
2	租金计算方法	(1)附加率法:是在租赁资产的设备货价或概算成本上再加上一个特定的比率来计算租金	每期租金 R 表达式为: $R=P\dfrac{(1+N\times i)}{N}+P\times r$ 式中 P——租赁资产的价格; N——租赁期数,其值取决于租赁资产预计使用寿命,租赁期可按月、季、半年、年计; i——与租赁期数相对应的利率; r——附加率

序号	项目	内容	说明
2	租金计算方法	（2）年金法：是将一项租赁资产价值按动态等额分摊到未来各租赁期间内的租金计算方法。年金法计算有期末支付和期初支付租金之分	①期末支付方式：是在每期期末等额支付租金。期末支付租金 R_a 的表达式，即为：$$R_a = P\frac{i(1+i)^N}{(1+i)^N-1}$$ 式中 R_a——每期期末支付的租金额； P——租赁资产的价格； N——租赁期数，其值取决于租赁资产预计使用寿命，租赁期可按月、季、半年、年计； i——与租赁期数相对应的利率或折现率。 $\frac{i(1+i)^N}{(1+i)^N-1}$ 称为等额系列资金回收系数，用符号 $(A/P,i,N)$ 表示 ②期初支付方式：是在每期期初等额支付租金，期初支付要比期末支付提前一期支付租金。每期租金 R_b 的表达式为：$$R_b = P\frac{i(1+i)^{N-1}}{(1+i)^N-1}$$ 式中 R_b——每期期初支付的租金额
3	购买设备方案的现金流量	在与租赁设备方案相同的条件下，购买设备方案的现金流量	—
4	设备方案的经济比选	对于设备租赁来说，就是在不同的租赁方案间比选，决定租赁方案。对于设备更新来说，既有可能是在不同设备购买方案之间比选，也有可能在不同设备租赁方案之间比选，还有可能在设备租赁方案与设备购买方案之间比选	（1）寿命相同时可以采用财务净现值（或费用现值）法。（2）设备寿命不同时可以采用财务净年值（或年成本）法。（3）无论用财务净现值（或费用现值）法，还是财务净年值法（或年成本），均以收益效果较大（或成本较少）的方案为宜

注：设备租赁与购置方案分析定性分析筛选方案，包括：分析企业财务能力，分析设备技术风险、使用维修特点。

B5　提高价值的途径

★高频考点：价值工程

序号	项目	内容	说明
1	价值工程的概念	(1)含义	是以提高产品(或作业)价值和有效利用资源为目的,通过有组织的创造性工作,寻求用最低的寿命周期成本,可靠地实现使用者所需功能,以获得最佳的综合效益的一种管理技术
		(2)数学公式	$V=\dfrac{F}{C}$ 式中　V——价值； 　　　F——研究对象的功能,广义讲是指产品或作业的功用和用途； 　　　C——成本,即寿命周期成本
		(3)与其他管理技术的区别	价值工程废弃了会计制度上沿用的事后成本和与产品费用无关的计算成本办法,采用以产品功能为中心分析成本的事前成本计算方法,保证了成本的正确可靠性
2	价值工程的特点	(1)价值工程的目标	是以最低的寿命周期成本,使产品具备它所必须具备的功能
		(2)价值工程的核心	是对产品进行功能分析
		(3)价值工程将产品价值、功能和成本作为一个整体同时来考虑	是在确保产品功能的基础上综合考虑生产成本和使用及维护成本,兼顾生产者和用户的利益,创造出总体价值最高的产品
		(4)价值工程强调不断改革和创新	简化产品结构,节约原材料,提高产品的技术经济效益
		(5)价值工程要求将功能定量化	将功能转化为能够与成本直接相比的量化值
		(6)价值工程是以集体智慧开展的有计划、有组织、有领导的管理活动	有计划、有领导、有组织地开展活动,以达到提高方案价值的目的

序号	项目	内容	说明
3	价值提升的途径	(1)双向型	在提高产品功能的同时,又降低产品成本。最为理想的途径,也是对资源最有效的利用
		(2)改进型	在产品成本不变的条件下,通过改进设计,提高产品的功能,提高利用资源的成果或效用
		(3)节约型	在保持产品功能不变的前提下,通过降低成本达到提高价值的目的
		(4)投资型	功能有较大幅度提高,产品成本有较少提高
		(5)牺牲型	在产品功能略有下降、产品成本大幅度降低的情况下,也可达到提高产品价值的目的

注：价值工程是一门管理技术，又不同于一般的工业工程和全面质量管理技术。价值工程与一般的投资决策理论也不同。价值工程是采用系统的工作方法，通过各相关领域的协作，对所研究对象功能与成本、效益与费用之间进行系统分析，不断创新，旨在提高所研究对象价值的思想方法和管理技术。在产品形成的各个阶段都可以应用价值工程提高产品的价值。建设工程应用价值工程的重点是在规划和设计阶段。

B6 价值工程在工程建设应用中的实施步骤

★高频考点：价值工程的工作程序

序号	工作阶段	设计程序	工作步骤		对应问题
			基本步骤	详细步骤	
1	准备阶段	制定工作计划	确定目标	(1)工作对象选择	(1)价值工程的研究对象是什么
				(2)信息资料搜集	
2	分析阶段	功能评价	功能分析	(3)功能定义	(2)这是干什么用的
				(4)功能整理	
		功能评价	功能评价	(5)功能成本分析	(3)成本是多少
				(6)功能评价	(4)价值是多少
				(7)确定改进范围	

序号	工作阶段	设计程序	工作步骤 基本步骤	工作步骤 详细步骤	对应问题
3	创新阶段	初步设计	制定创新方案	(8)方案创造	(5)有无其他方法实现同样功能
		评价各设计方案,改进、优化方案		(9)概略评价	(6)新方案的成本是多少
				(10)调整完善	
				(11)详细评价	
		方案书面化		(12)提出方案	(7)新方案能满足功能的要求吗
4	实施阶段	检查实施情况并评价活动成果	方案实施与成果评价	(13)方案审批	(8)偏离目标了吗
				(14)方案实施与检查	
				(15)成果评价	

★高频考点:价值工程准备阶段

序号	项目	内容	说明
1	对象选择	主要根据企业的发展方向、市场预测、用户反映、存在问题、薄弱环节以及提高劳动生产率、提高质量、降低成本等方面来选择分析对象	(1)从设计方面看,对结构复杂、性能和技术指标差、体积和重量大的工程产品进行价值工程活动,可使工程产品结构、性能、技术水平得到优化,从而提高工程产品价值。 (2)从施工生产方面看,对量大面广、工序繁琐、工艺复杂、原材料和能源消耗高、质量难于保证的工程产品,进行价值工程活动可以最低的寿命周期成本可靠地实现必要功能。 (3)从市场方面看,选择用户意见多和竞争力差的工程产品进行价值工程活动,以赢得消费者的认同,占领更大的市场份额。 (4)从成本方面看,选择成本高或成本比重大的工程产品,进行价值工程活动可降低工程产品成本

序号	项目	内容	说明
2	信息资料收集	所需的信息资料，应视具体情况而定	（1）用户方面的信息资料。如用户性质、经济能力；使用产品的目的、使用环境、使用条件；所要求的功能和性能；对产品外观要求，如造型、体积、色彩等；对产品价格、交货期、构配件供应、技术服务等方面的要求等。 （2）市场方面的信息资料。如产品产销量的演变及目前产销情况、市场需求量及市场占有率的预测；产品竞争的情况，目前有哪些竞争企业和产品，其产量、质量、价格、销售服务、成本、利润、经营特点、管理水平等情况；同类企业和同类产品的发展计划、拟增投资额、规模大小、重新布点、扩建改建或合并调整情况等。 （3）技术方面的信息资料。如与产品有关的学术研究或科研成果、新结构、新工艺、新材料、新技术以及标准化方面的资料；该产品研制设计的历史及演变、本企业产品及国内外同类产品有关的技术资料等。 （4）经济方面的信息资料。包括产品及构配件的工时定额、材料消耗定额、机械设备定额、各种费用定额、企业历年来各种有关成本费用数据、国内外其他厂家与价值工程对象有关的成本费用资料等。 （5）本企业的基本资料。包括企业的内部供应、生产、组织，以及产品成本等方面的资料，如生产批量、生产能力、施工方法、工艺装备、生产节拍、检验方法、废次品率、运输方式等。 （6）环境保护方面的信息资料。包括环境保护的现状，"三废"状况，处理方法和国家法规标准；改善环境和劳动条件，减少粉尘、有害液体和气体外泄、减少噪声污染、减轻劳动强度、保障人身安全等相关信息等。 （7）外协方面的信息资料。如原材料及外协或外购件种类、质量、数量、交货期、价格、材料利用率等情报；供应与协作部门的布局、生产经营情况、技术水平、价格、成本、利润等；运输方式及运输经营情况等。 （8）政府和社会有关部门的法规、条例等方面信息资料

注：价值工程准备阶段主要是工作对象选择与信息资料搜集，目的是明确价值工程的研究对象是什么。

★高频考点：**价值工程分析阶段**

序号	项目	内容	说明
1	功能定义	(1)功能分类	①按功能的重要程度分类,产品的功能一般可分为基本功能和辅助功能; ②按功能的性质分类,功能可划分为使用功能和美学功能; ③按用户的需求分类,功能可分为必要功能和不必要功能; ④按功能的量化标准分类,产品的功能可分为过剩功能与不足功能; ⑤按总体与局部分类,产品的功能可划分为总体功能和局部功能; ⑥按功能整理的逻辑关系分类,产品功能可以分为并列功能和上下位功能
		(2)功能定义的目的	①明确对象产品和组成产品各构配件的功能,借以弄清产品的特性; ②便于进行功能评价,通过评价弄清哪些是价值低的功能和有问题的功能,实现价值工程的目的; ③便于构思方案,对功能下定义的过程实际上也是为对象产品改进设计的构思过程,为价值工程的方案创造工作阶段作了准备
2	功能整理		是用系统的观点将已经定义了的功能加以系统化,找出各局部功能相互之间的逻辑关系是并列关系还是上下位置关系,并用图表形式表达,以明确产品的功能系统,从而为功能评价和方案构思提供依据
3	功能评价	(1)功能评价的程序	找出实现功能的最低费用作为功能的目标成本,以功能目标成本为基准,通过与功能现实成本的比较,求出两者的比值(功能价值)和两者的差异值(改善期望值),然后选择功能价值低、改善期望值大的功能作为价值工程活动的重点对象
		(2)功能现实成本的计算	需要根据传统的成本核算资料,将产品或构配件的现实成本换算成功能的现实成本
		(3)功能评价值 F 的计算	功能评价值 F(目标成本),是指可靠地实现用户要求功能的最低成本,可以根据图纸和定额,也可根据国内外先进水平或根据市场竞争的价格等来确定

序号	项目	内容	说明
3	功能评价	(4)计算功能价值 V,分析成本功能的合理匹配程度	①表达式为:$V_i = \dfrac{F_i}{C_i}$ 式中 V_i——第 i 个评价对象的价值系数; F_i——第 i 个评价对象的功能评价值(目标成本); C_i——第 i 个评价对象的现实成本。 ②最恰当的价值应该为 1,因为满足用户要求的功能最理想最值得的投入是与实际投入一致。但在一般情况下价值往往小于 1,因为技术不断进步,"低成本"战略将日趋被重视,竞争也将更激烈。随之,同一产品的功能评价值也将降低。 ③功能的价值系数不外以下几种结果: ①$V_i=1$,表示功能评价值等于功能现实成本。这表明评价对象的功能现实成本与实现功能所必需的最低成本大致相当,说明评价对象的价值为最佳,一般无须改进。 ②$V_i<1$,此时功能现实成本大于功能评价值。表明评价对象的现实成本偏高,而功能要求不高,一种可能是存在着过剩的功能;另一种可能是功能虽无过剩,但实现功能的条件或方法不佳,以致使实现功能的成本大于功能的实际需要。 ③$V_i>1$,说明该评价对象的功能比较重要,但分配的成本较少,即功能现实成本低于功能评价值。应具体分析,可能功能与成本分配已较理想,或者有不必要的功能,或者应该提高成本。 ④$V=0$ 时,因为只有分子为 0,或分母为 ∞ 时,才能是 $V=0$。根据上述对功能评价值 F 的定义,分子不应为 0,而分母也不会为 ∞,要进一步分析。如果是不必要的功能,则取消该评价对象;但如果是最不重要的必要功能,要根据实际情况处理
		(5)确定价值工程对象的改进范围	①F_i/C_i 值低的功能:计算出来的 $V_i<1$ 的功能区域,基本上都应进行改进,特别是 V_i 值比 1 小得较多的功能区域,力求使 $V_i=1$。

序号	项目	内容	说明
3	功能评价	（5）确定价值工程对象的改进范围	②$\Delta C_i = (C_i - F_i)$值大的功能：ΔC_i它是成本降低期望值，也是成本应降低的绝对值。当n个功能区域的价值系数同样低时，就要优先选择ΔC_i数值大的功能区域作为重点对象。 ③复杂的功能：说明其功能是通过很多构配件（或作业）来实现的，通常复杂的功能区域其价值系数也较低。 ④问题多的功能：越接近功能系统图的末端，改进的余地越小，越只能作结构上的小改小革

注：价值工程分析阶段主要工作是功能定义、功能整理与功能评价。

★高频考点：创新阶段

序号	项目	内容	说明
1	方案创造	是从提高对象的功能价值出发，在正确的功能分析和评价的基础上，针对应改进的具体目标，通过创造性的思维活动，提出能够可靠地实现必要功能的新方案	方案创造的理论依据是功能载体具有替代性。方案创造的方法很多，如头脑风暴法、歌顿法（模糊目标法）、专家意见法（德尔菲法）、专家检查法等
2	方案评价	在方案创造的基础上对若干新构思的方案进行技术、经济、社会和环境效果等方面的评价，以便于选择最佳方案	分为概略评价和详细评价两个阶段，不论概略评价和详细评价都包括技术评价、经济评价、社会评价和环境评价四方面

★高频考点：价值工程实施阶段

（1）组织落实，即要把具体的实施方案落实到职能部门和有关人员；

（2）经费落实，即要把实施方案所需经费的来源和使用安排落实好；

（3）物质落实，即要把实施方案所需的物资、装备等落实好；

（4）时间落实，即要把实施方案的起止时间及各阶段的时间妥善安排好。

注：方案实施过程中，应该对方案的实施情况进行检查，发现

问题及时解决。方案实施完成后,要进行总结评价和验收。

B7 新技术、新工艺和新材料应用方案的经济分析

★高频考点:新技术、新工艺和新材料应用方案的经济分析

序号	项目	内容	说明
1	增量投资收益率法	就是增量投资所带来的经营成本(或生产成本)上的节约与增量投资之比	(1)如 $I_2 > I_1, C_2 < C_1$,则增量投资收益率 $R_{(2-1)}$ 为: $$R_{(2-1)} = \frac{C_1 - C_2}{I_2 - I_1} \times 100\%$$ 式中 I_1, I_2 分别为旧、新方案的投资额,C_1, C_2 为旧、新方案的经营成本(或生产成本)。 (2)当 $R_{(2-1)}$ 大于或等于基准投资收益率时,表明新方案是可行的;当 $R_{(2-1)}$ 小于基准投资收益率时,则表明新方案是不可行的
2	折算费用法	当方案的有用成果相同时,一般可通过比较费用的大小,来决定优劣和取舍	(1)在采用方案增加投资时: $$Z_j = C_j + P_j \cdot R_c$$ 式中 Z_j——第 j 方案的年折算费用; C_j——第 j 方案的年生产成本; P_j——用于第 j 方案的投资额(包括建设投资和流动资金); R_c——基准投资收益率
			(2)在采用方案不增加投资时: $$Z_j = C_j = C_{Fj} + C_{uj}Q$$ 式中 C_{Fj}——第 j 方案固定费用(固定成本)总额; C_{uj}——第 j 方案单位产量的可变费用(可变成本); Q——生产的数量

注:常用的静态分析方法有增量投资分析法、年折算费用法、综合总费用法等;常用的动态分析方法有财务净现值(费用现值)法、财务净年值(年成本)法等。

★高频考点：其他指标分析

序号	项目	内容
1	劳动生产率指标	劳动生产率指标可按下式计算： $$P_j = \frac{Q_j}{M_j(1+\alpha_j)}$$ 式中 P_j——第 j 方案的工人劳动生产率； Q_j——第 j 方案的产量； M_j——第 j 方案所确定的生产工人人数； α_j——第 j 方案的辅助工系数
2	缩短工期节约固定费用	由于缩短工程工期节约的固定费用可按下式计算： $$G_j = C_{Fj}\left(1 - \frac{T_j}{T_0}\right)$$ 式中 G_j——第 j 方案缩短工期节约的固定费用； C_{Fj}——第 j 方案工程成本中的固定费用； T_j——第 j 方案的工期； T_0——预定工期（或合同工期）
3	缩短工期的生产资金节约额	因缩短工期而减少流动资金和固定资金的占用额可按下式计算： $$F_j = f_j\left(1 - \frac{T_j}{T_0}\right)$$ 式中 F_j——第 j 方案缩短工期生产资金节约额； f_j——第 j 方案资金平均占用额（月流动资金平均占用额＋该项工程固定资金占用额）
4	缩短工期提前投产的经济效益	$$S_j = B_j(T_0 - T_j)$$ 式中 S_j——因工程提前投产带来的经济效益； B_j——投产一日可获得利润； $(T_0 - T_j)$——工程比预定工期（或合同工期）提前完工的日数

★高频考点：新技术应用方案的技术经济综合分析

序号	方法	含义	说明
1	简单评分法	简单评分法的基本思路是将所评价技术方案的多项指标转化为一个综合指标，以此综合指标值的大小作为评价技术方案的依据	(1)确定技术方案的评价标准:根据新技术应用方案的特点,可以采用技术先进性、适用性、可靠性、安全性、环保性和经济性等指标。

序号	方法	含义	说明
1	简单评分法	简单评分法的基本思路是将所评价技术方案的多项指标转化为一个综合指标,以此综合指标值的大小作为评价技术方案的依据	(2)对各备选方案的各项指标进行评价:由评价专家对备选方案按照各项指标的评价标准进行评价,剔除不能满足最低要求的方案。 (3)根据对各项指标标准的满足程度确定备选方案各项指标的评分值:为了使不同性质和量纲的指标能够进行评价比较,按技术方案对各项指标所规定标准的满足程度,采用百分制、十分制、五分制或某个比数给予评分。 (4)计算综合指标值:将技术方案各项指标评分值加总平均,即为该备选方案的综合指标值
2	加权评分法	根据各项指标重要程度的差异分别给予不同的权重,然后计算各方案的加权综合指标值,得出各方案的排序,据此选择方案	是在简单评分法基础上的一种改进,其基本思想是由于技术方案各项指标的重要性程度不同

B8 工程成本的确认和结算方法

★高频考点:成本费用及资产的确认

(1)费用只有在经济利益很可能流出从而导致企业资产减少或者负债增加,且经济利益的流出额能够可靠计量时才能予以确认。

(2)企业在各个纳税期末,提供劳务交易的结果能够可靠估计的,应采用完工进度(完工百分比)法确认提供劳务收入。

(3)企业为生产产品、提供劳务等发生的可归属于产品成本、劳务成本等的费用,应当在确认产品销售收入、劳务收入等时,将已销售产品、已提供劳务的成本等计入当期损益。

(4)企业为取得合同发生的增量成本预期能够收回的,应当作为合同取得成本确认为一项资产；但是，该资产摊销期限不超过一年的，可以在发生时计入当期损益。增量成本，是指企业不取得合同就不会发生的成本（如销售佣金等）。

（5）企业为取得合同发生的、除预期能够收回的增量成本之外的其他支出（如无论是否取得合同均会发生的差旅费等），应当在发生时计入当期损益，但是，明确由客户承担的除外。

注：企业为履行合同发生的成本，同时满足下列条件的，应当作为合同履约成本确认为一项资产：①该成本与一份当前或预期取得的合同直接相关，包括直接人工、直接材料、制造费用（或类似费用）、明确由客户承担的成本以及仅因该合同而发生的其他成本；②该成本增加了企业未来用于履行履约义务的资源；③该成本预期能够收回。

★高频考点：间接费用分摊

间接费用一般按各成本核算对象直接费的百分比（水电安装工程、设备安装工程按人工费的百分比）进行分配；或者按各成本核算对象间接费定额加权分配：

（1）考虑间接费定额加权时，施工间接费用分配公式是：

$$\text{某项工程本期应分配的施工间接费用} = \frac{\left[\text{某项工程本期实际发生的直接费（或人工费）} \times \text{该项工程规定的施工间接费用定额}\right] \times \text{本期实际发生的施工间接费用}}{\sum\left[\text{各项工程本期实际发生的直接费（或人工费）} \times \text{各项工程规定的施工间接费用定额}\right]}$$

（2）不考虑间接费定额加权分配时，施工间接费用分配公式是：

$$\text{间接费用分配率} = \frac{\text{当期实际发生的全部间接费用}}{\text{当期各项合同实际发生的直接费用（或人工费）之和}}$$

$$\text{某项合同当期应负担的间接费用} = \text{该合同当期实际发生的直接费用（或人工费）} \times \text{间接费用分配率}$$

注：工程成本是建筑安装企业在工程施工过程中发生的，按一定成本核算对象归集的生产费用总和，包括直接费用和间接费用两部分。直接费用是指直接耗用于施工过程，构成工程实体或有助于工程形成的各项支出，包括人工费、材料费、机械使用费和其他直接费；间接费用是指施工企业所属各直接从事施工生产的单位（如施工队、项目部等）为组织和管理施工生产活动所发生的各项费用。

★高频考点：固定资产折旧方法

序号	项目	内容	说明
1	平均年限法	将固定资产按预计使用年限（折旧年限，下同）平均计算折旧均衡地分摊到各期的一种方法。采用这种方法计算的每期（年、月）折旧额都是相等的	计算公式如下： $$固定资产年折旧额 = \frac{固定资产应计折旧额}{固定资产预计使用年限}$$ $$固定资产月折旧额 = \frac{年折旧额}{12}$$ 每年固定资产折旧额与固定资产原值之比称为固定资产年折旧率
2	工作量法	（1）基本方法	按照固定资产预计可完成的工作量计提折旧额的一种方法。不考虑减值准备，工作量法折旧的基本计算公式如下： $$单位工作量折旧额 = \frac{应计折旧额}{预计总工作量}$$ 某项固定资产月折旧额＝该项固定资产当月工作量×单位工作量折旧额
		（2）施工企业常用的工作量法	①行驶里程法：计算公式如下： $$单位里程折旧额 = \frac{应计折旧额}{总行驶里程}$$ ②工作台班法：计算公式如下： $$每工作台班折旧额 = \frac{应计折旧额}{总工作台班}$$
3	双倍余额递减法	是在固定资产使用年限最后两年之前的各年，不考虑固定资产预计净残值的情况下，根据每年年初固定资产净值和双倍的年限平均法折旧率计算固定资产折旧额，而在最后两年按年限平均法计算折旧额的一种方法	是加速折旧的方法，是在不缩短折旧年限和不改变净残值率的情况下，改变固定资产折旧额在各年之间的分布，在固定资产使用前期提取较多的折旧，而在使用后期则提取较少的折旧

序号	项目	内容	说明
4	年数总和法	是将固定资产的原值减去净残值后的净额乘以一个逐年递减的分数(折旧率)计算每年折旧额的一种方法	逐年递减分数的分子为该项固定资产年初时尚可使用的年数,分母为该项固定资产使用年数的逐年数字总和,假设使用年限为 N 年,分母即为 $1+2+3+\cdots+N=N(N+1)/2$

注：固定资产折旧影响因素：固定资产原价、预计净残值、固定资产使用寿命和使用年限。企业确定固定资产使用寿命,应当考虑下列因素：预计生产能力或实物产量；预计有形损耗和无形损耗；法律或者类似规定对资产使用的限制。

★高频考点：工程成本的结算方法

序号	项目	内容	说明
1	工程成本竣工结算法	是以合同工程为对象归集施工过程中发生的施工费用,在工程竣工后按照所归集的全部施工费用,结算该项工程的实际成本总额	工程竣工后,在清理施工现场、盘点剩余材料和残次材料、及时办理退库手续、冲减工程成本后,归集的自开工起至竣工止的施工费用累计总额,就是竣工工程的实际成本
2	工程成本月份结算法	是在按单位工程归集施工费用的基础上,逐月定期地结算单位工程的已完工程实际成本	既要以建造合同为对象,于工程竣工后办理单位工程成本结算,又要按月计算单位工程中已完分部分项工程成本
3	工程成本分段结算法	已完工程是指到合同约定的结算部位或阶段时已完成的工程阶段或部位,未完工程是指未完成的工程阶段或部位	

注：建筑安装工程价款结算,可以采取按月结算、分段结算、竣工后一次结算,或由双方约定的其他方式结算。从事建筑、安装、装配工程业务或者提供其他劳务等,持续时间超过 12 个月的,按照纳税年度内完工进度或者完成的工作量确认收入的实现。企业为生产产品、提供劳务等发生的可归属于产品成本、劳务成本等的费用,应当在确认产品销售收入、劳务收入等时,将已销售产品、已提供劳务的成本等计入当期损益。因此,成本结算还应考虑税收规定或合同约定要求。

B9　施工企业期间费用的核算

★高频考点：管理费用与财务费用

序号	项目	内容	说明
1	管理费用	指建筑安装企业行政管理部门为管理和组织经营活动而发生的各项费用	包括：管理人员工资、办公费、差旅交通费、固定资产使用费、工具用具使用费、劳动保险和职工福利费、劳动保护费、检验试验费、工会经费、职工教育经费、财产保险费、税金及其他
2	财务费用	指企业为施工生产筹集资金或提供预付款担保、履约担保、职工工资支付担保等所发生的费用	包括利息支出（减利息收入）、汇兑损失（减汇兑收益）、相关的手续费以及企业发生的现金折扣或收到的现金折扣等内容

注：（1）期间费用是指企业本期发生的、不能直接或间接归入营业成本，而是直接计入当期损益的各项费用，包括销售费用、管理费用和财务费用等。（2）施工企业的期间费用主要包括管理费用和财务费用，通常不单独设置销售费用（营业费用）核算。（3）管理费用和财务费用属于期间费用，企业应设置管理费用和财务费用账户，并按照费用项目设置明细账。费用发生时在相应账户进行登记，会计期末直接汇总结转至利润表计算当期损益。需要注意的是，施工企业管理费用和财务费用属于期间费用，不能像工程成本可以采用按月结算、分阶段结算和竣工后结算等多种方式，必须按月进行结算。（4）在建筑安装工程费用项目组成中，管理费用包括财务费、城市维护建设税、教育费附加、地方教育附加等。而在财务会计中，这几项费用分别在财务费用和应交税金中核算。

B10　建造（施工）合同收入的核算

★高频考点：建造合同基础知识

序号	项目	内容
1	建造合同的概念	（1）建设工程合同包括工程勘察、设计、施工合同。 （2）建造合同是指为建造一项或数项在设计、技术、功能、最终用途等方面密切相关的资产而订立的合同。 （3）准则中使用的建造合同既包含了建设工程合同所指的内容，也包括承揽合同的内容，如船舶、飞机的定作

序号	项目	内容
2	建造(施工)合同的特征	(1)先有买主(及客户),后有标的(即资产),建造资产的工程范围、建设工期、工程质量和工程造价等内容在签订合同时已经确定。 (2)资产的建设期长,一般都要跨越一个会计年度,有的长达数年。 (3)所建造的资产体积大,造价高。 (4)建造合同一般为不可取消的合同
3	建造(施工)合同的类型	(1)固定造价合同:是指按照固定的合同价或固定单价确定工程价款的建造合同。 (2)成本加成合同:是指以合同约定或其他方式议定的成本为基础,加上该成本的一定比例或定额费用确定工程价款的建造(施工)合同
4	固定造价合同与成本加成合同的区别	最大区别在于它们所含风险的承担者不同,固定造价合同的风险主要由承包人承担,因为在双方签订合同时价款已经确定,在建造过程中不论材料价格上涨,还是出现什么情况,实际成本是多少,都和对方无关,最终所决算的价款就是合同中所确定的,所以建造承包商要承担合同项目的所有风险;而成本加成合同的风险主要由发包人承担
5	建造合同的分立	一项包括建造数项资产的建造合同,同时满足下列条件的,每项资产应当分立为单项合同: (1)每项资产均有独立的建造计划。 (2)与客户就每项资产单独进行谈判,双方能够接受或拒绝与每项资产有关的合同条款。 (3)每项资产的收入和成本可以单独辨认。 注:如果不同时具备上述三个条件,则不能将建造合同进行分立,而应将其作为一项合同进行会计处理
6	建造合同的合并	一组合同无论对应单个客户还是多个客户,同时满足下列条件的,应当合并为单项合同: (1)该组合同按一揽子交易签订。 (2)该组合同密切相关,每项合同实际上已构成一项综合利润率工程的组成部分。 (3)该组合同同时或依次履行。 注:如果不同时符合上述三个条件,则不能将该组合同进行合并,而应以各单项合同进行会计处理

★高频考点：合同收入的内容

序号	项目	内容
1	合同规定的初始收入	合同规定的初始收入，是指建造承包商与客户在双方签订的合同中最初商定的合同总金额，它构成了合同收入的基本内容
2	合同变更形成的收入	合同变更，是指客户为改变合同规定的作业内容而提出的调整。合同变更款应当在同时满足下列条件时才能构成合同收入： (1)客户能够认可因变更而增加的收入。 (2)该收入能够可靠地计量。 注：如果不同时具备上述两个条件，则不能确认变更收入
3	索赔形成的收入	索赔款，是指因客户或第三方的原因造成的、向客户或第三方收取的、用以补偿不包括在合同造价中成本的款项。索赔款应当在同时满足下列条件时才能构成合同收入： (1)根据谈判情况，预计对方能够同意该项索赔。 (2)对方同意接受的金额能够可靠地计量。 注：如果不同时具备上述两个条件，则不能确认索赔款收入
4	奖励形成的收入	奖励款，是指工程达到或超过规定的标准，客户同意支付的额外款项。奖励款应当在同时满足下列条件时才能构成合同收入： (1)根据合同目前完成情况，足以判断工程进度和工程质量能够达到或超过规定的标准。 (2)奖励金额能够可靠地计量。 注：如果不同时具备上述条件，则不能确认收入

★高频考点：合同结果能够可靠估计时建造（施工）合同收入的确认

序号	项目	子项目	内容
1	合同结果能够可靠估计的标准	(1)固定造价合同结果能否可靠估计的标准	①合同总收入能够可靠地计量； ②与合同相关的经济利益很可能流入企业； ③实际发生的合同成本能够清楚地区分和可靠地计量； ④合同完工进度和为完成合同尚需发生的成本能够可靠地确定。 注：如果不同时满足四个条件，则固定造价合同的结果不能可靠估计

序号	项目	子项目	内容
1	合同结果能够可靠估计的标准	（2）成本加成合同的结果能否可靠估计的标准	①与合同相关的经济利益很可能流入企业； ②实际发生的合同成本能够清楚地区分和可靠地计量。 注：如果不同时满足两个条件，则成本加成合同的结果不能可靠地估计
2	完工百分比法	（1）根据累计实际发生的合同成本占合同预计总成本的比例确定	该方法是一种投入衡量法，是确定合同完工进度常用的方法，其计算公式如下：合同完工进度＝累计实际发生的合同成本÷合同预计总成本×100％。需要注意的是，累计实际发生的合同成本不包括施工中尚未安装或使用的材料成本等与合同未来活动相关的合同成本，也不包括在分包工程的工作量完成之前预付给分包单位的款项
		（2）根据已经完成的合同工作量占合同预计总工作量的比例确定	该方法是一种产出衡量法，适用于合同工作量容易确定的建造（施工）合同，如道路工程，土石方工程等，其计算公式如下：合同完工进度＝已经完成的合同工程量÷合同预计总工程量×100％
		（3）根据已完成合同工作的技术测量确定	该方法是在上述两种方法无法确定合同完工进度时所采用的一种特殊的技术测量方法，适用于一些特殊的建造（施工）合同，如水下施工工程等。需要注意的是，这种技术测量应由专业人员现场进行科学测定，而不是由建造承包商自行随意测定
3	建造（施工）合同收入的确认	（1）当期完成建造（施工）合同收入的确认	当期完成的建造（施工）合同应当按照实际合同总收入扣除以前会计期间累计已确认收入后的金额，确认为当期合同收入，即：当期确认的合同收入＝实际合同总收入－以前会计期间累计已确认的收入
		（2）资产负债表日建造（施工）合同收入的确认	当期不能完成的建造（施工）合同，在资产负债表日，应当按照合同总收入乘以完工进度扣除以前会计期间累计已确认收入后的金额，确认为当期合同收入。即：当期

序号	项目	子项目	内容
3	建造(施工)合同收入的确认	(2)资产负债表日建造(施工)合同收入的确认	确认的合同收入＝(合同总收入×完工进度)－以前会计期间累计已确认的收入。需要注意的是,公式中的完工进度是指累计完工进度。因此,建造承包商在应用上述公式计算和确认当期合同收入时应区别以下四种情况进行处理: ①当年开工当年未完工的建造合同。在这种情况下,以前会计年度累计已确认的合同收入为零。 ②以前年度开工本年未完工的建造合同。在这种情况下,企业可直接运用上述计算公式计量和确认当期合同收入。 ③以前年度开工本年完工的建造合同。在这种情况下,当期计量确认的合同收入,等于合同总收入扣除以前会计年度累计已确认的合同收入后的余额。 ④当年开工当年完工的建造合同。在这种情况下,当期计量和确认的合同收入,等于该项合同的总收入

★高频考点：合同结果不能可靠地估计时建造（施工）合同收入的确认

序号	情形	方法
1	合同成本能够回收的	合同收入根据能够收回的实际合同成本来确认,合同成本在其发生的当期确认为费用
2	合同成本不能回收的	应在发生时立即确认为费用,不确认收入

注：使建造合同的结果不能可靠估计的不确定因素不复存在的,应当按照资产负债表日建造（施工）合同收入的确认规定确认与建造合同有关的收入。合同预计总成本超过合同总收入的,应当将预计损失确认为当期费用。

B11　资产负债表的内容和作用

★高频考点：资产负债表的内容

序号	项目	内容	说明
1	第一部分是资产类	(1)流动资产	①预计在一个正常营业周期中变现、出售或耗用。主要包括存货、应收账款等； ②主要为交易目的而持有； ③预计在资产负债表日起一年内(含一年,下同)变现； ④自资产负债表日起一年内,交换其他资产或清偿负债的能力不受限制的现金或现金等价物
		(2)非流动资产	流动资产以外的资产应当归类为非流动资产,并应按其性质分类列示
2	第二部分是负债类	(1)流动负债	①预计在一个正常营业周期中清偿； ②主要为交易目的而持有； ③自资产负债表日起一年内到期应予以清偿； ④企业无权自主地将清偿推迟至资产负债表日后一年以上
		(2)非流动负债	①流动负债以外的负债应当归类为非流动负债； ②在资产负债表日起一年内到期的负债,企业预计能够自主地将清偿义务展期至资产负债表日后一年以上的,应当归类为非流动负债； ③不能自主地将清偿义务展期的,即使在资产负债表日后、财务报告批准报出日前签订了重新安排清偿计划协议,该项负债仍应归类为流动负债
3	资产负债表中的所有者权益	至少应当单独列示反映右侧信息的项目	实收资本(或股本)、其他权益工具、专项储备、资本公积、盈余公积和未分配利润。其中专项储备是2019年新增项目,反映高危行业按国家规定提取的安全生产费的期末账面价值。由于企业的资产、负债和所有

序号	项目	内容	说明
3	资产负债表中的所有者权益	至少应当单独列示反映右侧信息的项目	者权益存在如下关系:资产＝负债＋所有者权益,所有者权益受企业资产影响,如果企业资产出现损失,例如应收账款没有收回,作为坏账被注销,而债务不变,则股东权益将减少。企业资产价值波动的风险是由企业所有者承担。当然,企业资产增值带来的利益也由所有者享有

注:企业的资产负债表一般采用账户式结构,该表为左右结构,左边列示资产,右边列示负债和所有者权益。

★高频考点:资产负债表的作用

(1) 资产负债表能够反映企业在某一特定日期所拥有的各种资源总量及其分布情况,可以分析企业的资产构成,以便及时进行调整。

(2) 资产负债表可以提供某一日期的负债总额及其结构,表明企业未来需要用多少资产或劳务清偿债务以及清偿时间。

(3) 资产负债表能够反映企业在某一特定日期企业所有者权益的构成情况,可以判断资本保值、增值的情况以及对负债的保障程度。

注:资产负债表反映企业在某一特定日起所拥有或控制的经济资源、所承担的现时义务和所有者对净资产的要求权。

B12 现金流量表的内容和作用

★高频考点:现金流量表的内容

序号	项目	内容
1	经营活动产生的现金流量	(1)销售商品、提供劳务收到的现金。 (2)收到的税费返还。 (3)收到其他与经营活动有关的现金(包括企业实际收到的政府补助,无论是与资产相关,还是与收益相关,均列在该项目下)。 (4)购买商品、接受劳务支付的现金。 (5)支付给职工以及为职工支付的现金。 (6)支付的各项税费。 (7)支付其他与经营活动有关的现金

序号	项目	内容
2	投资活动产生的现金流量	(1)收回投资收到的现金。 (2)取得投资收益收到的现金。 (3)处置固定资产、无形资产和其他长期资产收回的现金净额。 (4)处置子公司及其他营业单位收到的现金净额。 (5)收到其他与投资活动有关的现金。 (6)购建固定资产、无形资产和其他长期资产支付的现金。 (7)投资支付的现金。 (8)取得子公司及其他营业单位支付的现金净额。 (9)支付其他与投资活动有关的现金
3	筹资活动产生的现金流量	(1)吸收投资收到的现金。 (2)取得借款收到的现金。 (3)收到其他与筹资活动有关的现金。 (4)偿还债务支付的现金。 (5)分配股利、利润或偿付利息支付的现金。 (6)支付其他与筹资活动有关的现金

注：作为现金等价物的短期投资必须同时满足以下四个条件：期限短；流动性强；易于转换为已知金额的现金；价值变动风险小。从购买日起三个月到期或清偿的国库券、货币市场基金、可转换定期存单、商业本票及银行承兑兑汇票等都可列为现金等价物。可流通的股票，不属于现金等价物。

★高频考点：现金流量表的结构

序号	项目	内容
1	正表	(1)经营活动产生的现金流量。 (2)投资活动产生的现金流量。 (3)筹资活动产生的现金流量。 (4)汇率变动对现金的影响。 (5)现金及等价物净增加额
2	补充资料	(1)将净利润调节为经营活动产生的现金流量。 (2)不涉及现金收支的重大投资和筹资活动。 (3)现金及现金等价物净增加情况

注：正表第一项经营活动产生现金流量净额，与补充资料第一项经营活动产生的现金流量净额应当核对相符。正表中的第五项与补充资料中的第三项，金额应当一致。正表中的数字是流入与流出的差额，补充资料中的数字是期末数与期初数的差额，结果应当一致。

★高频考点：现金流量表的作用

（1）现金流量表有助于使用者对企业整体财务状况做出客观评价；说明企业在一定会计期间现金和现金等价物流入和流出的原因，从而可以大致判断企业经营周转是否顺畅；了解净利润的质量，为分析和预测企业的经营前景提供信息。

（2）现金流量表有助于评价企业的支付能力、偿债能力和周转能力；债权人可以对企业的支付能力和偿债能力以及企业对外部资金的需求情况做出可靠的判断。

（3）现金流量表有助于使用者预测企业未来的发展情况；可以了解企业现金的来源和用途是否合理；分析企业未来获取或支付现金的能力；评价企业产生净现金流量的能力。

B13 筹资方式

★高频考点：短期筹资方式

序号	项目	内容	说明
1	商业信用	（1）应付账款	①是企业购买货物暂未付款而欠对方的账项。②应付账款有付款期、折扣等信用条件。③应付账款可以分为：免费信用，即买方企业在规定的折扣期内享受折扣而获得的信用；有代价信用，即买方企业放弃折扣付出代价而获得的信用；展期信用，即买方企业超过规定的信用期推迟付款而强制获得的信用
		（2）应付票据	①是企业进行延期付款商品交易时开具的反映债权债务关系的票据；②根据承兑人的不同，应付票据分为商业承兑汇票和银行承兑汇票两种，支付期最长不超过6个月；③应付票据可以带息，也可以不带息；④应付票据的利率一般比银行的借款利率低；⑤应付票据的筹资成本低于银行借款成本
		（3）预收账款	①是卖方企业在交付货物之前向买方预先收取部分或全部货款的信用形式；②一般用于生产周期长、资金需要量大的货物销售

序号	项目	内容	说明
2	短期借款	（1）短期借款的主要方式	银行发放短期借款的方式主要有：信贷限额、周转信贷协定、补偿性余额、借款抵押、偿还条件等
		（2）短期借款利率	①优惠利率是银行向财力雄厚、经营状况好的企业贷款时收取的名义利率，为贷款利率的最低限； ②浮动优惠利率是一种随其他短期利率的变动而浮动的优惠利率； ③非优惠利率是银行贷款给一般企业时收取的高于优惠利率的利率
		（3）短期借款利息支付方法	①收款法：在借款到期时向银行支付利息的方法； ②贴现法：银行向企业发放贷款时，先从本金中扣除利息部分，而到期时借款企业则要偿还贷款全部本金的一种计息方法； ③加息法：在分期等额偿还贷款的情况下，银行要将根据名义利率计算的利息加到贷款本金上，计算出贷款的本息和，要求企业在贷款期内分期偿还本息之和的金额，企业所负担的实际利率便高于名义利率大约1倍
		（4）企业对银行的选择因素	①银行对贷款风险的政策； ②银行对企业的态度； ③贷款的专业化程度； ④银行的稳定性

注：短期负债筹资最常用的方式是商业信用和短期借款。商业信用筹资最大的优越性在于容易取得，商业信用的具体形式有应付账款、应付票据、预收账款等。短期借款的重要性仅次于商业信用。短期借款突出的缺点是短期内要归还。

★高频考点：放弃现金折扣的成本

$$放弃现金折扣成本 = \frac{折扣百分比}{1-折扣百分比} \times \frac{360}{信用期-折扣期}$$

注：如果能以放弃低于折扣的隐含利息成本（实质上是一种机会成本）的利率借到资金，便应在现金折扣期内用借入的资金支付货款，享受现金折扣；如果在折扣期内将应付账款用于短期投资，所得的投资报酬率高于放弃折扣的隐含利息成本，则应放弃折扣而

去追求更高的收益；如果企业因缺乏资金而欲展延付款期，则需在降低了的放弃现金折扣成本和展延付款带来的损失之间作出选择，展延付款带来的损失主要是因企业信誉恶化而丧失供应商乃至其他贷款人的信用，或日后招致更苛刻的信用条件。

★高频考点：长期筹资方式

序号	项目	内容	说明
1	长期负债筹资	（1）长期借款筹资	①指企业向银行或其他非银行金融机构借入的使用期超过1年的借款；②主要用于购建固定资产和满足长期流动资金占用的需要
		（2）长期债券筹资	①由企业发行的债券称为企业债券或公司债券；②公司债券的发行价格通常有三种：平价、溢价和折价；③国际上流行的债券等级是3等9级：AAA级为最高级，AA级为高级，A级为上中级，BBB级为中级，BB级为中下级，B级为投机级，CCC级为完全投机级，CC级为最大投机级，C级为最低级
		（3）融资租赁	①指长期的、完全补偿的、不可撤销、由承租人负责维护的租赁；②融资租赁最主要的外部特征是租期长
		（4）可转换债券筹资	是一种允许持有人在规定的时间内按规定的价格转换为发行公司或其他公司普通股股票的有价证券
2	长期股权筹资	（1）优先股筹资	①优先股是公司的永久性资金，公司不必考虑偿还本金；②优先股的股利标准是固定的，支付有一定的灵活性；③优先股的发行，不会改变普通股股东对公司的控制权；④发行优先股能提高公司的举债能力
		（2）普通股股票筹资	①是股份有限公司发行的无特别权利的股份，是最基本的、标准的股票；②普通股没有到期日，是公司的一种永久性资金；③普通股没有固定的股利负担；

序号	项目	内容	说明
2	长期股权筹资	（2）普通股股票筹资	④普通股筹集的资本是公司最基本的资金来源； ⑤公司能成功发行普通股可扩大公司的影响,提高公司的信誉和知名度
		（3）认股权证筹资	①由发行人所发行的附有特定条件的一种有价证券； ②认股权证的交易是一种期权的买卖,是以股票或其他证券为标的物的一种长期买进期权

★高频考点：长期借款筹资

序号	项目	内容	说明
1	借款条件	企业申请贷款的一般条件	（1）独立核算、自负盈亏、有法人资格； （2）经营方向和业务范围符合国家产业政策,借款用途属于银行贷款办法规定的范围； （3）借款企业具有一定的物资和财产保证,担保单位具有相应的经济实力； （4）具有偿还贷款的能力； （5）财务管理和经济核算制度健全,资金使用效益及企业经济效益良好； （6）在银行设有账户,办理结算
		企业申请长期贷款的条件	按计划发放、择优扶植、有物资保证、按期归还
2	特点	（1）优点	①筹资速度快,长期借款的手续比发行债券简单得多,得到借款所花费的时间较短； ②借款弹性较大,借款时企业与银行直接交涉,有关条件可谈判确定； ③用款期间发生变动,亦可与银行再协商
		（2）缺点	①财务风险大,企业举借长期借款,必须定期还本付息,在经营不利的情况下可能会产生不能偿付的风险,甚至导致破产； ②限制性条款较多,企业与金融机构签订的借款合同中,一般都有较多的限制条款,这些条款可能会限制企业的经营活动

序号	项目	内容	说明
3	长期借款的保护性条款	合同的保护性条款,如贷款专款专用;对借款企业流动资金保持量的规定等	
4	长期借款的偿还方式	(1)定期支付利息、到期一次性偿还本金的方式。 (2)如同短期借款那样的定期等额偿还方式。 (3)平时逐期偿还小额本金和利息、期末偿还余下的大额部分的方式。	

★高频考点:**融资租赁**

序号	项目	内容
1	融资租赁的确认条件	(1)在租赁期届满时,租赁资产的所有权转移给承租人。 (2)承租人有购买租赁资产的选择权,所订立的购买价格将远低于行使选择权时租赁资产的公允价值,因而在租赁开始日就可以合理确定承租人将会行使这种选择权。 (3)租赁期占租赁资产可使用年限的大部分(通常解释为等于或大于75%)。 (4)租赁开始日最低租赁付款额的现值几乎相当于(通常解释为等于或大于90%)租赁开始日租赁资产的公允价值。 (5)租赁资产性质特殊,如果不做重新改制,只有承租人才能使用
2	融资租赁的租金构成	(1)租赁资产的成本:租赁资产的成本大体由资产的购买价、运杂费、运输途中的保险费等项目构成。 (2)租赁资产成本的利息:即出租人向承租人所提供资金的利息。 (3)租赁手续费:包括出租人承办租赁业务的费用以及出租人向承租人提供租赁服务所赚取的利润

注:融资租赁的租赁费不能作为费用扣除,只能作为取得成本构成租入固定资产的计税基础,税法上所有融资租赁被认定为分期付款购买。

B14　资金成本的计算与应用

★高频考点：资金成本

序号	项目	内容	说明
1	资金成本的概念	资金成本＝$\dfrac{资金占用费}{筹资净额}\times 100\%$	(1)指企业为筹措和使用资本而付出的代价。 (2)资金成本包括资金占用费和筹资费用两个部分。 (3)资金占用费是指企业占用资金支付的费用，如银行借款利息和债券利息等。 (4)筹资费用是指在资金筹集过程中支付的各项费用，如银行的借款手续费，发行债券支付的印刷费、代理发行费、律师费、公证费、广告费等。 (5)筹资净额＝筹资总额－筹资费用＝筹资总额×(1－筹资费用率)
2	资金成本的计算——个别资金成本	个别资金成本是单一筹资方式的资金成本	(1)债务资金成本：长期借款资金成本、长期债券资金成本。 (2)权益资金成本或自有资金成本：优先股资金成本、普通股资金成本和留存收益资金成本
3	资金成本的计算——综合资金成本	是对各种个别资金成本进行加权平均而得的结果，因此，也称为加权平均资金成本	计算公式为：$K_w=\Sigma K_j W_j$ 式中　K_w——综合资金成本； 　　　K_j——第j种个别资金成本； 　　　W_j——第j种个别资金占全部资金的比重

注：企业有多种筹资方案且每一方案又有多种筹资方式时，在不考虑其他因素的情况下，通常选择综合资金成本最低的方案。

B15 人工定额的编制

★高频考点：工人工作时间消耗分类

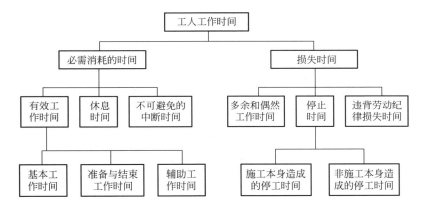

★高频考点：人工定额的编制

序号	项目	内容
1	工人工作时间消耗的分类	（1）工人在工作班内消耗的工作时间，按其消耗的性质，基本可以分为两大类：必需消耗的时间和损失时间。 （2）必需消耗的时间是工人在正常施工条件下，为完成一定产品（工作任务）所消耗的时间。它是制定定额的主要依据。 （3）损失时间，是与产品生产无关，而与施工组织和技术上的缺陷有关，与工人在施工过程中的个人过失或某些偶然因素有关的时间消耗
2	拟定正常的施工作业条件	（1）拟定施工的正常条件，就是要规定执行定额时应该具备的条件，正常条件若不能满足，则可能达不到定额中的劳动消耗量标准，因此，正确拟定施工的正常条件有利于定额的实施。 （2）拟定施工的正常条件包括：拟定施工作业的内容；拟定施工作业的方法；拟定施工作业地点的组织；拟定施工作业人员的组织等

序号	项目	内容
3	拟定施工作业的定额时间	(1)施工作业的定额时间,是在拟定基本工作时间、辅助工作时间、准备与结束时间、不可避免的中断时间以及休息时间的基础上编制的。 (2)上述各项时间是以时间研究为基础,通过时间测定方法,得出相应的观测数据,经加工整理计算后得到的。计时测定的方法有许多种,如测时法、写实记录法、工作日写实法等

★高频考点:工人工作时间消耗的分类

序号	项目	内容
1	必需消耗的工作时间	包括有效工作时间、休息时间和不可避免的中断时间。 (1)有效工作时间 ①是从生产效果来看与产品生产直接有关的时间消耗。包括基本工作时间、辅助工作时间、准备与结束工作时间。 ②基本工作时间是工人完成一定产品的施工工艺过程所消耗的时间。基本工作时间所包括的内容依工作性质各不相同,基本工作时间的长短和工作量大小成正比例。 ③辅助工作时间是指为保证基本工作能顺利完成所消耗的时间。在辅助工作时间里,不能使产品的形状大小、性质或位置发生变化。辅助工作时间的结束,往往就是基本工作时间的开始。辅助工作一般是手工操作,但如果在机手并动的情况下,辅助工作是在机械运转过程中进行的,为避免重复则不应再计辅助工作时间的消耗。 ④准备与结束工作时间是执行任务前或任务完成后所消耗的工作时间。如工作地点、劳动工具和劳动对象的准备工作时间,工作结束后的整理工作时间等。准备和结束工作时间的长短与所担负的工作量大小无关,但往往和工作内容有关。准备与结束工作时间可以分为班内的准备与结束工作时间和任务的准备与结束工作时间。 (2)不可避免的中断时间 是指由于施工工艺特点引起的工作中断所必需的时间。与施工过程、工艺特点有关的工作中断时间,应包括在定额时间内,但应尽量缩短此项时间消耗。与工艺特点无关的工作中断所占用时间,是由于劳动组织不合理引起的,属于损失时间,不能计入定额时间。 (3)休息时间 是工人在工作过程中为恢复体力所必需的短暂休息和生理需要的时间消耗。这种时间是为了保证工人精力充沛地进行工作,所以在定额时间中必须进行计算。休息时间的长短和劳动条件有关,劳动越繁重紧张、劳动条件越差(如高温),则休息时间越长

序号	项目	内容
2	损失时间	包括多余和偶然工作、停工、违背劳动纪律所引起的损失时间。 (1)多余工作 是指工人进行了任务以外而又不能增加产品数量的工作。多余工作的工时损失，一般都是由于工程技术人员和工人的差错而引起的，因此，不应计入定额时间。偶然工作也是工人在任务外进行的工作，但能够获得一定产品。如抹灰工不得不补上偶然遗留的墙洞等。由于偶然工作能获得一定产品，拟定定额时要适当考虑它的影响。 (2)停工时间 是工作班内停止工作造成的工时损失。停工时间按其性质可分为施工本身造成的停工时间和非施工本身造成的停工时间两种。施工本身造成的停工时间，是由于施工组织不善、材料供应不及时、工作面准备工作做得不好、工作地点组织不良等情况引起的停工时间。非施工本身造成的停工时间，是由于水源、电源中断引起的停工时间。前一种情况在拟定定额时不应该计算，后一种情况定额中则应给予合理的考虑。 (3)违背劳动纪律造成的工作时间损失 是指工人在工作班开始和午休后的迟到、午饭前和工作班结束前的早退、擅自离开工作岗位、工作时间内聊天或办私事等造成的工时损失。此项工时损失不应允许存在。因此，在定额中是不能考虑的

★高频考点：人工定额的形式

形式	含义	计算方法
时间定额	包括准备与结束时间、基本工作时间、辅助工作时间、不可避免的中断时间及工人必需的休息时间	时间定额以工日为单位，每一工日按 8h 计算： 单位产品时间定额(工日)＝1/每工产量 或者 单位产品时间定额(工日)＝小组成员工日数总和/机械台班产量
产量定额	在单位工日中所应完成的合格产品的数量	$$每工产量 = \frac{1}{单位产品时间定额(工日)}$$

形式	含义	计算方法
备注	(1)时间定额与产量定额互为倒数。 (2)时间定额以工日为单位,综合计算方便,时间概念明确。 (3)产量定额以产品数量为单位表示	

注：注意时间定额和产量定额互为倒数。即：

(1) 时间定额×产量定额＝1

(2) $时间定额 = \dfrac{1}{产量定额}$

(3) $产量定额 = \dfrac{1}{时间定额}$

★高频考点：人工定额按定额的标定对象不同的分类

1. 按定额的标定对象不同，人工定额又分单项工序定额和综合定额两种，综合定额表示完成同一产品中的各单项（工序或工种）定额的综合。按工序综合的用"综合"表示，按工种综合的一般用"合计"表示。其计算方法如下：

综合时间定额＝Σ各单项（工序）时间定额

$$综合产量定额 = \dfrac{1}{综合时间定额(工日)}$$

2. 时间定额和产量定额都表示同一人工定额项目，它们是同一人工定额项目的两种不同的表现形式。时间定额以工日为单位，综合计算方便，时间概念明确；产量定额则以产品数量为单位表示，具体、形象，劳动者的奋斗目标一目了然，便于分配任务。人工定额用复式表同时列出时间定额和产量定额，以便于各部门、企业根据各自的生产条件和要求选择使用。

3. 复式表示法

有如下形式：

$\dfrac{时间定额}{每工产量}$ 或 $\dfrac{人工时间定额}{机械台班产量}$

★高频考点：人工定额的制定方法

序号	项目	内容
1	技术测定法	技术测定法是根据生产技术和施工组织条件,对施工过程中各工序采用测时法、写实记录法、工作日写实法,测出各工序的工时消耗等资料,再对所获得的资料进行科学的分析,制定出人工定额的方法

序号	项目	内容
2	统计分析法	统计分析法是把过去施工生产中的同类工程或同类产品的工时消耗的统计资料,与当前生产技术和施工组织条件的变化因素结合起来,进行统计分析的方法。这种方法简单易行,适用于施工条件正常、产品稳定、工序重复量大和统计工作制度健全的施工过程。但是,过去的记录只是实耗工时,不反映生产组织和技术的状况。所以,在这样条件下求出的定额水平,只是已达到的劳动生产率水平,而不是平均水平。实际工作中,必须分析研究各种变化因素,使定额能真实地反映施工生产平均水平
3	比较类推法	对于同类型产品规格多、工序重复、工作量小的施工过程,常用比较类推法。采用此法制定定额是以同类型工序和同类型产品的实耗工时为标准,类推出相似项目定额水平的方法。此法必须掌握类似的程度和各种影响因素的异同程度
4	经验估计法	根据定额专业人员、经验丰富的工人和施工技术人员的实际工作经验,参考有关定额资料,对施工管理组织和现场技术条件进行调查、讨论和分析制定定额的方法,称为经验估计法。经验估计法通常作为一次性定额使用

B16 施工图预算的编制方法

★高频考点:定额单价法编制步骤

序号	项目	内容
1	准备资料,熟悉施工图纸	准备施工图纸、施工组织设计、施工方案、现行建筑安装定额、取费标准、统一工程量计算规则和地区材料预算价格等各种资料
2	计算工程量	(1)根据工程内容和定额项目,列出需计算工程量的分部分项工程。 (2)根据一定的计算顺序和计算规则,列出分部分项工程量的计算式。 (3)根据施工图纸上的设计尺寸及有关数据,代入计算式进行数值计算。 (4)对计算结果的计量单位进行调整,使之与定额中相应的分部分项工程的计量单位保持一致

序号	项目	内容
3	套用定额单价，计算人、料、机费用	(1)单位工程人、料、机费用计算公式如下：单位工程人、料、机费用＝Σ(分项工程量×定额单价)。 (2)分项工程的名称、规格、计量单位与定额单价中所列内容完全一致时，可以直接套用定额单价。 (3)分项工程的主要材料品种与定额单价中规定材料不一致时，不可以直接套用定额单价，需要按实际使用材料价格换算定额单价。 (4)分项工程施工工艺条件与定额单价不一致而造成人工、机械的数量增减时，一般调量不换价。 (5)分项工程不能直接套用定额、不能换算和调整时，应编制补充定额单价
4	编制工料分析表	计算各分部分项工程所需人工及材料数量，汇总后算出该单位工程所需各类人工、材料的数量
5	按计价程序计取其他费用，并汇总造价	根据规定的税率、费率和相应的计取基础，分别计算企业管理费、利润、规费、税金。将上述费用累计后与人、料、机费用进行汇总，求出单位工程预算造价
6	复核	全面复核项目填列、工程量计算公式、计算结果、套用的单价、采用的取费费率、数字计算、数据精确度
7	编制说明、填写封面	编制说明主要应写明预算所包括的工程内容范围、依据的图纸编号、承包方式、有关部门现行的调价文件号、套用单价需要补充说明的问题及其他需说明的问题等。封面应写明工程编号、工程名称、预算总造价和单方造价、编制单位名称、负责人和编制日期以及审核单位的名称、负责人和审核日期等

注：定额单价法是用事先编制好的分项工程的定额单价表来编制施工图预算的方法。根据施工图设计文件和预算定额，按分部分项工程顺序先计算出分项工程量，然后乘以对应的定额单价，求出分项工程人、料、机费用；将分项工程人、料、机费用汇总为单位工程人、料、机费用；汇总后另加企业管理费、利润、规费和税金生成单位工程的施工图预算。

★高频考点：工程量清单单价法

综合单价可分为全费用综合单价和部分费用综合单价。

(1) 全费用综合单价：单价中综合了人、料、机费用，企业管理费，规费，利润和税金等，以各分项工程量乘以综合单价的合价汇总后,就生成工程承发包价。

(2)部分费用综合单价:人、料、机、管理费、利润,以及一定范围内的风险费用,单价中未包括规费和税金,是不完全费用综合单价。以各分项工程量乘以部分费用综合单价的合价汇总,再加上项目措施费、其他项目费、规费和税金后,生成工程承发包价。

★高频考点:实物量法

序号	项目	内容
1	准备资料、熟悉施工图纸	全面收集各种人工、材料、机械的当时当地的实际价格
2	计算工程量	与定额单价法相同
3	套用消耗定额,计算人料机消耗量	根据人工预算定额、材料预算定额、机械预算台班定额分别确定出单位工程人工、各类材料消耗数量和各类施工机械台班数量
4	计算并汇总人工费、材料费、施工机械使用费	单位工程人、料、机费用=Σ(工程量×材料预算定额用量×当时当地材料预算价格)+Σ(工程量×人工预算定额用量×当时当地人工工资单价)+Σ(工程量×施工机械预算定额台班用量×当时当地机械台班单价)
5	计算其他各项费用,汇总造价	企业管理费、利润、规费和税金等的计算,采用与定额单价法相似的计算程序
6	复核	参考定额单价法相应步骤
7	编制说明、填写封面	与定额单价法相同

注:实物量法是依据施工图纸和预算定额的项目划分及工程量计算规则,先计算出分部分项工程量,然后套用预算定额(实物量定额)来编制施工图预算的方法。用实物量法编制施工图预算,主要是先用计算出的各分项工程的实物工程量,分别套取预算定额中工、料、机消耗指标,并按类相加,求出单位工程所需的各种人工、材料、施工机械台班的总消耗量,然后分别乘以当时当地各种人工、材料、机械台班的单价,求得人工费、材料费和施工机械使用费,再汇总求和。对于企业管理费、利润等费用的计算则根据当时当地建筑市场供求情况予以具体确定。

B17 工程计量

★高频考点：合同计量规定

序号	项目	内容
1	单价合同的计量	(1)承包人应于每月 25 日向监理人报送上月 20 日至当月 19 日已完成的工程量报告，并附具进度付款申请单、已完成工程量报表和有关资料。 (2)监理人应在收到承包人提交的工程量报告后 7 天内完成对承包人提交的工程量报表的审核并报送发包人，以确定当月实际完成的工程量。监理人对工程量有异议的，有权要求承包人进行共同复核或抽样复测。承包人应协助监理人进行复核或抽样复测，并按监理人要求提供补充计量资料。承包人未按监理人要求参加复核或抽样复测的，监理人复核或修正的工程量视为承包人实际完成的工程量。 (3)监理人未在收到承包人提交的工程量报表后的 7 天内完成审核的，承包人报送的工程量报告中的工程量视为承包人实际完成的工程量，据此计算工程价款
2	总价合同的计量	(1)承包人应于每月 25 日向监理人报送上月 20 日至当月 19 日已完成的工程量报告，并附具进度付款申请单、已完成工程量报表和有关资料。 (2)监理人应在收到承包人提交的工程量报告后 7 天内完成对承包人提交的工程量报表的审核并报送发包人，以确定当月实际完成的工程量。监理人对工程量有异议的，有权要求承包人进行共同复核或抽样复测。承包人应协助监理人进行复核或抽样复测并按监理人要求提供补充计量资料。承包人未按监理人要求参加复核或抽样复测的，监理人审核或修正的工程量视为承包人实际完成的工程量。 (3)监理人未在收到承包人提交的工程量报表后的 7 天内完成复核的，承包人提交的工程量报告中的工程量视为承包人实际完成的工程量

★高频考点：单价合同工程计量方法

序号	项目	内容
1	均摊法	对清单中某些项目的合同价款，按合同工期平均计量
2	凭据法	按照承包人提供的凭据进行计量支付

序号	项目	内容
3	估价法	按合同文件的规定,根据监理工程师估算的已完成的工程价值支付。计量支付金额： $$F = A \cdot \frac{B}{D}$$ 式中　F——计算的支付金额； 　　　A——清单所列该项的合同金额； 　　　B——该项实际完成的金额(按估算价格计算)； 　　　D——该项全部仪器设备的总估算价格。 ①该项实际完成金额 B 必须按各种设备的估算价格计算,它与承包人购进的价格无关； ②估算的总价与合同工程量清单的款额无关
4	断面法	用于取土坑或填筑路堤土方的计量,在开工前承包人需测绘出原地形的断面,经监理工程师检查,作为计量的依据
5	图纸法	按照设计图纸所示的尺寸进行计量
6	分解计量法	将一个项目,根据工序或部位分解为若干子项。对完成的各子项进行计量支付

注：监理人一般只对以下三方面的工程项目进行计量：(1) 工程量清单中的全部项目；(2) 合同文件中规定的项目；(3) 工程变更项目。

B18　施工索赔与现场签证

★高频考点：施工索赔的对比

序号	项目	承包人索赔	发包人索赔
1	提出索赔的程序	(1)承包人应在知道或应当知道索赔事件发生后 28 天内,向监理人递交索赔意向通知书,并说明发生索赔事件的事由；承包人未在前述 28 天内发出索赔意向通知书的,丧失要求追加付款和(或)延长工期的权利。 (2)承包人应在发出索赔意向通知书后 28 天内,向监理人正式递交索赔报告；索赔报告应详细说明索赔理由以及要求追加的付款金额和(或)延长的工期,并附必要的记录和证明材料。	发包人应在知道或应当知道索赔事件发生后 28 天内通过监理人向承包人提出索赔意向通知书,发包人未在前述 28 天内发出索赔意向通知书的,丧失要求赔付金额和(或)延长缺陷责任期的权利。发包人应在发出索赔意向通知书后 28 天内,通过监理人向承包人正式递交索赔报告

序号	项目	承包人索赔	发包人索赔
1	提出索赔的程序	（3）索赔事件具有持续影响的，承包人应按合理时间间隔继续递交延续索赔通知，说明持续影响的实际情况和记录，列出累计的追加付款金额和(或)工期延长天数。 （4）在索赔事件影响结束后28天内，承包人应向监理人递交最终索赔报告，说明最终要求索赔的追加付款金额和(或)延长的工期，并附必要的记录和证明材料	发包人应在知道或应当知道索赔事件发生后28天内通过监理人向承包人提出索赔意向通知书，发包人未在前述28天内发出索赔意向通知书的，丧失要求赔付金额和(或)延长缺陷责任期的权利。发包人应在发出索赔意向通知书后28天内，通过监理人向承包人正式递交索赔报告
2	对索赔的处理	（1）监理人应在收到索赔报告后14天内完成审查并报送发包人。监理人对索赔报告存在异议的，有权要求承包人提交全部原始记录副本。 （2）发包人应在监理人收到索赔报告或有关索赔的进一步证明材料后的28天内，由监理人向承包人出具经发包人签认的索赔处理结果。发包人逾期答复的，则视为认可承包人的索赔要求。 （3）承包人接受索赔处理结果的，索赔款项在当期进度款中进行支付；承包人不接受索赔处理结果的，按照"争议解决"约定处理	（1）承包人收到发包人提交的索赔报告后，应及时审查索赔报告的内容、查验发包人证明材料。 （2）承包人应在收到索赔报告或有关索赔的进一步证明材料后28天内，将索赔处理结果答复发包人。如果承包人未在上述期限内作出答复的，则视为对发包人索赔要求的认可。 （3）承包人接受索赔处理结果的，发包人可从应支付给承包人的合同价款中扣除赔付的金额或延长缺陷责任期；发包人不接受索赔处理结果的，按"争议解决"约定处理

注：索赔事件成立必须满足的三要素：正当的索赔理由；有效的索赔证据；在合同约定的时间内提出。索赔证据应满足以下基本要求：真实性；全面性；关联性；及时性并具有法律证明效力。

★高频考点：索赔费用的组成

序号	项目	组成	说明
1	分部分项工程量清单费用	(1)人工费	①包括增加工作内容的人工费、停工损失费和工作效率降低的损失费等累计。 ②增加工作内容的人工费应按照计日工费计算。 ③停工损失费和工作效率降低的损失费按窝工费计算，窝工费的标准双方应在合同中约定
		(2)设备费	①可采用机械台班费、机械折旧费、设备租赁费等几种形式。 ②当工作内容增加引起设备费索赔时，设备费的标准按照机械台班费计算。 ③因窝工引起的设备费索赔，当施工机械属于施工企业自有时，按照机械折旧费计算索赔费用；当施工机械是施工企业从外部租赁时，索赔费用的标准按照设备租赁费计算
		(3)材料费	包括索赔事件引起的材料用量增加、材料价格大幅度上涨、非承包人原因造成的工期延误而引起的材料价格上涨和材料超期存储费用
		(4)管理费	可分为现场管理费和企业管理费两部分，审核过程中应区别对待
		(5)利润	对工程范围、工作内容变更等引起的索赔，承包人可按原报价单中的利润百分率计算利润
		(6)迟延付款利息	发包人未按约定时间进行付款的，应按约定利率支付迟延付款的利息
2	措施项目费用		(1)已有的措施项目，按原有措施费的组价方法调整。 (2)原措施费中没有的措施项目，由承包人根据措施项目变更情况，提出适当的措施费变更，经发包人确认后调整
3	其他项目费		其他项目费中所涉及的人工费、材料费等按合同的约定计算
4	规费与税金		(1)除工程内容的变更或增加，承包人可以列入相应增加的规费与税金。其他情况一般不能索赔。 (2)索赔规费与税金的款额计算通常是与原报价单中的百分率保持一致

★高频考点：索赔费用的计算方法

序号	项目	内容
1	实际费用法	限于因为索赔事件引起的、超过原计划的费用,也称额外成本法
2	总费用法	(1)重新计算实际费用,减去原合同价,差额即为承包人索赔的费用。 (2)计算公式为:索赔金额＝实际总费用－投标报价估算费用。 (3)这种方法对业主不利,因为实际发生的总费用中可能有承包人的施工组织不合理因素;承包人在投标报价时为竞争中标而压低报价,中标后通过索赔可以得到补偿。所以这种方法只有在难以采用实际费用法时采用
3	修正总费用法	(1)在总费用计算的原则上,去掉一些不合理的因素,使其更合理。修正的内容包括: ①将计算索赔款的时段局限于受到外界影响的时间,而不是整个施工期; ②只计算受到影响时段内的某项工作所受影响的损失,而不是计算该时段内所有施工工作所受的损失; ③对投标报价费用重新进行核算,按受影响时段内该项工作的实际单价进行核算,乘以完成的该项工作的工程量,得出调整后的报价费用。 (2)按修正后的总费用计算索赔金额的公式为:索赔金额＝某项工作调整后的实际总费用－该项工作的报价费

★高频考点：《标准施工招标文件》中承包人索赔内容

序号	主要内容	可补偿内容		
		工期	费用	利润
1	提供图纸延误	√	√	√
2	延迟提供施工场地			
3	发包人提供的材料和工程设备不符合合同要求			
4	发包人的原因造成工期延误			
5	发包人原因引起的暂停施工			
6	发包人原因造成暂停施工后无法按时复工			

序号	主要内容	可补偿内容		
		工期	费用	利润
7	发包人原因造成工程质量达不到合同约定验收标准的		√	√
8	监理人对隐蔽工程重新检查,经检验证明工程质量符合合同要求的		√	√
9	因发包人提供的材料、工程设备造成工程不合格		√	√
10	承包人应监理人要求对材料、工程设备和工程重新检验且检验结果合格		√	√
11	发包人在全部工程竣工前,使用已接收的单位工程导致承包人费用增加的	√	√	
12	因发包人违约导致承包人暂停施工		√	
13	施工过程发现文物、古迹以及其他遗迹、化石、钱币或物品		√	
14	发包人提供资料错误导致承包人的返工或造成工程损失		√	
15	承包人遇到不利物质条件		√	
16	不可抗力		部分费用√	
17	发包人要求承包人提前竣工		√	√
18	发包人的原因导致试运行失败的		√	√
19	发包人原因导致的工程缺陷和损失		√	√
20	异常恶劣的气候条件	√		
21	发包人要求向承包人提前交付材料和工程设备		√	
22	采取合同未约定的安全作业环境及安全施工措施		√	
23	因发包人原因造成承包人员工伤事故		√	
24	基准日后法律变化引起的价格调整		√	
25	工程移交后因发包人原因出现的缺陷修复后的试验和试运行		√	

注:表格中划"√"的即意味着需要补偿,空白的不需要补偿。

★高频考点：现场签证的范围与程序

序号	项目	内容
1	现场签证的范围	(1)适用于施工合同范围以外零星工程的确认。 (2)在工程施工过程中发生变更后需要现场确认的工程量。 (3)非施工单位原因导致的人工、设备窝工及有关损失。 (4)符合施工合同规定的非施工单位原因引起的工程量或费用增减。 (5)确认修改施工方案引起的工程量或费用增减。 (6)工程变更导致的工程施工措施费增减等
2	现场签证的程序	承包人应发包人要求完成合同以外的零星工作或非承包人责任事件发生时，承包人应按合同约定及时向发包人提出现场签证。当合同对现场签证未作具体约定时，按照《建设工程价款结算暂行办法》的规定处理： (1)承包人应在接受发包人要求的7天内向发包人提出签证，发包人签证后施工。若没有相应的计日工单价，签证中还应包括用工数量和单价、机械台班数量和单价、使用材料品种及数量和单价等。若发包人未签证同意，承包人施工后发生争议的，责任由承包人自负。 (2)发包人应在收到承包人的签证报告48小时内给予确认或提出修改意见，否则视为该签证报告已经认可。 (3)发承包双方确认的现场签证费用与工程进度款同期支付
3	现场签证费用的计算	现场签证费用的计价方式包括两种： (1)第一种是完成合同以外的零星工作时，按计日工作单价计算。此时提交现场签证费用申请时，应包括下列证明材料： ①工作名称、内容和数量； ②投入该工作所有人员的姓名、工种、级别和耗用工时； ③投入该工作的材料类别和数量； ④投入该工作的施工设备型号、台数和耗用台时； ⑤监理人要求提交的其他资料和凭证。 (2)第二种是完成其他非承包人责任引起的事件，应按合同中的约定计算。

序号	项目	内容
3	现场签证费用的计算	注:现场签证种类繁多,发承包双方在工程施工过程中来往信函就责任事件的证明均可称为现场签证,但并不是所有的签证均可马上算出价款,有的需要经过索赔程序,这时的签证仅是索赔的依据,有的签证可能根本不涉及价款。考虑到招标时招标人对计日工项目的预估难免会有遗漏,造成实际施工发生后,无相应的计日工单价,现场签证只能包括单价一并处理。因此,在汇总时,有计日工单价的,可归并于计日工,如无计日工单价的,归并于现场签证,以示区别。当然,现场签证全部汇总于计日工也是一种可行的处理方式

B19 预付款及期中支付

★高频考点:《保障农民工工资支付条例》主要内容

(1) 农民工有按时足额获得工资的权利。任何单位和个人不得拖欠农民工工资。农民工应当遵守劳动纪律和职业道德,执行劳动安全卫生规程,完成劳动任务。

(2) 农民工工资应当以货币形式,通过银行转账或者现金支付给农民工本人,不得以实物或者有价证券等其他形式替代。用人单位应当按照与农民工书面约定或者依法制定的规章制度规定的工资支付周期和具体支付日期足额支付工资。实行月、周、日、小时工资制的,按照月、周、日、小时为周期支付工资;实行计件工资制的,工资支付周期由双方依法约定。用人单位与农民工书面约定或者依法制定的规章制度规定的具体支付日期,可以在农民工提供劳动的当期或者次期。具体支付日期遇法定节假日或者休息日的,应当在法定节假日或者休息日前支付。用人单位因不可抗力未能在支付日期支付工资的,应当在不可抗力消除后及时支付。用人单位应当按照工资支付周期编制书面工资支付台账,并至少保存3年。书面工资支付台账应当包括用人单位名称,支付周期,支付日期,支付对象姓名、身份证号码、联系方式,工作时间,应发工资项目及数额,代扣、代缴、扣除项目和数额,实发工资数额,银行代发工资凭证或者农民工签字等内容。用人单位向农民工支付工资时,应当提供农民工本人的工资清单。

(3) 建设单位应当有满足施工所需要的资金安排。没有满足施工所需要的资金安排的,工程建设项目不得开工建设;依法需要办理施工许可证的,相关行业工程建设主管部门不予颁发施工许可证。政府投资项目所需资金,应当按照国家有关规定落实到位,不得由施工单位垫资建设。

(4) 建设单位应当向施工单位提供工程款支付担保。建设单位与施工总承包单位依法订立书面工程施工合同,应当约定工程款计量周期、工程款进度结算办法以及人工费用拨付周期,并按照保障农民工工资按时足额支付的要求约定人工费用。人工费用拨付周期不得超过1个月。建设单位与施工总承包单位应当将工程施工合同保存备查。

(5) 施工总承包单位与分包单位依法订立书面分包合同,应当约定工程款计量周期、工程款进度结算办法。

(6) 施工总承包单位应当按照有关规定开设农民工工资专用账户,专项用于支付该工程建设项目农民工工资。开设、使用农民工工资专用账户有关资料应当由施工总承包单位妥善保存备查。

(7) 金融机构应当优化农民工工资专用账户开设服务流程,做好农民工工资专用账户的日常管理工作;发现资金未按约定拨付等情况的,及时通知施工总承包单位,由施工总承包单位报告人力资源社会保障行政部门和相关行业工程建设主管部门,并纳入欠薪预警系统。工程完工且未拖欠农民工工资的,施工总承包单位公示30日后,可以申请注销农民工工资专用账户,账户内余额归施工总承包单位所有。

(8) 施工总承包单位或者分包单位应当依法与所招用的农民工订立劳动合同并进行用工实名登记,具备条件的行业应当通过相应的管理服务信息平台进行用工实名登记、管理。未与施工总承包单位或者分包单位订立劳动合同并进行用工实名登记的人员,不得进入项目现场施工。施工总承包单位应当在工程项目部配备劳资专管员,对分包单位劳动用工实施监督管理,掌握施工现场用工、考勤、工资支付等情况，审核分包单位编制的农民工工资支付表，分包单位应当予以配合。施工总承包单位、分包单位应当建立用工管理台账，并保存至工程完工且工资全部结清后至少3年。

（9）建设单位应当按照合同约定及时拨付工程款，并将人工费用及时足额拨付至农民工工资专用账户，加强对施工总承包单位按时足额支付农民工工资的监督。因建设单位未按照合同约定及时拨付工程款导致农民工工资拖欠的，建设单位应当以未结清的工程款为限先行垫付被拖欠的农民工工资。建设单位应当以项目为单位建立保障农民工工资支付协调机制和工资拖欠预防机制，督促施工总承包单位加强劳动用工管理，妥善处理与农民工工资支付相关的矛盾纠纷。发生农民工集体讨薪事件的，建设单位应当会同施工总承包单位及时处理，并向项目所在地人力资源社会保障行政部门和相关行业工程建设主管部门报告有关情况。

（10）分包单位对所招用农民工的实名制管理和工资支付负直接责任。施工总承包单位对分包单位劳动用工和工资发放等情况进行监督。分包单位拖欠农民工工资的，由施工总承包单位先行清偿，再依法进行追偿。工程建设项目转包，拖欠农民工工资的，由施工总承包单位先行清偿，再依法进行追偿。

（11）工程建设领域推行分包单位农民工工资委托施工总承包单位代发制度。分包单位应当按月考核农民工工作量并编制工资支付表，经农民工本人签字确认后，与当月工程进度等情况一并交施工总承包单位。施工总承包单位根据分包单位编制的工资支付表，通过农民工工资专用账户直接将工资支付到农民工本人的银行账户，并向分包单位提供代发工资凭证。用于支付农民工工资的银行账户所绑定的农民工本人社会保障卡或者银行卡，用人单位或者其他人员不得以任何理由扣押或者变相扣押。

（12）施工总承包单位应当按照有关规定存储工资保证金，专项用于支付为所承包工程提供劳动的农民工被拖欠的工资。工资保证金实行差异化存储办法，对一定时期内未发生工资拖欠的单位实行减免措施，对发生工资拖欠的单位适当提高存储比例。工资保证金可以用金融机构保函替代。工资保证金的存储比例、存储形式、减免措施等具体办法，由国务院人力资源社会保障行政部门会同有关部门制定。

（13）除法律另有规定外，农民工工资专用账户资金和工资保证金不得因支付为本项目提供劳动的农民工工资之外的原因被查封、冻结或者划拨。

（14）施工总承包单位应当在施工现场醒目位置设立维权信息告示牌，明示下列事项：

1）建设单位、施工总承包单位及所在项目部、分包单位、相关行业工程建设主管部门、劳资专管员等基本信息；

2）当地最低工资标准、工资支付日期等基本信息；

3）相关行业工程建设主管部门和劳动保障监察投诉举报电话、劳动争议调解仲裁申请渠道、法律援助申请渠道、公共法律服务热线等信息。

（15）建设单位与施工总承包单位或者承包单位与分包单位因工程数量、质量、造价等产生争议的，建设单位不得因争议不按照本条例第二十四条的规定拨付工程款中的人工费用，施工总承包单位也不得因争议不按照规定代发工资。

（16）建设单位或者施工总承包单位将建设工程发包或者分包给个人或者不具备合法经营资格的单位，导致拖欠农民工工资的，由建设单位或者施工总承包单位清偿。施工单位允许其他单位和个人以施工单位的名义对外承揽建设工程，导致拖欠农民工工资的，由施工单位清偿。

（17）工程建设项目违反国土空间规划、工程建设等法律法规，导致拖欠农民工工资的，由建设单位清偿。

★高频考点：《保障中小企业款项支付条例》主要内容

（1）机关、事业单位和大型企业不得要求中小企业接受不合理的付款期限、方式、条件和违约责任等交易条件，不得违约拖欠中小企业的货物、工程、服务款项。

（2）机关、事业单位从中小企业采购货物、工程、服务，应当自货物、工程、服务交付之日起 30 日内支付款项；合同另有约定的，付款期限最长不得超过 60 日。大型企业从中小企业采购货物、工程、服务，应当按照行业规范、交易习惯合理约定付款期限并及时支付款项。

（3）不得以法定代表人或者主要负责人变更，履行内部付款流程，或者在合同未作约定的情况下以等待竣工验收批复、决算审计等为由，拒绝或者迟延支付中小企业款项。

（4）机关、事业单位和大型企业迟延支付中小企业款项的，应当支付逾期利息。双方对逾期利息的利率有约定的，约定利率不得低于合同订立时1年期贷款市场报价利率；未作约定的，按照每日利率万分之五支付逾期利息。

（5）使用商业汇票等非现金支付方式支付中小企业款项的，应当在合同中作出明确、合理约定，不得强制中小企业接受商业汇票等非现金支付方式，不得利用商业汇票等非现金支付方式变相延长付款期限。

（6）不得强制要求以审计机关的审计结果作为结算依据，但合同另有约定或者法律、行政法规另有规定的除外。

（7）除依法设立的投标保证金、履约保证金、工程质量保证金、农民工工资保证金外，工程建设中不得收取其他保证金。保证金的收取比例应当符合国家有关规定。机关、事业单位和大型企业不得将保证金限定为现金。中小企业以金融机构保函提供保证的，机关、事业单位和大型企业应当接受。机关、事业单位和大型企业应当按照合同约定，在保证期限届满后及时与中小企业对收取的保证金进行核实和结算。

★高频考点：预付款的支付与抵扣

序号	项目	内容
1	预付款的支付	（1）预付款的支付按照专用合同条款约定执行，但至迟应在开工通知载明的开工日期7天前支付。预付款应当用于材料、工程设备、施工设备的采购及修建临时工程、组织施工队伍进场等。 （2）发包人逾期支付预付款超过7天的，承包人有权向发包人发出要求预付的催告通知，发包人收到通知后7天内仍未支付的，承包人有权暂停施工

序号	项目	内容
2	预付款担保	（1）发包人要求承包人提供预付款担保的，承包人应在发包人支付预付款7天前提供预付款担保，专用合同条款另有约定除外。 （2）预付款担保可采用银行保函、担保公司担保等形式，具体由合同当事人在专用合同条款中约定。 （3）在预付款完全扣回之前，承包人应保证预付款担保持续有效。发包人在工程款中逐期扣回预付款后，预付款担保额度应相应减少，但剩余的预付款担保金额不得低于未被扣回的预付款金额
3	预付款的抵扣	除专用合同条款另有约定外，预付款在进度付款中同比例扣回。在颁发工程接收证书前，提前解除合同的，尚未扣完的预付款应与合同价款一并结算

★高频考点：安全文明施工费

1. 安全文明施工费由发包人承担，发包人不得以任何形式扣减该部分费用。因基准日期后合同所适用的法律或政府有关规定发生变化，增加的安全文明施工费由发包人承担。

2. 承包人经发包人同意采取合同约定以外的安全措施所产生的费用，由发包人承担。未经发包人同意的，如果该措施避免了发包人的损失，则发包人在避免损失的额度内承担该措施费。如果该措施避免了承包人的损失，由承包人承担该措施费。

3. 除专用合同条款另有约定外，发包人应在开工后28天内预付安全文明施工费总额的50%，其余部分与进度款同期支付。发包人逾期支付安全文明施工费超过7天的，承包人有权向发包人发出要求预付的催告通知，发包人收到通知后7天内仍未支付的，承包人有权暂停施工。

4. 承包人对安全文明施工费应专款专用，承包人应在财务账目中单独列项备查，不得挪作他用，否则发包人有权责令其限期改正；逾期未改正的，可以责令其暂停施工，由此增加的费用和（或）延误的工期由承包人承担。

★高频考点：进度款的支付

序号	项目	内容	说明
1	进度付款申请单的提交	（1）单价合同进度付款申请单的提交	单价合同的进度付款申请单，按照〔单价合同的计量〕约定的时间按月向监理人提交，并附上已完成工程量报表和有关资料。单价合同中的总价项目按月进行支付分解，并汇总列入当期进度付款申请单
		（2）总价合同进度付款申请单的提交	①总价合同按月计量支付的，承包人按照"总价合同的计量"约定的时间按月向监理人提交进度付款申请单，并附上已完成工程量报表和有关资料。 ②总价合同按支付分解表支付的，承包人应按照"支付分解表"及"进度付款申请单的编制"的约定向监理人提交进度付款申请单
		（3）其他价格形式合同的进度付款申请单的提交	合同当事人可在专用合同条款中约定其他价格形式合同的进度付款申请单的编制和提交程序
2	进度款审核和支付	（1）一般规定	除专用合同条款另有约定外，监理人应在收到承包人进度付款申请单以及相关资料后7天内完成审查并报送发包人，发包人应在收到后7天内完成审批并签发进度款支付证书。发包人逾期未完成审批且未提出异议的，视为已签发进度款支付证书
		（2）异议处理	发包人和监理人对承包人的进度付款申请单有异议的，有权要求承包人修正和提供补充资料，承包人应提交修正后的进度付款申请单。监理人应在收到承包人修正后的进度付款申请单及相关资料后7天内完成审查并报送发包人，发包人应在收到监理人报送的进度付款申请单及相关资料后7天内，向承包人签发无异议部分的临时进度款支付证书。存在争议的部分，按照"争议解决"的约定处理

序号	项目	内容	说明
2	进度款审核和支付	（3）支付要求	除专用合同条款另有约定外，发包人应在进度款支付证书或临时进度款支付证书签发后14天内完成支付，发包人逾期支付进度款的，应按照中国人民银行发布的同期同类贷款基准利率支付违约金
		（4）责任	发包人签发进度款支付证书或临时进度款支付证书，不表明发包人已同意、批准或接受了承包人完成的相应部分的工作
3	进度付款的修正		在对已签发的进度款支付证书进行阶段汇总和复核中发现错误、遗漏或重复的，发包人和承包人均有权提出修正申请。经发包人和承包人同意的修正，应在下期进度付款中支付或扣除
4	支付分解表	（1）支付分解表的编制要求	①支付分解表中所列的每期付款金额，应为第"进度付款申请单的编制"第（1）目的估算金额； ②实际进度与施工进度计划不一致的，合同当事人可按照"商定或确定"修改支付分解表； ③不采用支付分解表的，承包人应向发包人和监理人提交按季度编制的支付估算分解表，用于支付参考
		（2）总价合同支付分解表的编制与审批	①除专用合同条款另有约定外，承包人应根据约定的施工进度计划、签约合同价和工程量等因素对总价合同按月进行分解，编制支付分解表。承包人应当在收到监理人和发包人批准的施工进度计划后7天内，将支付分解表及编制支付分解表的支持性资料报送监理人。 ②监理人应在收到支付分解表后7天内完成审核并报送发包人。发包人应在收到经监理人审核的支付分解表后7天内完成审批，经发包人批准的支付分解表为有约束力的支付分解表。 ③发包人逾期未完成支付分解表审批的，也未及时要求承包人进行修正和提供补充资料的，则承包人提交的支付分解表视为已经获得发包人批准
		（3）单价合同的总价项目支付分解表的编制与审批	除专用合同条款另有约定外，单价合同的总价项目，由承包人根据施工进度计划和总价项目的总价构成、费用性质、计划发生时间和相应工程量等因素按月进行分解，形成支付分解表，其编制与审批参照总价合同支付分解表的编制与审批执行

B20　国际工程投标报价的组成

★高频考点：国际工程投标总报价组成

国际工程投标总报价组成	人工费		
	材料费		
	施工机具使用费		
	待摊费	现场管理费	工作人员费
			办公费
			差旅交通费
			文体宣教费
			固定资产使用费
			国外生活设施使用费
			工具用具使用费
			劳动保护费
			检验试验费
			其他费用
		其他待摊费	临时设施工程费
			保险费
			税金
			保函手续费
			经营业务费
			工程辅助费
			贷款利息
			总部管理费
			利润
			风险费
	开办费		
	分包工程费	分包报价	
		总包管理费和利润	
	暂定金额（招标人备用金）		

注：现场管理费、临时工程设施费、保险费、税金等是在工程量清单中没有单独列项的费用项目，需将其作为待摊费用分摊到工程量清单的各个报价分项中去。

★高频考点:人工工日基价的计算

序号	项目	内容
1	出国工人工资单价的计算(工人日工资单价＝一名工人出国期间的费用÷(工作年数×年工作日))	(1)国内工资及派出工人企业收取的管理费。 (2)置装费,指出国人员服装及购置生活用品的费用。 (3)差旅费,包括从出发地到海关的往返旅费和从海关到工程所在地的国际往返差旅费。 (4)国外零用费。 (5)人身保险费和税金。 (6)伙食费。 (7)奖金,包括超产奖、提前工期奖、优质奖等。 (8)加班工资。 (9)劳保福利费,指职工在国外的保健津贴费。 (10)卧具费。 (11)探亲及出国前后调遣工资。探亲假一年享受一个月,调遣时间1～2个月,按出国时间摊销。 (12)预涨工资,工期较长的工程应考虑工资上涨因素
2	当地雇用工人工资单价的确定	(1)日基本工资。 (2)带薪法定假日工资、带薪休假日工资。 (3)夜间施工、冬雨季施工增加的工资。 (4)规定由承包商支付的福利费、所得税和保险费等。 (5)工人招募和解雇费用。 (6)工人上下班交通费

注:工日基价是指国内派出的工人和在工程所在国招募的工人,每个工作日的平均工资。在分别计算这两类工人的工资单价后,再考虑功效和其他一些有关因素以及人数,加权平均算出工日工资基价。我国出国工人工资单价一般按下式计算:工人日工资单价＝一名工人出国期间的费用÷(工作年数×年工作日)。

★高频考点:材料、半成品和设备预算价格的计算

序号	项目	内容
1	当地采购	预算价格＝市场价＋运输费＋采购保管损耗
2	国内供应	材料、设备价格＝到岸价＋海关税＋港口费＋运杂费＋保管费＋运输保管损耗＋其他费用
3	从第三国采购	类似于国内供应材料、设备价格的计算

注:从第三国采购的材料、设备价格,如果同一种材料、设备来自不同的供应来源,则应按各自所占比重计算加权平均价格,作为预算价格。

★高频考点：施工机具使用费的计算

序号	项目	内容
1	施工机械使用费	(1)基本折旧费(新购设备折旧年限按不超过五年计) 基本折旧费＝(机械预算价格－残值)×折旧比率。 (2)场外运输费的计算,可参照材料、设备运杂费的计算方法。 (3)安装拆卸费。 (4)燃料动力费:消耗定额乘以当地燃料、电力价格计算。 (5)机上人工费:每一台机械上应配备的工人数乘以工资单价来确定。 (6)维修保养费。 (7)保险费
2	仪器仪表使用费	仪器仪表使用费＝工程使用的仪器仪表摊销费＋维修费

注：施工机械使用费由基本折旧费、场外运输费、安装拆卸费、燃料动力费、机上人工费、维修保养费以及保险费等组成。

★高频考点：待摊费

序号	项目	内容
1	现场管理费	(1)工作人员费:包括行政管理人员的国内工资。 (2)办公费。 (3)差旅交通费。 (4)文体宣教费。 (5)固定资产使用费。 (6)国外生活设施使用费。 (7)工具用具使用费。 (8)劳动保护费。 (9)检验试验费。 (10)其他费用
2	其他待摊费用	(1)临时设施工程费。 (2)保险费。 (3)税金。 (4)保函手续费。 (5)经营业务费。 (6)工程辅助费。 (7)贷款利息。 (8)总部管理费。 (9)利润。 (10)风险费

★**高频考点：开办费范围**

(1) 现场勘察费；

(2) 现场清理费；

(3) 进场临时道路费；

(4) 业主代表和现场工程师设施费；

(5) 现场试验设施费；

(6) 施工用水电费；

(7) 脚手架及小型工具费；

(8) 承包商临时设施费；

(9) 现场保卫设施和安装费用；

(10) 职工交通费；

(11) 其他杂项。

注：如果招标文件没有规定单列，则所有开办费都应与其他待摊费用一起摊入到工程量表的各计价分项价格中。

C级知识点

(熟悉考点)

C1　资金等值计算及应用

★高频考点：现金流量图的绘制

序号	项目	内容	说明
1	现金流量的概念	在考察技术方案整个期间各时点 t 上实际发生的资金流出或资金流入称为现金流量	(1)流出系统的资金称为现金流出，用符号 CO_t 表示。 (2)流入系统的资金称为现金流入，用符号 CI_t 表示。 (3)现金流入与现金流出之差称为净现金流量，用符号 $(CI-CO)_t$ 表示
2	现金流量图	现金流量图是一种反映技术方案资金运动状态的图示，即把技术方案的现金流绘入一时间坐标图中，表示出各现金流入、流出与相应时间的对应关系	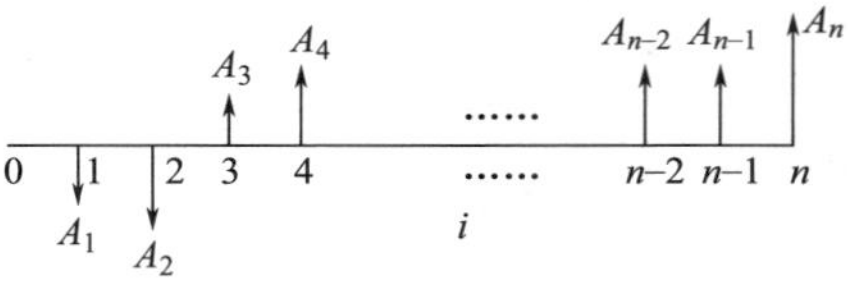
3	现金流量图绘制	(1)以横轴为时间轴，向右延伸表示时间的延续，轴上每一刻度表示一个时间单位，可取年、半年、季或月等；时间轴上的点称为时点，通常表示的是该时间单位末的时点；0 表示时间序列的起点	相对于时间坐标的垂直箭线代表不同时点的现金流量情况，现金流量的性质（流入或流出）是对特定的人而言的。对投资人而言，在横轴上方的箭线表示现金流入（或现金净流入），即表示收益；在横轴下方的箭线表示现金流出（或现金净流出），即表示费用

序号	项目	内容	说明
3	现金流量图绘制	（2）在现金流量图绘制中，箭线长短只要能适当体现各时点现金流量数值的差异，并在各箭线上方（或下方）注明其现金流量的数值即可	箭线与时间轴的交点即为现金流量发生的时点

注：正确绘制现金流量图，必须把握好现金流量的三要素，即：现金流量的大小（现金流量数额）、方向（现金流入或现金流出）和作用点（现金流量发生的时点）。

★高频考点：终值和现值计算

序号	项目	内容	说明
1	一次支付现金流量的终值和现值计算	一次支付现金流量	一次支付又称整存整付，是一次支付情形的复利计算式是复利计算的基本公式。 图中 i——计息期复利率； n——计息的期数； P——现值（即现在的资金价值或本金），资金发生在（或折算为）某一特定时间序列起点时的价值； F——终值（即 n 期末的资金价值或本利和），资金发生在（或折算为）某一特定时间序列终点的价值

序号	项目	内容	说明
1	一次支付现金流量的终值和现值计算	终值计算（已知 P 求 F）	资金 P，计息期利率 i，按复利计算，n 年以后的本利和即终值。 一次支付 n 年末终值（即本利和）F 的计算公式为： $F=P(1+i)^n$ 式中 $(1+i)^n$ 称之为一次支付终值系数，用 $(F/P,i,n)$ 表示，故上式又可写成： $F=P(F/P,i,n)$ 在 $(F/P,i,n)$ 这类符号中，括号内斜线上的符号表示所求的未知数，斜线下的符号表示已知数。$(F/P,i,n)$ 表示在已知 P、i 和 n 的情况下求解 F 的值
		现值计算（已知 F 求 P）	现值 P 的计算式为：$P=\dfrac{F}{(1+i)^n}=F(1+i)^{-n}$ 式中 $(1+i)^{-n}$ 称为一次支付现值系数，用符号 $(P/F,i,n)$ 表示。 也可写成：$P=F(P/F,i,n)$ 计算现值 P 的过程叫"折现"或"贴现"，所使用的利率常称为折现率或贴现率。$(1+i)^{-n}$ 或 $(P/F,i,n)$ 也可称为折现系数或贴现系数
2	等额支付系列现金流量的终值、现值计算	等额支付系列现金流量	等额支付系列现金流量是指各年的现金流量序列是连续的，且数额相等
		终值计算（已知 A，求 F）	等额支付系列现金流量的终值为： $F=\sum\limits_{t=1}^{n}A_t\left[(1+i)^{n-t}=A(1+i)^{n-1}+(1+i)^{n-2}+\cdots\cdots+(1+i)+1\right]$ 即 $F=A\dfrac{(1+i)^n-1}{i}$ 式中 $\dfrac{(1+i)^n-1}{i}$ 称为等额支付系列终值系数或年金终值系数，用符号 $(F/A,i,n)$ 表示

序号	项目	内容	说明
2	等额支付系列现金流量的终值、现值计算	现值计算（已知 A，求 P）	等额支付系列现金流量的现值为：$$P=F(1+i)^{-n}=A\frac{(1+i)^n-1}{i(1+i)^n}$$ 式中 $\frac{(1+i)^n-1}{i(1+i)^n}$ 称为等额支付系列现值系数或年金现值系数，用符号 $(P/A,i,n)$ 表示。则上式可写成：$$P=A(P/A,i,n)$$

注：工程经济分析时应当注意：一是正确选取折现率；二是要注意现金流量的分布情况。应合理分配各年投资额，在不影响技术方案正常实施的前提下，尽量减少建设初期投资额，加大建设后期投资比重。

★**高频考点**：等值计算公式使用注意事项

（1）计息期数为时点或时标，本期末即等于下期初。0点就是第一期初，也叫零期；第一期末即等于第二期初；余类推。

（2）P 是在第一计息期开始时（0 期）发生。

（3）F 发生在考察期期末，即 n 期末。

（4）各期的等额支付 A，发生在各期期末。

（5）当问题包括 P 与 A 时，系列的第一个 A 与 P 隔一期。即 P 发生在系列 A 的前一期期末。

（6）当问题包括 A 与 F 时，系列的最后一个 A 是与 F 同时发生。不能把 A 定在每期期初。

注：利用等值的概念，可以把在不同时点发生的资金换算成同一时点的等值资金，技术方案比较都是采用等值的概念来进行分析、评价和选定。

C2 经济效果评价指标体系

★高频考点：经济效果评价指标体系

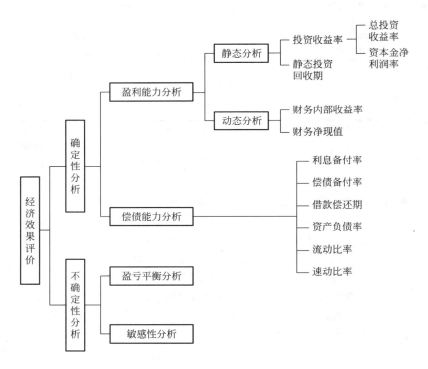

注：(1) 静态分析指标的最大特点是不考虑时间因素，计算简便。所以在对技术方案进行粗略评价，或对短期投资方案进行评价，或对逐年收益大致相等的技术方案进行评价时，静态分析指标还是可采用的。(2) 动态分析指标强调利用复利方法计算资金时间价值，它将不同时间内资金的流入和流出，换算成同一时点的价值，从而为不同技术方案的经济比较提供了可比基础，并能反映技术方案在未来时期的发展变化情况。(3) 在进行技术方案经济效果评价时，应根据评价深度要求、可获得资料的多少以及评价方案本身所处的条件，选用多个不同的评价指标，这些指标有主有次，从不同侧面反映评价方案的经济效果。

C3　财务内部收益率分析

★高频考点：财务内部收益率分析

序号	项目	内容	说明
1	概念	实质就是使技术方案在计算期内各年净现金流量的现值累计等于零时的折现率	计算公式为： $FNPV(FIRR) = \sum_{t=0}^{n}(CI-CO)_t(1+FIRR)^{-t} = 0$ 式中　$FIRR$——财务内部收益率
2	判断	财务内部收益率计算出来后，与基准收益率进行比较	（1）若 $FIRR \geq i_c$，则技术方案在经济上可以接受。 （2）若 $FIRR < i_c$，则技术方案在经济上应予拒绝

注：财务内部收益率（$FIRR$）指标考虑了资金的时间价值以及技术方案在整个计算期内的经济状况，不仅能反映投资过程的收益程度，而且 $FIRR$ 的大小不受外部参数影响，完全取决于技术方案投资过程净现金流量系列的情况。这种技术方案内部决定性，使它在应用中具有一个显著的优点，即避免了像财务净现值之类的指标那样须事先确定基准收益率这个难题，而只需要知道基准收益率的大致范围即可。但不足的是财务内部收益率计算比较麻烦；对于具有非常规现金流量的技术方案来讲，其财务内部收益率在某些情况下甚至不存在或存在多个解，而对多个解的分析、检验和判断是比较复杂的；不能直接用于互斥方案之间的比选。因此，财务内部收益率特别适用于独立的、具有常规现金流量的技术方案的经济评价和可行性判断。

★高频考点：$FIRR$ 与 $FNPV$ 比较

1. 对独立常规技术方案的评价，从图 1Z101026 可知，当 $FIRR > i_{c1}$ 时，根据 $FIRR$ 评价的判断准则，技术方案可以接受；而 i_{c1} 对应的 $FNPV_1 > 0$，根据 $FNPV$ 评价的判断准则，技术方案也可接受。当 $FIRR < i_{c2}$ 时，根据 $FIRR$ 评价的判断准则，技术方案不能接受；i_{c2} 对应的 $FNPV_2 < 0$，根据 $FNPV$ 评价的判断准则技术方案也不能接受。由此可见，对独立常规技术方案应用 $FIRR$ 评价与应用 $FNPV$ 评价均可，其结论是一致的。

2. $FNPV$ 指标计算简便，显示出了技术方案现金流量的时间分配,但得不出投资过程收益程度大小,且受外部参数(i_c)的影响;$FIRR$ 指标计算较为麻烦,但能反映投资过程的收益程度,而 $FIRR$ 的大小不受外部参数影响,完全取决于投资过程现金流量。

C4 基准收益率的确定

★高频考点:基准收益率

序号	项目	内容	说明
1	概念	是企业或行业投资者以动态的观点所确定的、可接受的技术方案最低标准的收益水平	在本质上体现了投资决策者对技术方案资金时间价值的判断和对技术方案风险程度的估计,是投资资金应当获得的最低盈利率水平,它是评价和判断技术方案在财务上是否可行和技术方案比选的主要依据
2	基准收益率的测定	(1)在政府投资项目以及按政府要求进行财务评价的建设项目中采用的行业财务基准收益率,应根据政府的政策导向进行确定。 (2)在企业各类技术方案的经济效果评价中参考选用的行业财务基准收益率,应在分析一定时期内国家和行业发展战略、发展规划、产业政策、资源供给、市场需求、资金时间价值、技术方案目标等情况的基础上,结合行业特点、行业资本构成情况等因素综合测定。 (3)在中国境外投资的技术方案财务基准收益率的测定,应首先考虑国家风险因素	投资者自行测定技术方案的最低可接受财务收益率,除了应考虑左侧第(2)条中所涉及的因素外,还应根据自身的发展战略和经营策略、技术方案的特点与风险、资金成本、机会成本等因素综合测定

序号	项目	内容	说明
3	基准收益率的表达式	不低于单位资金成本和单位投资的机会成本,这样才能使资金得到最有效的利用	计算公式为: $i_c \geq i_1 = \max\{$单位资金成本,单位投资机会成本$\}$
4	投资者自行测定的基准收益率	(1)若技术方案现金流量是按当年价格预测估算的,则应以年通货膨胀率 i_3 修正 i_c 值	计算公式为: $i_c = (1+i_1)(1+i_2)(1+i_3)-1 \approx i_1+i_2+i_3$
		(2)若技术方案的现金流量是按基年不变价格预测估算的,预测结果已排除通货膨胀因素的影响,就不再重复考虑通货膨胀的影响去修正 i_c 值	计算公式为: $i_c = (1+i_1)(1+i_2)-1 \approx i_1+i_2$

注:确定基准收益率的基础是资金成本和机会成本,而投资风险和通货膨胀则是必须考虑的影响因素。

★高频考点:投资者自行测定的基准收益率的考虑因素

1. 资金成本是为取得资金使用权所支付的费用,主要包括筹资费和资金的使用费。技术方案实施后所获利润额必须能够补偿资金成本,然后才能有利可图,因此基准收益率最低限度不应小于资金成本。

2. 投资的机会成本是指投资者将有限的资金用于拟实施技术方案而放弃的其他投资机会所能获得的最大收益。换言之,由于资金有限,当把资金投入拟实施技术方案时,将失去从其他最大的投资机会中获得收益的机会。机会成本的表现形式也是多种多样的。货币形式表现的机会成本,如销售收入、利润等;由于利率大小决定货币的价格,采用不同的利率(贴现率)也表示货币的机会成本。我们应当看到机会成本是在技术方案外部形成的,它不可能反映在该技术方案财务上,必须通过工程经济分析人员的分析比较,才能确定技术方案的机会成本。机会成本虽不是实际支出,但在工程经济分析时,应作为一个因素加以认真考虑,有助于选择最优方案。

显然,基准收益率应不低于单位资金成本和单位投资的机会成本,这样才能使资金得到最有效的利用。如技术方案完全由企业自有资金投资时,可参考的行业平均收益水平,可以理解为一种资金的机会成本;假如技术方案投资资金来源于自有资金和贷款时,最低收益率不应低于行业平均收益水平(或新筹集权益投资的资金成本)与贷款利率的加权平均值。如果有好几种贷款时,贷款利率应为加权平均贷款利率。

3. 投资风险。在整个技术方案计算期内,存在着发生不利于技术方案的环境变化的可能性,这种变化难以预料,即投资者要冒着一定的风险作决策。为此,投资者自然就要求获得较高的利润,否则他是不愿去冒风险的。所以在确定基准收益率时,仅考虑资金成本、机会成本因素是不够的,还应考虑风险因素,通常以一个适当的风险贴补率 i_2 来提高 i_c 值。就是说,以一个较高的收益水平补偿投资者所承担的风险,风险越大,贴补率越高。为了限制对风险大、盈利低的技术方案进行投资,可以采取提高基准收益率的办法来进行技术方案经济效果评价。

一般说来,从客观上看,资金密集型的技术方案,其风险高于劳动密集型的;资产专用性强的风险高于资产通用性强的;以降低生产成本为目的的风险低于以扩大产量、扩大市场份额为目的的。从主观上看,资金雄厚的投资主体的风险低于资金拮据者。

4. 通货膨胀。所谓通货膨胀是指由于货币(这里指纸币)的发行量超过商品流通所需要的货币量而引起的货币贬值和物价上涨的现象。在通货膨胀影响下,各种材料、设备、房屋、土地的价格以及人工费都会上升。为反映和评价出拟实施技术方案在未来的真实经济效果,在确定基准收益率时,应考虑这种影响,结合投入产出价格的选用决定对通货膨胀因素的处理。

通货膨胀以通货膨胀率来表示,通货膨胀率主要表现为物价指数的变化,即通货膨胀率约等于物价指数变化率。由于通货膨胀年年存在,因此,通货膨胀的影响具有复利性质。一般每年的通货膨胀率是不同的,但为了便于研究,常取一段时间的平均通货膨胀率,即在所研究的时期内,通货膨胀率可以视为固定的。

C5　技术方案现金流量表

★高频考点：现金流量表

序号	项目	内容
1	投资现金流量表	（1）投资现金流量表是以技术方案为一独立系统进行设置的。它以技术方案建设所需的总投资作为计算基础，反映技术方案在整个计算期（包括建设期和生产运营期）内现金的流入、流出和净现金流量，是计算评价指标的基础。 （2）通过投资现金流量表中净现金流量，可计算技术方案的财务内部收益率、财务净现值和静态投资回收期等经济效果评价指标，并可考察技术方案融资前的盈利能力，为各个方案进行比较建立共同的基础。根据需要，可从所得税前和（或）所得税后两个角度进行考察，选择计算所得税前和（或）所得税后指标
2	资本金现金流量表	（1）是在拟定融资方案后，从技术方案权益投资者整体（即项目法人）角度出发，以技术方案资本金作为计算的基础，把借款本金偿还和利息支付作为现金流出，用以计算资本金财务内部收益率，反映在一定融资方案下投资者权益投资的获利能力，用以比选融资方案，为投资者投资决策、融资决策提供依据。 （2）技术方案资本金现金流量分析是融资后分析，技术方案资本金财务基准收益率应体现技术方案发起人（代表技术方案所有权益投资者）对投资获利的最低期望值（即最低可接受收益率）。当技术方案资本金财务内部收益率大于或等于该最低可接受收益率时，说明在该融资方案下，技术方案资本金获利水平超过或达到了要求，该融资方案是可以接受的
3	投资各方现金流量表	（1）从技术方案各个投资者的角度出发，以投资者的出资额作为计算的基础，用以计算技术方案投资各方财务内部收益率。 （2）一般情况下，技术方案投资各方按股本比例分配利润和分担亏损及风险，因此投资各方的利益一般是均等的，没有必要计算投资各方的财务内部收益率。只有技术方案投资者中各方有股权之外的不对等的利益分配时（契约式的合作企业常常会有这种情况），投资各方的收益率才会有差异，此时常常需要计算投资各方的财务内部收益率，以看出各方收益是否均衡，或者其非均衡性是否在一个合理的水平，有助于促成技术方案投资各方在合作谈判中达成平等互利的协议

序号	项目	内容
4	财务计划现金流量表	(1)反映技术方案计算期各年的投资、融资及经营活动所产生的现金流入和流出,用于计算净现金流量和累计盈余资金,考察资金平衡和余缺情况,分析技术方案的财务生存能力,即分析技术方案是否能为企业创造足够的净现金流量维持正常运营,进而考察实现财务可持续性的能力。 (2)拥有足够的经营净现金流量是技术方案财务上可持续的基本条件,特别是在技术方案运营初期

注:技术方案现金流量表由现金流入、现金流出和净现金流量构成,其具体内容随技术方案经济效果评价的角度、范围和方法不同而不同,其中主要有投资现金流量表、资本金现金流量表、投资各方现金流量表和财务计划现金流量表。

C6 技术方案现金流量表的构成要素

★高频考点：营业收入

序号	项目	内容	说明
1	营业收入概念	是指技术方案实施后各年销售产品或提供服务所获得的收入。即:营业收入=产品销售量(或服务量)×产品单价(或服务单价)	主副产品(或不同等级产品)的销售收入应全部计入营业收入;所提供的不同类型服务收入也应同时计入营业收入
2	营业收入构成	(1)产品年销售量(或服务量)的确定	假定年生产量即为年销售量,不考虑库存,即当期的产出(扣除自用量后)当期全部销售,也就是当期产品产量等于当期销售量。但须注意年销售量应按投产期与达产期分别测算
		(2)产品(或服务)价格的选择	以市场价格体系为基础的预测价格,有要求时可考虑价格变动因素

序号	项目	内容	说明
3	生产多种产品和提供多项服务的营业收入计算	应分别计算各种产品及服务的营业收入	不便于按详细的品种分类计算营业收入的,可采取折算为标准产品(或服务)的方法计算营业收入

注:某些经营性的公益事业、基础设施技术方案会有补贴收入。补贴收入同营业收入一样,应列入技术方案投资现金流量表、资本金现金流量表和财务计划现金流量表。补贴收入分别计入或不计入应税收入。

★高频考点:投资

序号	项目	内容	说明
1	建设投资	是指技术方案按拟定建设规模(分期实施的技术方案为分期建设规模)、产品方案、建设内容进行建设所需的投入	分别形成固定资产、无形资产和其他资产
2	建设期利息	指筹措债务资金时在建设期内发生并按规定允许在投产后计入固定资产原值的利息,即资本化利息	(1)包括银行借款和其他债务资金的利息,以及其他融资费用。(2)其他融资费用是指某些债务融资中发生的手续费、承诺费、管理费、信贷保险费等融资费用,一般情况下应将其单独计算并计入建设期利息
3	流动资金	指技术方案运营期内长期占用并周转使用的营运资金,不包括运营中需要的临时性营运资金	(1)流动资金的估算基础是营业收入、经营成本和商业信用等,流动资金估算应在营业收入和经营成本估算之后进行;它是流动资产与流动负债的差额。(2)流动资产的构成要素一般包括存货、库存现金、应收账款和预付账款。(3)流动负债的构成要素一般只考虑应付账款和预收账款

序号	项目	内容	说明
4	技术方案资本金	指在技术方案总投资中,由投资者认缴的出资额,对技术方案来说是非债务性资金,技术方案权益投资者整体(即项目法人)不承担这部分资金的任何利息和债务;投资者可按其出资的比例依法享有所有者权益,也可转让其出资,但一般不得以任何方式抽回。技术方案资本金主要强调的是作为技术方案实体而不是企业所注册的资金。计算技术方案资本金基数的总投资,是指技术方案的建设投资与铺底流动资金之和,具体核定时以经批准的动态概算为依据。技术方案资本金占总投资的比例,根据不同行业和技术方案的经济效益以及金融机构贷款意愿、评估意见等因素确定	(1)技术方案的资本金是由技术方案的发起人、股权投资人以获得技术方案财产权和控制权的方式投入的资金。 (2)资本金出资形态可以是现金,也可以是实物、工业产权、非专利技术、土地使用权、资源开采权作价出资,但必须经过有资格的资产评估机构评估作价。 (3)企业未分配利润以及从税后利润提取的公积金可投资于技术方案,成为技术方案的资本金。 (4)以工业产权和非专利技术作价出资的比例一般不超过技术方案资本金总额的20%,国家对采用高新技术成果有特别规定的除外。 (5)对基础设施领域和其他国家鼓励发展行业的技术方案,可通过发行权益型、股权类金融工具筹措资本金,但不得超过技术方案资本金总额的50%;地方政府可统筹使用财政资金筹集技术方案资本金。 (6)技术方案借贷资金和不合规的股东借款、"名股实债"等不得作为技术方案资本金,筹措资本金不得违规增加地方政府隐性债务,不得违反国有企业资产负债率相关要求,不得拖欠工程款

序号	项目	内容	说明
5	技术方案资本金现金流量表中投资借款的处理	技术方案投资借款是现金流入,同时借款用于技术方案投资则构成同一时点、相同数额的现金流出,二者相抵,对净现金流量的计算无影响	在技术方案资本金现金流量表中投资只计技术方案资本金,应将借款本金的偿还及利息支付计入现金流出
6	维持运营投资	维持运营投资是否能予以资本化,取决于其是否能为企业带来经济利益且该固定资产的成本是否能够可靠地计量	(1)如果投资投入延长了固定资产的使用寿命、产品质量实质性提高、成本实质性降低等,投资应予资本化,即应计入固定资产原值,并计提折旧。 (2)否则投资只能费用化,不形成新的固定资产原值

注：投资是投资主体为了特定的目的，以达到预期收益的价值垫付行为。技术方案经济效果评价中的总投资是建设投资、建设期利息和流动资金之和。

★高频考点：总成本构成

总成本费用是指在一定时期（技术方案评价中一般指一年）为生产和销售产品或提供服务所发生的全部费用。

总成本费用＝外购原材料、燃料及动力费＋工资及福利费＋修理费＋折旧费＋摊销费＋财务费用（利息支出）＋其他费用

★高频考点：经营成本

经营成本＝总成本费用－折旧费－摊销费－利息支出

或

经营成本＝外购原材料、燃料及动力费＋工资及福利费＋修理费＋其他费用

注：经营成本与融资方案无关，在完成建设投资和营业收入估算后，就可以估算经营成本，为技术方案融资前分析提供数据。

★高频考点：税金构成

序号	项目	内容	说明
1	增值税	增值税是对商品、流通、劳务服务中多个环节的新增价值或商品的附加值征收的一种流转税。实行价外税，也就是由消费者负担，有增值才征税，没增值不征税。增值税已经成为我国最主要的税种之一	(1)工程项目投资构成中的建筑安装工程费、设备购置费、工程建设其他费用中所含增值税项税税额，应根据国家增值税相关规定实施抵扣。 (2)技术方案建设投资估算应按含增值税进项税额的价格进行。同时要将可抵扣固定资产进项税额单独列示，以便财务分析中正确计算固定资产原值和应纳增值税
2	消费税	是针对特定消费品征收的税金。在经济效果评价中，对适用消费税的产品，消费税实行从价定率、从量定额，或者从价定率和从量定额复合计税的办法计算应纳税额	(1)实行从价定率办法:应纳消费税额＝销售额×比例税率。 (2)实行从量定额办法:应纳消费税额＝销售数量×定额税率。 (3)实行复合计税办法:应纳消费税额＝销售额×比例税率＋销售数量×定额税率。 (4)纳税人销售的应税消费品，以人民币计算销售额；纳税人以人民币以外的货币结算销售额的，应当折合成人民币计算。销售额为纳税人销售应税消费品向购买方收取的全部价款和价外费用
3	资源税	资源税是国家对开发应税资源的单位和个人在应税资源产品（以下称应税产品）的销售或自用环节征收的税种	(1)采用从价计征的方法 ①应纳资源税额＝应税产品的销售额×适用税率。 ②资源税应税产品（以下简称应税产品）的销售额，按照纳税人销售应税产品向购买方收取的全部价款确定，不包括增值税税款。 (2)采用从量计征的方法 ①应纳资源税额＝应税产品的销售数量×适用单位税额。

序号	项目	内容	说明
3	资源税	资源税是国家对开发应税资源的单位和个人在应税资源产品（以下称应税产品）的销售或自用环节征收的税种	②纳税人开采或者生产不同税目应税产品的，应当分别核算不同税目应税产品的销售额或者销售数量。纳税人开采或者生产应税产品自用的，应当依照规定缴纳资源税；但是，自用于连续生产应税产品的，不缴纳资源税。 （3）水资源税 ①依照《中华人民共和国资源税法》的原则，国务院根据国民经济和社会发展需要，对取用地表水或者地下水的单位和个人试点征收水资源税。计算公式为：应纳水资源税额＝实际取用水量×适用税额。 ②适用税额，是指取水口所在地的适用税额。 ③征收水资源税的，停止征收水资源费
4	城镇土地使用税	城镇土地使用税是为了合理利用城镇土地，调节土地级差收入，提高土地使用效益，加强土地管理，对在城市、县城、建制镇、工矿区范围内使用土地的单位和个人为城镇土地使用税（以下简称土地使用税）的纳税人征收的税种	（1）土地使用税以纳税人实际占用的土地面积为计税依据，依照规定的土地使用税每平方米年税额计算征收。 （2）土地使用税按年计算、分期缴纳。缴纳期限由省、自治区、直辖市人民政府确定
5	附加税	附加税是随某种税收按一定比例加征的税。技术方案经济效果评价涉及的附加税主要是城市维护建设税和教育费附加、地方教育附加	（1）城市维护建设税 ①城市维护建设税是一种为了加强城市的维护建设，扩大和稳定城市维护建设资金来源的附加税。城市维护建设税以纳税人依法实际缴纳的增值税、消费税税额为计税依据。计算公式如下： 应纳城市维护建设税额＝实际缴纳的增值税、消费税税额×适用税率。

序号	项目	内容	说明
5	附加税	附加税是随某种税收按一定比例加征的税。技术方案经济效果评价涉及的附加税主要是城市维护建设税和教育费附加、地方教育附加	②城市维护建设税的适用税率根据纳税人所在地不同有三个等级,即:市区为7%,县城和镇为5%,市区、县城和镇以外为1%。 ③城市维护建设税的纳税义务发生时间与增值税、消费税的纳税义务发生时间一致,分别与增值税、消费税同时缴纳。 ④对进口货物或者境外单位和个人向境内销售劳务、服务、无形资产缴纳的增值税、消费税税额,不征收城市维护建设税。 (2)教育费附加和地方教育费附加 ①教育费附加是国家为发展地方教育事业,扩大地方教育经费来源,计征用于教育的专项资金。地方教育附加是各省、自治区、直辖市根据国家有关规定,为进一步规范和拓宽财政性教育经费筹资渠道,增加地方教育的资金投入,开征的一项地方政府性基金,主要用于各地方的教育经费的投入补充。 ②教育费附加和地方教育费附加都是以各单位和个人实际缴纳的增值税、消费税的税额为计征依据,教育费附加率为3%,地方教育附加率为2%,与增值税和消费税同时缴纳。 ③在经济效果分析时,消费税、资源税和城市维护建设税、教育费附加、地方教育附加、土地使用税均可包含在税金及附加中
6	土地增值税	土地增值税是对有偿转让房地产取得的增值额征收的税种。房地产开发项目应按规定计算土地增值税	(1)土地增值税按四级超率累进税率计算,公式如下: 土地增值税税额=增值额×适用税率。 (2)适用税率根据增值额是否超过扣除项目金额的比率多少确定

序号	项目	内容	说明
7	耕地占用税	耕地占用税是为了合理利用土地资源,加强土地管理,保护耕地,对在我国境内占用用于种植农作物的土地建设建筑物、构筑物或者从事非农业建设的单位和个人征收的税金。耕地占用税的纳税人,应当依照规定缴纳耕地占用税	(1)耕地占用税以纳税人实际占用的属于耕地占用税征税范围的土地(简称"应税土地")面积为计税依据,按应税土地当地的适用税额一次性征收。计算公式为: 应纳耕地占用税额=应税土地面积×适用税额 (2)应税土地面积包括经批准占用面积和未经批准占用面积,以平方米为单位。未经批准占用耕地的,纳税人为实际用地人。 (3)适用税额是指省、自治区、直辖市人民代表大会常务委员会决定的应税土地所在地县级行政区的现行适用税额。 (4)对占用耕地建设农田水利设施的,不缴纳耕地占用税。军事设施、社会福利机构、医疗机构等免税项目和公路线路减税项目,应按照《关于耕地占用税征收管理有关事项的公告》免征、减征耕地占用税规定的项目口径执行
8	环境保护税	环境保护税是为了保护和改善环境,减少污染物排放,推进生态文明建设,对在我国领域和我国管辖的其他海域,直接向环境排放应税污染物的企业事业单位和其他生产经营者征收的税金	(1)应税大气污染物:应纳环境保护税额=大气污染当量数×适用税额(式中大气污染当量数按照应税大气污染物排放量折合的污染当量数确定)。 (2)应税水污染物:应纳环境保护税额=水污染当量数×适用税额(式中水污染当量数按照应税水污染物排放量折合的污染当量数确定)。 (3)应税固体废物:应纳环境保护税额=固体废物排放量×适用税额(式中固体废物排放量按照应税固体废物的排放量确定)。 (4)应税噪声:应纳环境保护税额=分贝数×适用税额(式中分贝数按照应税噪声超过国家规定标准的分贝数确定)

序号	项目	内容	说明
9	关税	是以进出口的应税货物为纳税对象的税种,进口货物关税以从价计征、从量计征或者国家规定的其他方式征收	(1)从价计征时,应纳关税额＝完税价格×关税税率。 ①进口货物的完税价格,由海关以该货物的成交价格为基础审查确定,并应当包括货物运抵中华人民共和国境内输入地点起卸前的运输及其相关费用、保险费; ②出口货物的完税价格由海关以该货物的成交价格为基础审查确定,并应当包括货物运至中华人民共和国境内输出地点装载前的运输及其相关费用、保险费。 (2)从量计征时,应纳关税额＝货物数量×单位税额
10	所得税	是指企业所得税,即针对企业应纳税所得额征收的税种	应纳所得税额＝应纳税所得额×适用税率－减免税额－抵免税额

C7　设备磨损与补偿

★高频考点：设备磨损的类型

序号	项目	内容	说明
1	有形磨损（又称物质磨损）	(1)第一种有形磨损:设备在使用过程中,在外力的作用下实体产生的磨损、变形和损坏	两种有形磨损都造成设备的性能、精度等的降低,使得设备的运行费用和维修费用增加,效率低下,反映了设备使用价值的降低
		(2)第二种有形磨损:设备在闲置过程中受自然力的作用而产生的实体磨损	

序号	项目	内容	说明
2	无形磨损（又称精神磨损、经济磨损）	（1）第一种无形磨损：设备的技术结构和性能并没有变化，但由于技术进步，设备制造工艺不断改进，社会劳动生产率水平的提高，同类设备的再生产价值降低，因而设备的市场价格也降低了，致使原设备相对贬值	引起设备贬值，但不需更换设备
		（2）第二种无形磨损：由于科学技术的进步，不断创新出结构更先进、性能更完善、效率更高、耗费原材料和能源更少的新型设备，使原有设备相对陈旧落后，其经济效益相对降低而发生贬值	引起设备贬值，但需要考虑是否用新设备代替现有陈旧落后设备的问题
3	设备的综合磨损	指同时存在有形磨损和无形磨损的损坏和贬值的综合情况	对任何特定的设备来说，这两种磨损必然同时发生和同时互相影响

注：设备购置后，无论是使用还是闲置，都会发生磨损。设备磨损分为两大类，四种形式。

★高频考点：设备磨损的补偿方式

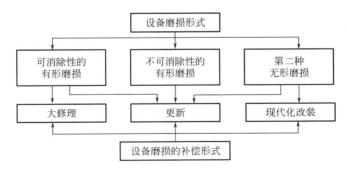

注：补偿分局部补偿和完全补偿。设备有形磨损的局部补偿是修理，设备无形磨损的局部补偿是现代化改装。设备有形磨损和无形磨损的完全补偿是更

新。设备大修理是更换部分已磨损的零部件和调整设备,以恢复设备的生产功能和效率为主;设备现代化改造是对设备的结构作局部的改进和技术上的革新,如增添新的、必需的零部件,以增加设备的生产功能和效率为主;更新是对整个设备进行更换。

C8 设备更新方案的比选原则

★高频考点:设备更新方案

序号	项目	内容	说明
1	设备更新策略	优先考虑设备更新的原则	(1)设备损耗严重,大修后性能、精度仍不能满足规定工艺要求的。 (2)设备耗损虽在允许范围之内,但技术已经陈旧落后,能耗高、使用操作条件不好、对环境污染严重,技术经济效果很不好的。 (3)设备役龄长,大修虽然能恢复精度,但经济效果上不如更新的
2	设备更新方案的比选原则	(1)站在客观的立场分析问题	—
		(2)不考虑沉没成本	沉没成本是既有企业过去投资决策发生的、非现在决策能改变(或不受现在决策影响)、已经计入过去投资费用回收计划的费用。沉没成本=设备账面价值－当前市场价值或沉没成本=(设备原值－历年折旧费)－当前市场价值
		(3)逐年滚动比较	首先计算比较现有设备的剩余经济寿命和新设备的经济寿命,然后利用逐年滚动计算方法进行比较

注:设备更新是对旧设备的整体更换,可分为原型设备更新和新型设备更新。原型设备更新主要是解决设备的损坏问题,不具有更新技术的性质。新型设备更新是以结构更先进、技术更完善、效率更高、性能更好、能源和原材料消耗更少的新型设备来替换那些技术上陈旧、在经济上不宜继续使用的旧设备。通常所说的设备更新主要是指后一种。

C9　设备更新时机的确定方法

★高频考点：设备寿命

序号	项目	内容	说明
1	设备的自然寿命	指设备从投入使用开始，直到因物质磨损严重而不能继续使用、报废为止所经历的全部时间	又称物质寿命，主要是由设备的有形磨损所决定的，设备的自然寿命不能成为设备更新的估算依据
2	设备的技术寿命	指设备从投入使用到因技术落后而被淘汰所延续的时间，也即是指设备在市场上维持其价值的时间	又称有效寿命，是由设备的无形磨损所决定的，它一般比自然寿命要短，在估算设备寿命时，必须考虑设备技术寿命期限的变化特点及其使用的制约或影响
3	设备的经济寿命	是指设备从投入使用开始，到继续使用在经济上不合理而被更新所经历的时间	是由设备维护费用的提高和使用价值的降低决定的

注：影响设备寿命期限的因素较多，其中主要有：(1) 设备的技术构成，包括设备的结构及工艺性，技术进步；(2) 设备成本；(3) 加工对象；(4) 生产类型；(5) 工作班次；(6) 操作水平；(7) 产品质量；(8) 维护质量；(9) 环境要求。

★高频考点：设备经济寿命的估算

序号	项目	内容
1	确定原则	(1) 使设备在经济寿命内平均每年净收益(纯利润)达到最大
		(2) 使设备在经济寿命内一次性投资和各种经营费总和达到最小

序号	项目	内容
2	静态模式下设备经济寿命的确定方法	$$\overline{C}_N = \frac{P - L_N}{N} + \frac{1}{N}\sum_{t=1}^{N}C_t$$ 式中 $\overline{C}_N$——N 年内设备的年平均使用成本； P——设备目前实际价值,如果是新设备包括购置费和安装费,如果是旧设备包括旧设备现在的市场价值和继续使用旧设备追加的投资； C_t——第 t 年的设备运行成本,包括人工费、材料费、能源费、维修费、停工损失、废次品损失等； L_N——第 N 年末的设备净残值

注：用设备的年平均使用成本 $\overline{C}_N$ 估算设备的经济寿命的过程是：在已知设备现金流量的情况下，逐年计算出从寿命 1 年到 N 年全部使用期的年平均使用成本 $\overline{C}_N$，从中找出年平均使用成本 $\overline{C}_N$ 的最小值及其所对应的年限，从而确定设备的经济寿命。此外可以用下式简化计算：

$$N_0 = \sqrt{\frac{2(P-L_N)}{\lambda}}$$

式中 N_0——设备的经济寿命；
λ——设备的低劣化值。

★高频考点：静态模式下设备更新方案比选步骤

（1）计算新旧设备方案不同使用年限的静态年平均使用成本和经济寿命。

（2）确定设备更新时机。

如果旧设备继续使用 1 年的年平均使用成本低于新设备的年平均使用成本，此时，不更新旧设备，继续使用旧设备 1 年。即：
$\overline{C}_N$ 旧 $< \overline{C}_N$ 新
当新旧设备方案出现相反情况时，应更新现有设备。即：
$\overline{C}_N$ 旧 $> \overline{C}_N$ 新

C10 新技术、新工艺和新材料应用方案的选择原则

★高频考点：选择新技术方案时应遵循的原则

（1）技术上先进、可靠、安全、适用；

(2) 综合效益上合理：方案经济性、效益综合性。

注：在保证功能和质量、不违反劳动安全与环境保护的原则下，经济合理应是选择新技术方案的主要原则。

C11　新技术、新工艺和新材料应用方案的技术分析

★高频考点：新技术应用方案技术分析内容

（1）分析与实施工程相关的国内外新技术应用方案，比较优缺点和发展趋势，选择先进适用的应用方案；

（2）拟采用的新技术和新工艺应用方案应与采用的原材料相适应；新材料应用方案应与采用的工艺技术相适应；

（3）分析应用方案的技术来源的可得性，若采用引进技术或专利，应比较所需费用；

（4）分析应用方案是否符合节能、环保的要求；

（5）分析应用方案对工程质量的保证程度；

（6）分析应用方案各工序间的合理衔接，工艺流程是否通畅、简捷。

注：新技术应用方案的技术经济分析方法分类：按时间分为事前和事后进行的技术经济分析；按内容分为技术分析、经济分析、社会分析、环境分析和综合分析；按方法包括定性分析和定量分析。

C12　财务会计工作基本内容

★高频考点：企业资金运动表现形式

（1）资金进入企业（企业通过吸收投资、金融机构借入、发行股票或债券来筹集资金，引起企业资金的增加）。

（2）资金在企业周转，形态发生改变（企业用货币资金购买材料，形成储备资金；工人利用自己的生产技术，借助于机器设备对材料进行加工，发生的耗费形成生产资金；产品完工后

形成成品资金;将产品销售,收回货款,得到新的货币资金;整个周转过程表现为:货币资金→储备资金→生产资金→成品资金→新的货币资金)。

(3)资金退出企业(企业偿还借款、缴纳税金和分派利润或股利)。

★高频考点:财务会计的职能

序号	职能	内容
1	会计的核算职能	在会计核算基本前提下进行的会计核算,具有完整性、连续性和系统性的特点。会计核算的具体内容包括: (1)款项和有价证券的收付。 (2)财物的收发、增减和使用。 (3)债权债务的发生和结算。 (4)资本、基金的增减。 (5)收入、支出、费用、成本的计算。 (6)财务成果的计算和处理。 (7)需要办理会计手续、进行会计核算的其他事项
2	会计的监督职能	(1)会计监督包括事前、事中和事后监督。 (2)会计核算是会计监督的基础,会计监督是会计核算的质量保障。 (3)会计的核算职能和监督职能是不可分割的,两者的关系是"相辅相成、辩证统一"的关系

注:现代会计职能还有反映经济状况、监督经济活动、控制经济过程、分析经济效益、预测经济前景、参与经济决策的六大职能。

★高频考点:会计要素的组成

序号	项目	内容	说明
1	资产	(1)资产的特征	①资产是过去的交易或事项形成的,过去的交易或者事项包括购买、生产、建造行为以及其他交易或者事项。预期在未来发生的交易或事项不形成资产。即资产是现实中的资产而不是预期的资产(如谈判或计划中的)。 ②该项资源必须为企业拥有或控制,指企业享有该项资源的所有权,或虽不享有所有权,但该资源能被企业控制。这样才能排他性地从中获取经济利益。

序号	项目	内容	说明
1	资产	(1)资产的特征	③该资源预期会给企业带来经济利益,指该资源具有直接或间接导致现金或现金等价物流入企业的潜力。如货币资金可以用于购买所需商品,厂房、机器设备、原材料可以用于生产经营过程,制造商品出售后收回货款即为企业获得的经济利益。 ④与该资源有关的经济利益很可能流入企业,且该资源的成本或价值能够可靠地计量。 同时符合上述特征条件的资源,确认为资产
		(2)资产的分类	①流动资产:可以在一年内或超过一年的一个营业周期内变现、耗用的资产。包括货币资金、交易性金融资产、衍生金融资产、应收票据、应收账款、应收款项融资、预付款项、其他应收款、存货、合同资产、持有待售资产、一年内到期的非流动资产、其他流动资产。 ②非流动资产:是指变现期间或使用寿命超过一年或长于一年的一个营业周期的资产。包括债权投资、其他债权投资、长期应收款、长期股权投资、其他权益工具投资、其他非流动金融资产、投资性房地产、固定资产、在建工程、生产性生物资产、油气资产、无形资产、开发支出、商誉、长期待摊费用、递延所得税资产、其他非流动资产
2	负债	(1)负债的特征	指企业过去的交易或事项形成的、预期会导致经济利益流出企业的现时义务。其特征为: ①现时义务是指在现行条件下已承担的义务,其清偿会导致经济利益流出企业。 ②负债是由于过去的交易或事项形成的。未来的交易或者事项形成的义务,不属于现时义务,不应当确认为负债。 ③与该义务有关的经济利益很可能流出企业,且未来流出的经济利益的金额能够可靠地计量

序号	项目	内容	说明
2	负债	（2）负债的分类	①流动负债：指在一年内或超过一年的一个营业周期内偿还的债务。包括短期借款、交易性金融负债、衍生金融负债、应付票据、应付账款、预收款项、合同负债、应付职工薪酬、应交税费、其他应付款、持有待售负债、一年内到期的非流动负债、其他流动负债。 ②非流动负债：指在一年以上或超过一年的一个营业周期以上偿还的债务。包括长期借款、应付债券、租赁负债、长期应付款、预计负债、递延收益、递延所得税负债、其他非流动负债
3	所有者权益	（1）所有者权益特征	①无须偿还。除非发生减资、清算，企业不需偿还所有者权益。 ②企业清算时，接受清偿在负债之后，所有者权益是对企业净资产的要求权。 ③可分享企业利润。所有者能凭借所有者权益参与利润的分配
		（2）所有者权益的内容	①实收资本：所有者按出资比例实际投入到企业的资本。 ②资本公积：指由投资者投入但不构成实收资本，或从其他非收益来源取得，由全体所有者共同享有的资金，包括资本溢价、资产评估增值、接受捐赠、外币折算差额等。 ③盈余公积：按照规定从企业的税后利润中提取的公积金。主要用来弥补企业以前的亏损和转增资本。 ④未分配利润：本年度没有分配完的利润，可以留待下一年度进行分配。 ⑤其他权益工具、其他综合收益、专项储备。其他权益工具是指企业发行在外的除普通股以外分类为权益工具的金融工具，如优先股和永续债；其他综合收益是指企业根据企业会计准则规定未在损益中确认的各项利得和损失扣除所得税影响后的净额；专项储备是指高危行业企业按国家规定提取的安全生产费

序号	项目	内容	说明
4	收入		指企业在销售商品、提供劳务及他人使用本企业资产等日常经营活动中所形成的,会导致所有者权益增加的,与所有者投入资本无关的经济利益的总流入包括主营业务收入和其他业务收入
5	费用		指企业在生产和销售商品、提供劳务等日常经济活动中所发生的,会导致所有者权益减少的,与向所有者分配利润无关的经济利益的总流出
6	利润		利润是企业在一定会计期间的经营成果,包括收入减去费用后的净额以及直接计入当期利润的利得和损失等。通常反映利润的指标有两个,一是利润总额,二是净利润

注：资产、负债和所有者权益是反映企业某一时点财务状况的会计要素,称为静态会计要素,构成资产负债表要素；收入、费用和利润是反映某一时期经营成果的会计要素,称为动态会计要素,构成利润表要素。

C13　会计核算的原则

★高频考点：会计要素的计量属性

序号	项目	内容
1	历史成本	(1)资产按照购置时支付的现金或者现金等价物的金额,或者按照购置资产时所付出的代价的公允价值计量。 (2)负债按照因承担现时义务而实际收到的款项或者资产的金额,或者承担现时义务的合同金额,或者按照日常活动中为偿还负债预期需要支付的现金或者现金等价物的金额计量
2	重置成本	(1)资产按照现在购买相同或者相似资产所需支付的现金或者现金等价物的金额计量。 (2)负债按照现在偿付该项债务所需支付的现金或者现金等价物的金额计量
3	可变现净值	在可变现净值计量下,资产按照其现在正常对外销售所能收到现金或者现金等价物的金额,扣减该资产至完工时估计将要发生的成本、估计的销售费用以及相关税费后的金额计量

序号	项目	内容
4	现值	(1)资产按照预计从其持续使用和最终处置中所产生的未来净现金流入量的折现金额计量。 (2)负债按照预计期限内需要偿还的未来净现金流出量的折现金额计量。 (3)现值计量即按资产(或负债)计量日之后未来的现金流入量(或现金流出量)按照工程经济原理折现计算的现值计量
5	公允价值	(1)资产和负债按照市场参与者在计量日发生的有序交易中,出售资产所能收到或者转移负债所需支付的价格计量。 (2)公允价值强调的是熟悉市场情况的买卖双方在公平交易的条件下和自愿的情况下所确定的价格,或无关联的双方在公平交易的条件下一项资产可以被买卖或者一项负债可以被清偿的成交价格。 (3)在实务中,通常由资产评估机构评估确定

注：企业在对会计要素进行计量时,一般应当采用历史成本,采用重置成本、可变现净值、现值、公允价值计量的,应当保证所确定的会计要素金额能够取得并可靠计量。会计核算的原则可以归纳为三类：(1)衡量会计质量的原则；(2)确认和计量的原则；(3)起修正作用的原则。

★高频考点：会计信息的质量要求

1. 企业应当以实际发生的交易或者事项为依据进行会计确认、计量和报告,如实反映符合确认和计量要求的各项会计要素及其他相关信息,保证会计信息真实可靠、内容完整。这是会计信息可靠性的要求。

2. 企业提供的会计信息应当与财务会计报告使用者的经济决策需要相关,有助于财务会计报告使用者对企业过去、现在或者未来的情况作出评价或者预测。这是会计信息相关性的要求。

3. 企业提供的会计信息应当清晰明了,便于财务会计报告使用者理解和使用。这是会计信息可理解性的要求。

4. 企业提供的会计信息应当具有可比性。同一企业不同时期发生的相同或者相似的交易或者事项,应当采用一致的会计政策,不得随意变更。确需变更的,应当在会计报表附注中说明。不同企业发生的相同或者相似的交易或者事项,应当采用规定的会计政策,确保会计信息口径一致、相互可比。

5. 企业应当按照交易或者事项的经济实质进行会计确认、计量和报告,不应仅以交易或者事项的法律形式为依据。这是会计核算中实质重于形式原则的要求。例如:企业以融资租赁方式租入固定资产,在形式上企业并不拥有其所有权,但在实质上企业能够控制融资租入固定资产所创造的未来经济利益,因此应当将以融资租赁方式租入的固定资产视为承租企业的资产。

6. 企业提供的会计信息应当反映与企业财务状况、经营成果和现金流量等有关的所有重要交易或者事项。这是会计信息重要性的要求。

7. 企业对交易或者事项进行会计确认、计量和报告应当保持应有的谨慎,不应高估资产或者收益、低估负债或者费用。这是会计核算谨慎性,也称稳健性原则的要求。

8. 企业对于已经发生的交易或者事项,应当及时进行会计确认、计量和报告,不得提前或者延后。这是会计核算和会计信息及时性要求。

C14 费用与成本的关系

★高频考点:企业支出的类别

序号	类别	含义	范围
1	资本性支出	是指通过它所取得的效益及于几个会计年度(或几个营业周期)的支出	如企业购置和建造固定资产、无形资产及其他资产的支出、长期投资支出等
2	收益性支出	指通过它所取得的效益仅及于本会计年度(或一个营业周期)的支出,这种支出应在一个会计期间内确认为费用	如企业生产经营所发生的外购材料、支付工资及其他支出,以及发生的管理费用、销售费用(营业费用)、财务费用等;生产经营过程中所缴纳的税金、有关费用等也包括在收益性支出之内

序号	类别	含义	范围
3	营业外支出	是指不属于会计主体生产经营支出,与会计主体生产经营活动没有直接的关系,但应从会计主体实现的利润总额中扣除的支出	主要包括公益性捐赠支出、非常损失、盘亏损失、非流动资产毁损报废损失等。"非流动资产毁损报废损失"通常包括因自然灾害发生毁损、已丧失使用功能等原因而报废清理产生的损失
4	利润分配支出	是指在利润分配环节发生的支出	如股利分配支出

注:支出是一个会计主体各项资产的流出,也就是企业的一切开支及耗费。企业的支出可分为资本性支出、收益性支出、营业外支出及利润分配支出四大类。

★高频考点:费用的特点

1. 费用是企业日常活动中发生的经济利益的流出,而不是偶发的。不是日常活动发生的经济利益的流出则称为损失(营业外支出)。

2. 费用可能表现为资产的减少,或负债的增加,或者兼而有之。费用本质上是一种企业资源的流出,是资产的耗费,其目的是为了取得收入。

3. 费用将引起所有者权益的减少,但与向企业所有者分配利润时的支出无关。向企业所有者分配利润只是表明所有者权益留在企业还是支付给企业所有者,而费用会导致企业所有者权益减少。

4. 费用只包括本企业经济利益的流出,而不包括为第三方或客户代付的款项及偿还债务支出,并且经济利益的流出能够可靠计量。

注:费用是指会计主体在生产和销售商品、提供劳务等日常经济活动中所发生的,会导致所有者权益减少的,与向所有者分配利润无关的经济利益的总流出。

★高频考点：费用的分类

序号	分类	含义	会计核算程序
1	生产费用	是指为生产产品（或提供劳务）而发生的、与产品生产（或提供劳务）直接相关的费用	在会计核算中，生产费用首先应根据其具体用途计入相应成本核算对象的成本项目，会计期末根据其所处生产阶段计入产成品、在产品等，并据以编制财务报表。会计核算程序是：费用确认和计量→根据费用具体用途和成本项目记账（生产成本项目）→会计期末（如月末资产负债表日）根据成本费用核算对象（费用受益对象）和权责发生制汇总结转产品成本→编制利润表、资产负债表等财务报表（其中已销售产品成本结转利润表中营业成本）
2	期间费用	期间费用是为生产产品（或提供劳务）提供正常的条件和进行管理的需要，而与产品的生产本身并不直接相关费用。工业企业的期间费用包括管理费用、销售费用（营业费用）、财务费用	费用确认和计量→根据具体用途记账（登记账簿）→会计期末（如月末资产负债表日）汇总结转利润表

注：费用分为生产费用和期间费用的依据是费用的经济用途而不是费用的性质。如生产车间生产工人的薪酬属于生产费用中的直接人工，生产车间管理人员薪酬属于生产费用中的制造费用；而企业管理人员薪酬属于期间费用。又如：生产车间办公费属于生产费用中的制造费用，而企业总部办公费用属于期间费用中的管理费用。

★高频考点：成本核算（生产费用对象化为成本）基本程序

1. 确定成本核算对象，按成本项目设置生产成本明细账；

2. 对生产费用进行确认和计量；

3. 根据权责发生制将应计入本期的生产费用计入相应成本核算对象；

4. 期末归集各成本核算对象成本并在完工产品和在产品之间分配。

★高频考点：成本的分类

序号	项目	内容
1	直接费用	(1)直接费用主要指直接材料、直接人工。 (2)直接材料是指企业生产产品和提供劳务的过程中所消耗的、直接用于产品生产、构成产品实体的各种材料及主要材料、外购半成品以及有助于产品形成的辅助材料等。 (3)直接人工是指企业在生产产品和提供劳务过程中,直接从事产品的生产的工人的工资、津贴、补贴和福利费等
2	间接费用	(1)指生产费用发生时,不能直接归属于某一成本核算对象,而必须按照一定标准分配后才能计入相关成本核算对象成本的生产费用。如生产部门管理人员的工资、福利费,为几种产品同时加工零件的生产设备折旧费等。 (2)在制造成本法下,制造费用是最主要的间接费用,它核算企业为生产产品和提供劳务而发生的各项间接费用,包括车间管理人员的工资和福利费、折旧费、修理费、办公费、水电费、机物料消耗、劳动保护费等。 (3)间接费用具有管理费用性质,但不属于管理费用。管理费用是进行整个企业的经营管理发生的费用;制造费用是车间管理层进行产品生产管理发生的费用

C15 工程成本的核算

★高频考点：工程成本及其核算的内容

序号	项目	内容
1	耗用的人工费用	包括企业从事建筑安装工程施工人员的工资、奖金、职工福利费、工资性质的津贴
2	耗用的材料费用	包括施工过程中耗用的构成工程实体的原材料、辅助材料、构配件、零件、半成品的费用和周转材料的摊销及租赁费用
3	耗用的机械使用费	包括施工过程中使用自有施工机械所发生的机械使用费和租用外单位施工机械的租赁费,以及施工机械安装、拆卸和进出场费等

序号	项目	内容
4	其他直接费用	包括施工过程中发生的材料二次搬运费、临时设施摊销费、生产工具用具使用费、检验试验费、工程定位复测费、工程点交费、场地清理费等
5	间接费用	主要是企业下属施工单位或生产单位为组织和管理工程施工所发生的全部支出,包括临时设施摊销费用和施工单位管理人员工资、奖金、职工福利费、固定资产折旧费及修理费,物料消耗,低值易耗品摊销,取暖费,水电费,办公费,差旅费,财产保险费,检验试验费,工程保修费,劳动保护费,排污费及其他费用

注:工程成本包括从建造合同签订开始至合同完成止所发生的、与执行合同有关的直接费用和间接费用。施工企业在核算产品成本时,就是按照成本项目来归集企业在施工生产经营过程中所发生的应计入成本核算对象的各项费用。属于人工费、材料费、机械使用费和其他直接费等直接成本费用,直接计入有关工程成本。间接费用可先通过费用明细科目进行归集,期末再按确定的方法分配计入有关工程成本核算对象的成本。合同成本不包括应当计入当期损益的管理费用、销售费用和财务费用。

★高频考点:工程成本核算的原则

工程成本核算应按照企业会计准则要求,结合成本核算的特点进行。应遵循的主要原则有:

1. 分期核算原则。成本核算的分期应与会计核算的分期相一致,这样便于财务成果的确定。企业为生产产品、提供劳务等发生的可归属于产品成本、劳务成本等的费用,应当在确认产品销售收入、劳务收入等时,将已销售产品、已提供劳务的成本等计入当期损益。

2. 相关性原则。会计信息应当符合国家宏观经济管理的要求,满足有关方面了解企业财务状况和经营成果的需要,满足企业加强内部经营管理的需要。也就是说,成本信息对于企业利害相关人应当是有用的。

3. 一贯性原则。成本核算所采用的方法应前后一致。只有这样,才能使企业各期成本核算资料口径统一,前后连贯,相互可比。成本核算办法的一贯性原则体现在各个方面,如耗用材料的计价方法,折旧的计提方法,施工间接费的分配方法。

4. 实际成本核算原则。指成本核算要采用实际成本计价。采用定额成本或者计划成本方法的，应当合理计算成本差异，月终编制会计报表时，调整为实际成本，即必须根据计算期内实际产量（已完工程量）以及实际消耗和实际价格计算实际成本。

5. 及时性原则。指企业（项目）成本的核算，结转和成本信息的提供应当在要求时期内完成。

6. 配比原则。是指营业收入与其相对应的成本，费用应当相互配合。为取得本期收入而发生的成本和费用，应与本期实现的收入在同一时期内确认入账，不得脱节，也不得提前或延后，以便正确计算和考核项目经营成果。

7. 权责发生制原则。权责发生制原则主要从时间选择上确定成本会计确认的基础，其核心是根据权责关系的实际发生和影响期间来确认企业的支出和收益，能够更加准确地反映特定会计期间真实的财务成本状况和经营成果。

8. 谨慎原则。是指在市场经济条件下，在成本、会计核算中应当对可能发生的损失和费用，作出合理预计，以增强抵御风险的能力。提取坏账准备、加速折旧法等，就体现了谨慎原则的要求。

9. 划分收益性支出与资本性支出原则。划分收益性支出与资本性支出是指成本、会计核算应当严格区分收益性支出与资本性支出界限，以正确地计算当期损益。

10. 重要性原则。是指对于成本有重大影响的业务内容，应作为核算的重点，力求精确，而对于那些不太重要的琐碎的经济业务内容，可以相对从简处理，不要事无巨细，均作详细核算。

★高频考点：施工项目成本核算的要求

序号	项目	内容
1	划清成本、费用支出和非成本、费用支出界限	即划清资本性支出、收益性支出、利润分配支出与营业外支出的界限,尤其要划清营业支出与营业外支出。这个界限,也就是成本开支范围的界限。企业为取得本期收益而在本期内发生的各项支出,根据配比原则,应全部作为本期的成本或费用。只有这样才能保证在一定时期内不会虚增或少记成本或费用。至于企业的营业外支出,是与企业施工生产经营无关的支出,所以不能构成工程成本,如误将营业外收支作为营业收支处理,就会虚增或少记企业营业(工程)成本或费用

序号	项目	内容
2	正确划分各种成本、费用的界限	（1）划清工程成本和期间费用的界限 工程成本相当于工业产品的制造成本。为工程施工发生的各项直接支出，包括人工费、材料费、机械使用费、其他直接费，直接计入工程成本。为工程施工而发生的各项施工间接费（间接成本）分配计入工程成本。企业行政管理部门为组织和管理施工生产经营活动而发生的管理费用和财务费用应当作为期间费用，直接计入当期损益。在"制造成本法"下，期间费用不是施工项目成本的一部分。 （2）划清本期工程成本与下期工程成本的界限 根据分期成本核算的原则，成本核算要划分本期工程成本和下期工程成本。前者是指应由本期工程负担的生产耗费，不论其收付发生是否在本期，应全部计入本期的工程成本之中；后者是指不应由本期工程负担的生产耗费，不论其是否在本期内收付（发生），均不能计入本期工程成本。划清两者的界限，实际上就是权责发生制原则的具体化。 （3）划清不同成本核算对象之间的成本界限 这是指要求各个成本核算对象的成本不得互相混淆，尤其是对于需要分摊或分配进入成本的费用开支，应有合理的分配方法，否则就会失去成本核算和管理的意义，造成成本不实，歪曲成本信息，引起决策上的重大失误。 （4）划清未完工程成本与已完工程成本的界限 ①施工项目成本的真实程度取决于未完施工和已完工程成本界限的正确划分，以及未完施工和已完施工成本计算方法的正确度，按月结算方式下的期末未完施工，要求项目在期末应对未完施工进行盘点，按照预算定额规定的工序，折合成已完分部分项工程费。再按照未完施工成本计算公式计算未完分部分项工程成本。 ②竣工后一次结算方式下的期末未完施工成本，就是该成本核算对象成本明细账所反映的自开工起至期末止发生的工程累计成本。 ③本期已完工程实际成本根据期初未完施工成本，本期实际发生的生产费用和期末未完施工成本进行计算。 ④竣工后一次结算的工程，其已完工程的实际成本就是该工程自开工起至期末止所发生的工程累计成本。 ⑤上述成本费用界限的划分过程，实际上也是成本计算过程。只有划分清楚成本的界限，施工项目成本核算才能正确

序号	项目	内容
3	加强成本核算的基础工作	(1)建立各种财产物资的收发、领退、转移、报废、清查、盘点制度。做好各项财产物资的收发、领退、清查和盘点工作,是正确计算成本的前提条件。施工企业的所有财产物资的收发都要经过计量、验收并办理必要的凭证手续。 (2)建立、健全与成本核算有关的各项原始记录和工程量统计制度。做到形象进度、产值统计、实际成本归集三同步,即三者的取值范围应是一致的。形象进度表达的工程量、统计施工产值的工程量和实际成本归集所依据的工程量均应是相同的数值。 (3)制订或修订工时、材料、费用等各项内部消耗定额以及材料、结构件、作业、劳务的内部结算指导价。 (4)完善各种计量检测设施,严格计量检验制度,使项目成本核算具有可靠的基础

C16 利润的计算

★高频考点：利润的计算

序号	项目	内容	说明
1	营业利润	营业利润＝营业收入－营业成本（或营业费用）－税金及附加－销售费用－管理费用－财务费用－资产减值损失＋公允价值变动收益（损失为负）＋投资收益（损失为负）	(1)营业收入是指企业经营业务所确认的收入总额,包括主营业务收入和其他业务收入。其中,主营业务收入是指企业为完成其经营目标而从事的经常性活动所实现的收入,如建筑业企业工程结算收入、工业企业产品销售收入、商业企业商品销售收入等。其他业务收入是指,指企业除主营业务收入以外的其他销售或其他业务的收入,如建筑业企业对外出售不需用的材料的收入、出租投资性房地产的收入、劳务作业收入、多种经营收入和其他收入(技术转让利润、联合承包节省投资分成收入、提前竣工投产利润分成收入等)。 (2)营业成本是指企业经营业务所发生的实际成本总额,包括主营业务成本和其他业务成本。其中,主营业务成本是指企业经营主营业务发生的支出。其他业务成本是指企业除主营业务以外的其他销售或其他业务所发生的支出,包括销售材料、设备出租、出租投资性房地产等发生的相关成本、费用等。

序号	项目	内容	说明
1	营业利润	营业利润＝营业收入－营业成本（或营业费用）－税金及附加－销售费用－管理费用－财务费用－资产减值损失＋公允价值变动收益（损失为负）＋投资收益（损失为负）	（3）资产减值损失是指企业计提各项资产减值准备所形成的损失。 （4）公允价值变动收益（或损失）是指企业交易性金融资产等公允价值变动形成的应计入当期损益的利得（或损失）。 （5）投资收益（或损失）是指企业以各种方式对外投资所取得的投资收益减去投资损失后的净额，即投资净收益。投资收益包括对外投资享有的利润、股利、债券利息、投资到期收回或中途转让取得高于账面价值的差额，以及按照权益法核算的股权投资在被投资单位增加的净资产中所拥有的数额等。投资损失包括对外投资分担的亏损、投资到期收回或者中途转让取得款项低于账面价值的差额，以及按照权益法核算的股权投资在被投资单位减少的资产中分担的数额等。如投资净收益为负值，即为投资损失
2	利润总额	利润总额＝营业利润＋营业外收入－营业外支出	（1）营业外收入（或支出）是指企业发生的与其生产经营活动没有直接关系的各项收入（或支出）。 （2）营业外收入包括固定资产盘盈、处置固定资产净收益、处置无形资产净收益、罚款净收入等。 （3）营业外支出包括固定资产盘亏、处置固定资产净损失、处置无形资产净损失、债务重组损失、罚款支出、捐赠支出、非常损失等
3	净利润	净利润＝利润总额－所得税费用	所得税费用是指企业应计入当期损益的所得税费用

注：利润是企业在一定会计期间的经营成果，利润包括收入减去费用后的净额直接计入当期利润的利得和损失等。利得和损失分为两大类：一类是不计入当期损益，而直接计入所有者权益的利得和损失。如接受捐赠、变卖固定资产等。一类是直接计入当期损益的利得和损失。如投资收益、投资损失等。

★高频考点：利润分配

序号	项目	内容
1	税后利润的分配原则	(1)按法定顺序分配的原则。不同利益主体的利益要求，决定了公司税后利润的分配必须从全局出发，照顾各方利益关系。这既是公司税后利润分配的基本原则，也是公司税后利润分配的基本出发点。 (2)非有盈余不得分配原则。这一原则强调的是公司向股东分配股利的前提条件。非有盈余不得分配原则的目的是为了维护公司的财产基础及其信用能力。股东会、股东大会或者董事会违反规定，在公司弥补亏损和提取法定公积金之前向股东分配利润的，股东必须将违反规定分配的利润退还公司。 (3)同股同权、同股同利原则。同股同权、同股同利不仅是公开发行股份时应遵循的原则，也是公司向股东分配股利应遵守的原则之一。 (4)公司持有的本公司股份不得分配利润
2	税后利润的分配顺序	(1)弥补公司以前年度亏损。公司的法定公积金不足以弥补以前年度亏损的，在依照规定提取法定公积金之前，应当先用当年利润弥补亏损。 (2)提取法定公积金。我国《中华人民共和国公司法》规定的公积金有两种：法定公积金和任意公积金。 法定公积金，又称强制公积金，是《中华人民共和国公司法》规定必须从税后利润中提取的公积金。对于法定公积金，公司既不得以其章程或股东会决议予以取消，也不得削减其法定比例。因法定公积金的来源不同，其又分为法定盈余公积金和资本公积金。法定盈余公积金是按照法定比例从公司税后利润中提取的公积金。根据《中华人民共和国公司法》第一百六十七条规定："公司分配当年税后利润时，应当提取利润的百分之十列入公司法定公积金。公司法定公积金累计额为公司注册资本的百分之五十以上的，可以不再提取"。而资本公积金是直接由资本或资产以及其他原因所形成的，是公司非营业活动所产生的收益。《中华人民共和国公司法》第一百六十八条对资本公积金的构成做出了规定："股份有限公司以超过股票票面金额的发行价格发行股份所得的溢价款以及国务院财政部门规定列入资本公积金的其他收入，应当列为公司资本公积金"。一般说来，公司接受的赠予、公司资产增值所得的财产价额、处置公司资产所得的收入等均属于资本公积金的来源。法定公积金有专门的用途，一般包括以下三个方面的用途：

序号	项目	内容
2	税后利润的分配顺序	①弥补亏损。公司出现亏损直接影响到公司资本的充实、公司的稳定发展以及公司股东、债权人权益的有效保障,因此,我国有关立法历来强调"亏损必弥补"。但是,根据《中华人民共和国公司法》第一百六十九条的规定,资本公积金不得用于弥补公司的亏损。这是因为资本公积金不同于盈余公积金,其来源是公司股票发行的溢价款等,而非公司利润,因此从理论上讲不能用于弥补亏损是正确的。 ②扩大公司生产经营。公司要扩大生产经营规模,必须增加投资。在不可能增加注册资本的情况下,可用公积金追加投资。 ③增加公司注册资本。用公积金增加公司注册资本,既壮大了公司的实力,又无需股东个人追加投资,于公司、于股东都有利。但如果将法定公积金全部转为资本,则有违公积金弥补亏损的效用,因此有必要限制其数额。《中华人民共和国公司法》第一百六十九条第二款规定:"法定公积金转为资本时,所留存的该项公积金不得少于转增前公司注册资本的百分之二十五。" (3)经股东会或者股东大会决议提取任意公积金。任意公积金是公司在法定公积金之外,经股东会或者股东大会决议而从税后利润中提取的公积金。任意公积金由于并非法律强制规定要求提取的,因此对其提取比例、用途等公司法均未作出规定,而是交由章程或者股东会决议作出明确规定。 (4)向投资者分配的利润或股利。公司弥补亏损和提取公积金后所余税后利润,有限责任公司依照《中华人民共和国公司法》第三十五条的规定分配;股份有限公司按照股东持有的股份比例分配,但股份有限公司章程规定不按持股比例分配的除外。 (5)未分配利润 可供投资者分配的利润,经过上述分配后,所余部分为未分配利润(或未弥补亏损)。未分配利润可留待以后年度进行分配。企业如发生亏损,可以按规定由以后年度利润进行弥补。企业未分配的利润(或未弥补的亏损)应当在资产负债表的所有者权益项目中单独反映

C17　所得税费用的确认

★高频考点：所得税的计税基础——收入总额

序号	项目	内容	说明
1	收入总额	销售货物收入、提供劳务收入、转让财产收入、股息、红利等权益性投资收益、利息收入、租金收入、特许权使用费收入、接受捐赠收入、其他收入。企业以非货币形式取得的收入，应当按照公允价值确定收入额	下列收入为不征税收入：财政拨款，依法收取并纳入财政管理的行政事业性收费、政府性基金，国务院规定的其他不征税收入
2	扣除范围	(1)企业实际发生的与取得收入有关的、合理的支出，包括成本、费用、税金、损失和其他支出	—
		(2)企业发生的公益性捐赠支出，在年度利润总额12%以内的部分，准予在计算应纳税所得额时扣除	下列支出不得扣除： ①向投资者支付的股息、红利等权益性投资收益款项； ②企业所得税税款； ③税收滞纳金； ④罚金、罚款和被没收财物的损失； ⑤本法第九条规定以外的捐赠支出； ⑥赞助支出； ⑦未经核定的准备金支出； ⑧与取得收入无关的其他支出
		(3)按照规定计算的固定资产折旧，准予扣除	下列固定资产不得计算折旧扣除： ①房屋、建筑物以外未投入使用的固定资产； ②以经营租赁方式租入的固定资产；

序号	项目	内容	说明
2	扣除范围	(3)按照规定计算的固定资产折旧,准予扣除	③以融资租赁方式租出的固定资产; ④已足额提取折旧仍继续使用的固定资产; ⑤与经营活动无关的固定资产; ⑥单独估价作为固定资产入账的土地; ⑦其他不得计算折旧扣除的固定资产
		(4)按照规定计算的无形资产摊销费用,准予扣除	下列无形资产不得扣除: ①自行开发的支出已在计算应纳税所得额时扣除的无形资产; ②自创商誉; ③与经营活动无关的无形资产; ④其他不得计算摊销费用扣除的无形资产
		(5)长期待摊费用,按照规定摊销的,准予扣除: ①已足额提取折旧的固定资产的改建支出; ②租入固定资产的改建支出; ③固定资产的大修理支出; ④其他应当作为长期待摊费用的支出	投资资产的成本在计算应纳税所得额时不得扣除
		(6)使用或者销售存货,按照规定计算的存货成本,准予扣除	企业在汇总计算缴纳企业所得税时,其境外营业机构的亏损不得抵减境内营业机构的盈利
		(7)企业转让资产的净值,准予扣除	企业纳税年度发生的亏损,准予向以后年度结转,用以后年度的所得弥补,但结转年限最长不得超过5年

注:企业所得税的税率为25%,非居民企业取得规定的所得,适用税率为20%。企业每一纳税年度的收入总额,减除不征税收入、免税收入、各项扣除以及允许弥补的以前年度亏损后的余额,为应纳税所得额。

★高频考点：资产的税务处理

序号	项目	内容	说明
1	固定资产的税务处理（按照直线法计算的折旧，准予扣除。投入使用的次月起计算折旧；停止使用的固定资产，应当自停止使用月份的次月起停止计算折旧）	（1）外购的固定资产	以购买价款和支付的相关税费以及直接归属于使该资产达到预定用途发生的其他支出为计税基础
		（2）自行建造的固定资产	以竣工结算前发生的支出为计税基础
		（3）融资租入的固定资产	以租赁合同约定的付款总额和承租人在签订租赁合同过程中发生的相关费用为计税基础，租赁合同未约定付款总额的，以该资产的公允价值和承租人在签订租赁合同过程中发生的相关费用为计税基础
		（4）盘盈的固定资产	以同类固定资产的重置完全价值为计税基础
		（5）通过捐赠、投资、非货币性资产交换、债务重组等方式取得的固定资产	以该资产的公允价值和支付的相关税费为计税基础
		（6）改建的固定资产	除企业所得税法第十三条第（一）项和第（二）项规定的支出外，以改建过程中发生的改建支出增加计税基础
2	生产性生物资产的税务处理（指企业为生产农产品、提供劳务或者出租等而持有的生物资产，包括经济林、薪炭林、产畜和役畜等）	（1）外购的生产性生物资产	以购买价款和支付的相关税费为计税基础
		（2）通过捐赠、投资、非货币性资产交换、债务重组等方式取得的	以该资产的公允价值和支付的相关税费为计税基础
		（3）处理方式	按照直线法计算的折旧，准予扣除。自投入使用月份的次月起计算折旧；停止使用的自停止使用的次月起停止计算折旧

序号	项目	内容	说明
3	无形资产的税务处理（包括专利权、商标权、著作权、土地使用权、非专利技术、商誉等）	（1）外购的无形资产	以购买价款和支付的相关税费以及直接归属于使该资产达到预定用途发生的其他支出为计税基础
		（2）自行开发的无形资产	以开发过程中该资产符合资本化条件后至达到预定用途前发生的支出为计税基础
		（3）通过捐赠、投资、非货币性资产交换、债务重组等方式取得的	以该资产的公允价值和支付的相关税费为计税基础
		（4）处理方式	按照直线法计算的摊销费用，准予扣除。无形资产的摊销年限不得低于10年；外购商誉的支出，在企业整体转让或者清算时，准予扣除
4	固定资产改建支出的税务处理（指改变房屋或者建筑物结构、延长使用年限等发生的支出）	固定资产的大修理支出（修理支出达到取得固定资产时的计税基础50%以上；修理后固定资产的使用年限延长2年以上）	应按照固定资产尚可使用年限分期摊销
5	其他应当作为长期待摊费用的支出	自支出发生月份的次月起，分期摊销	摊销年限不得低于3年
6	投资资产的税务处理	企业在转让或者处置投资资产时，投资资产的成本，准予扣除	按照以下方法确定成本：①通过支付现金方式取得的投资资产，以购买价款为成本；②通过支付现金以外的方式取得的投资资产，以该资产的公允价值和支付的相关税费为成本

序号	项目	内容	说明
7	存货的税务处理	企业使用或者销售的存货的成本计算方法,可以在先进先出法、加权平均法、个别计价法中选用一种。计价方法一经选用,不得随意变更	按照以下方法确定成本: (1)通过支付现金方式取得的存货,以购买价款和支付的相关税费为成本。 (2)通过支付现金以外的方式取得的存货,以该存货的公允价值和支付的相关税费为成本。 (3)生产性生物资产收获的农产品,以产出或者采收过程中发生的材料费、人工费和分摊的间接费用等必要支出为成本

注:企业的各项资产,包括固定资产、生物资产、无形资产、长期待摊费用、投资资产、存货等,以历史成本为计税基础。企业持有各项资产期间资产增值或者减值,除国务院财政、税务主管部门规定可以确认损益外,不得调整该资产的计税基础。

★高频考点:税收优惠

序号	项目	内容
1	免税收入	(1)国债利息收入。 (2)符合条件的居民企业之间的股息、红利等权益性投资收益。 (3)在中国境内设立机构、场所的非居民企业从居民企业取得与该机构、场所有实际联系的股息、红利等权益性投资收益。 (4)符合条件的非营利组织的收入
2	免征、减征企业所得税	(1)从事农、林、牧、渔业项目的所得。 (2)从事国家重点扶持的公共基础设施项目投资经营的所得。 (3)从事符合条件的环境保护、节能节水项目的所得。 (4)符合条件的技术转让所得。 (5)《企业所得税法》第三条第三款规定的所得。 (6)符合条件的小型微利企业,减按20%的税率征收企业所得税。国家需要重点扶持的高新技术企业,减按15%的税率征收企业所得税。 (7)民族自治地方的自治机关对本民族自治地方的企业应缴纳的企业所得税中属于地方分享的部分,可以决定减征或者免征。自治州、自治县决定减征或者免征的,须报省、自治区、直辖市人民政府批准

序号	项目	内容
3	可以在计算应纳税所得额时加计扣除的支出	(1) 开发新技术、新产品、新工艺发生的研究开发费用。 (2) 安置残疾人员及国家鼓励安置的其他就业人员所支付的工资。 (3) 创业投资企业从事国家需要重点扶持和鼓励的创业投资,可以按投资额的一定比例抵扣应纳税所得额。 (4) 企业的固定资产由于技术进步等原因,确需加速折旧的,可以缩短折旧年限或者采取加速折旧的方法。 (5) 企业综合利用资源,生产符合国家产业政策规定的产品所取得的收入,可以在计算应纳税所得额时减计收入。 (6) 企业购置用于环境保护、节能节水、安全生产等专用设备的投资额,可以按一定比例实行税额抵免

注:所得税费用的确认:应纳税额=应纳税所得额×适用税率－减免税额－抵免税额。企业取得的下列所得已在境外缴纳的所得税税额,可以从其当期应纳税额中抵免,抵免限额为该项所得依照所得税法规定计算的应纳税额;超过抵免限额的部分,可以在以后五个年度内,用每年度抵免限额抵免当年应抵税额后的余额进行抵补。居民企业从其直接或者间接控制的外国企业分得的来源于中国境外的股息、红利等权益性投资收益,外国企业在境外实际缴纳的所得税税额中属于该项所得负担的部分,可以作为该居民企业的可抵免境外所得税税额,在所得税法第二十三条规定的抵免限额内抵免。

C18 财务报表的构成和列报的基本要求

★高频考点:财务报表列报的基本要求

(1) 企业应该依据实际发生的交易和事项,遵循《企业会计准则》的所有规定进行确认和计量,并在此基础上编制财务报表。

(2) 企业应以持续经营为会计确认、计量和编制会计报表的基础。

(3) 除现金流量表按照收付实现制编制外,企业应当按照权责发生制编制其他财务报表。

(4) 财务报表项目的列报应当在各个会计期间保持一致,不得随意变更。

(5) 重要项目单独列报。重要性应当根据企业所处环境,从项目的性质和金额大小两方面予以判断。

(6) 财务报表项目应当以总额列报,资产和负债、收入和费用、直接计入当期利润的利得和损失项目的金额不能相互抵消,即不得以净额列报,除非会计准则另有规定。

(7) 企业在列报当期财务报表时,应当至少提供所有列报项目与上一个可比会计期间的比较数据,以及与理解当期财务报表相关的说明。

(8) 财务报表一般分表首和正表两部分。

(9) 企业至少应当编制年度财务报表。

注:企业应当在财务报表的表首部分概括说明下列各项:编报企业的名称;资产负债表日或财务报表涵盖的会计期间;人民币金额单位;财务报表是合并财务报表的,应当予以标明。我国会计年度自公历1月1日起至12月31日止。年度财务报表涵盖的期间短于一年的,应当披露年度财务报表的涵盖期间,以及短于一年的原因。

★高频考点:财务报表的组成

(1) 资产负债表:反映企业在某一特定日期的财务状况的会计报表。

(2) 利润表:反映企业在一定会计期间的经营成果的会计报表。

(3) 现金流量表:反映企业一定会计期间现金和现金等价物流入和流出的会计报表。

(4) 所有者权益(或股东权益)变动表:反映构成所有者权益(或股东权益)的各组成部分当期增减变动情况的会计报表。所有者权益变动表至少应当单独列示反映下列信息的项目:①综合收益总额;②会计政策变更和差错更正的累积影响金额;③所有者投入资本和向所有者分配利润等;④提取的盈余公积;⑤所有者权益各组成部分的期初和期末余额及其调节情况。

(5) 附注:是对在会计报表中列示项目所作的进一步说明,以及对未能在这些报表中列示项目的说明等。

注:财务报表由报表本身及其附注两部分构成,附注是财务报表的有机组成部分。报表至少应当包括:资产负债表,利润表、现

金流量表、所有者权益（或股东权益）变动表。财务报表的这些组成部分具有同等的重要程度。

C19　利润表的内容和作用

★高频考点：利润表的内容

（1）营业收入，由主营业务收入和其他业务收入组成。

（2）营业利润，营业收入减去营业成本、税金及附加、销售费用、管理费用、研发费用、财务费用、资产减值损失、信用减值损失，加上其他收益、投资收益、净敞口套期收益、公允价值变动收益、资产处置收益，即为营业利润。

（3）利润总额，营业利润加上营业外收入，减去营业外支出，即为利润总额。

（4）净利润，利润总额减去所得税费用，即为净利润。

（5）其他综合收益的税后净额。

（6）综合收益总额，净利润加上其他综合收益净额，即为综合收益总额。

（7）每股收益，包括基本每股收益和稀释每股收益两项指标。

注：我国采用的是多步式利润表，通过对当期的收入、费用、支出项目按性质加以归类，按利润形成的主要环节列示一些中间性利润指标，如营业利润、利润总额、净利润，分步计算当期净损益。利润表对于费用列报一般按照功能分类，即分为从事经营业务发生的成本、管理费用、研发费用、销售费用和财务费用等。

★高频考点：利润表的作用

（1）利润表能反映企业在一定期间的收入实现和费用耗费情况以及获得利润或发生亏损的数额，表明企业投入与产出之间的关系；

（2）通过利润表提供的不同时期的比较数字，可以分析判断企业损益发展变化的趋势，预测企业未来的盈利能力；

（3）通过利润表可以考核企业的经营成果以及利润计划的执行情况，分析企业利润增减变化原因。

C20　财务报表附注的内容和作用

★高频考点：财务报表附注的主要内容

1. 企业的基本情况。
2. 财务报表的编制基础。
3. 遵循企业会计准则的声明。
4. 重要会计政策的说明和重要会计估计的说明。
5. 会计政策和会计估计变更以及差错更正的说明。
6. 报表重要项目的说明。
7. 或有和承诺事项、资产负债表日后非调整事项、关联方关系及其交易等需要说明的事项。
8. 助于会计报表使用者评价企业管理资本的目标、政策和程序的信息。

注：财务报表中所规定的内容具有一定的固定性和规定性，只能提供定量的会计信息，财务报表附注是对财务报表的补充。

C21　财务分析的常用方法

★高频考点：趋势分析法

趋势分析法对不同时期财务指标的比较，包括定基指数和环比指数两种方法：

（1）定基指数就是各个时期的指数都是以某一固定时期为基期来计算。

$$定基指数 = \left(\frac{分析期数额}{固定基期数额}\right) \times 100\%$$

（2）环比指数则是各个时期的指数以前一期为基期来计算。

$$环比指数 = \left(\frac{分析期数额}{前一期数额}\right) \times 100\%$$

注：趋势分析法通常采用定基指数，其优点是简便、直观。但用于对比的不同时期的指标，在计算口径上要一致；要剔除偶发项目的影响；重点分析某项有显著变化的指标。

★高频考点：比率分析法

常用的比率主要有以下三种：

（1）构成比率，反映部分与总体的关系，如流动资产占资产总额的比率；

（2）效率比率，反映投入与产出的关系，如净资产收益率；

（3）相关比率，反映有关经济活动的相互关系，如流动比率。

注：比率分析法是财务分析最基本、最重要的方法，优点是计算简便，计算结果比较容易判断，可以在不同规模企业之间进行比较。

★高频考点：因素分析法

序号	项目	内容
1	连环替代法	是将分析指标分解为各个可以计量的因素，并根据各个因素之间的依存关系，顺次用各因素的比较值（通常为实际值）替代基准值（通常为标准值或计划值），据以测定各因素对指标的影响
2	差额计算法	是连环替代法的一种简化形式，它是利用各因素的实际数与基准值之间的差额，计算各因素对分析指标的影响

注：因素分析法是依据分析指标与其驱动因素之间的关系，从数量上确定各因素对分析指标的影响方向及程度的分析方法。优点是既可以全面分析各因素对经济指标的影响，又可以单独分析某因素对经济指标的影响。

C22 筹资主体

★高频考点：企业筹资方式

序号	筹资方式	类型	特点
1	内源筹资	（1）企业自有资金：包括留存收益、应收账款以及闲置资产变卖等。 （2）应付息税。 （3）未使用或者未分配专项基金：包括更新改造基金、生产发展基金以及职工福利基金等	源自企业内部，因此不会发生筹资费用，具有明显的成本优势，同时内源筹资还具有效率优势，能够有效降低时间成本

序号	筹资方式	类型	特点
2	外源筹资	(1)权益筹资：包括普通股和优先股筹资。 (2)债务筹资：包括借款筹资和债券筹资。 (3)混合筹资：包括可转换债券和认股权证	(1)权益筹资形成企业所有者权益,将对企业股权结构产生不同程度的影响,甚至影响原有股东对企业的控制权。 (2)债务筹资后企业需按时偿付本金和利息,企业的资本结构可能产生较大的变化,企业负债率的上升会影响企业的账务风险。 (3)混合筹资是同时兼备权益筹资和债务筹资特征的特殊筹资工具

注：企业筹资，按照资金筹集渠道的不同可分为内源筹资和外源筹资。外源筹资又可分为直接筹资和间接筹资。直接筹资方式是指筹资主体不通过银行等金融中介机构而从资金提供者手中直接筹资。比如发行股票和企业债券筹资。在市场经济条件下，直接筹资已成为一种重要的筹资方式。间接筹资方式是指筹资主体通过银行等金融中介机构向资金提供者间接筹资。比如，向商业银行申请贷款，委托信托公司进行证券化筹资等。

★高频考点：项目融资的特点

序号	项目	内容
1	以项目为主体	项目主要根据项目的预期收益、资产以及政府扶持措施的力度来安排融资,其贷款的数量、融资成本的高低以及融资结构的设计都是与项目的现金流量和资产价值直接联系在一起的,因此,项目的融资事宜项目为主体的融资活动
2	有限追索贷款	项目的贷款人可以在贷款的某个特定阶段对项目借款人实行追索,或在一个规定范围内对公私合作双方进行追索。除此之外,项目出现任何问题,贷款人均不能追索到项目借款人除该项目资产、现金流量以及政府承诺义务之外的任何形式的资产
3	合理分配风险投资	在项目决策阶段应尽早地确定哪些基础设施项目能够进行项目融资,并且可以在项目的初始阶段就较合理地分配项目整个生命周期中的风险,而且风险将通过项目评估时的定价而变得清晰

序号	项目	内容
4	项目资产负债表之外的融资	项目融资是一种在资产负债表之外的融资。根据有限追索原则,项目投资人承担的是有限责任,因而通过对项目投资结构和融资结构的设计,可以帮助投资者将贷款安排为一种非公司负债性融资,使融资不需进入项目投资者资产负债表的贷款形式
5	灵活的信用结构	采用项目融资的项目一般具有灵活的项目结构,可以将贷款的信用支持分配到与项目有关的各个方面,提高项目的债务承受能力,减少贷款人对投资者资信和其他资产的依赖程度

注:项目融资又叫无追索权融资方式,其含义是项目负债的偿还,只依靠项目本身的资产和未来现金流量来保证,即使项目实际运作失败,债权人也只要求以项目本身的资产或盈余还债,而对项目以外的其他资产无追索权。

C23 资本结构分析与优化

★高频考点:资本结构决策的方法

序号	项目	内容
1	资金成本法比较法	是指在不考虑各种筹资方式在数量与比例上的约束以及财务风险差异时,通过计算不同资本结构方案的综合资金成本,选择综合资金成本最低的方案,确定为相对较优的资本结构
2	每股收益无差别点法	是在计算不同筹资方案下企业的每股收益相等时所对应的盈利水平基础上,通过比较在企业预期盈利水平下的不同筹资方案的每股收益,进而选择每股收益较大的筹资方案

注:每股收益无差别点法的判断原则是比较不同筹资方式能否给股东带来更大的净收益,但是没有考虑风险因素。

C24 存货的财务管理

★高频考点:储备存货的有关成本

序号	项目	内容	说明
1	取得成本(取得成本=订货成本+购置成本=订货固定成本+订货变动成本+购置成本)	(1)订货成本	指取得订单的成本,如办公费、差旅费、邮资、电报电话费等支出。订货成本分为订货的固定成本,用 F_1 表示;变动成本用 K 表示;订货次数等于存货年需要量 D 与每次进货量 Q 之商
		(2)购置成本	购置成本指存货本身的价值,经常用数量与单价的乘积来确定。年需要量用 D 表示,单价用 U 表示,购置成本为 DU
2	储存成本(储存成本=储存固定成本+储存变动成本)	指为保持存货而发生的成本,包括存货占用资金所应计的利息、仓库费用、保险费用、存货破损和变质损失等,通常用 TC_c 来表示。分为固定成本和变动成本	固定成本与存货数量的多少无关,常用 F_2 表示。变动成本与存货的数量有关,单位成本用 K_2 来表示
3	缺货成本	指由于存货供应中断而造成的损失,包括材料供应中断造成的停工损失、产成品库存缺货造成的拖欠发货损失和丧失销售机会的损失	如果生产企业以紧急采购代用材料解决库存材料中断之急,那么缺货成本表现为紧急额外购入成本(紧急额外购入的开支会大于正常采购的开支)

注:存货管理的目标:尽力在各种存货成本与存货效益之间做出权衡,达到两者的最佳结合。存货的总成本=取得成本+储存成本+缺货成本。

★高频考点:存货决策

经济订货量的基本模型:

$$Q^* = \sqrt{2KD/K_2}$$

式中 Q^*——经济订货量；
　　　K——每次订货的变动成本；
　　　D——存货年需要量；
　　　K_2——单位储存成本。

注：存货的决策涉及四项内容：决定进货项目、选择供应单位、决定进货时间和决定进货批量。决定进货项目和选择供应单位是销售部门、采购部门和生产部门的职责。财务部门的职责是决定进货时间和进货批量（分别用 T 和 Q 表示）。

★**高频考点：存货管理的 ABC 分析法**

（1）A 类存货种类少，但占用资金较多，应集中主要精力，对其经济批量进行认真规划，实施严格控制；

（2）B 类存货介于 A 类和 C 类之间，应给予相当的重视，但不必像 A 类那样进行非常严格的规划和控制；

（3）C 类存货种类繁多，但占用资金很少，不必耗费过多的精力去分别确定其经济批量，也难以实行分品种或分大类控制，可凭经验确定进货量。

注：按照一定的标准，将企业的存货划分为 A、B、C 三类，分别实行分品种重点管理、分类别一般控制和按总额灵活掌握的存货管理方法。分类的标准主要有两个：一是金额标准；二是品种数量标准。

C25　建设项目总投资费用项目组成

★**高频考点：工程估价类型**

序号	类型名称	所处阶段
1	投资估算	项目建议书及可行性研究阶段
2	设计概算	初步设计、技术设计阶段
3	施工图预算	施工图设计阶段
4	投标报价	投标阶段
5	合同价	承包人与发包人签订合同时

序号	类型名称	所处阶段
6	结算价	合同实施阶段
7	竣工决算价	工程竣工验收后

建设项目总投资组成表
★高频考点：费用项目名称

建设项目总投资	建设投资	第一部分 工程费用	设备及工器具购置费
			建筑安装工程费
		第二部分 工程建设 其他费用	1. 建设用地费和其他补偿费
			2. 建设管理费
			3. 可行性研究费
			4. 专项评价费
			5. 研究试验费
			6. 勘察设计费
			7. 场地准备费和临时设施费
			8. 引进技术和进口设备材料其他费
			9. 特殊设备安全监督检验费
			10. 市政公用配套设施费
			11. 工程保险费
			12. 专利及专有技术使用费
			13. 联合试运转费
			14. 生产准备费
			15. 办公和生活家具购置费
			16. 其他
		第三部分	基本预备费
			涨价预备费
	建设期利息		
	流动资产投资——流动资金		

★高频考点：建设项目总投资费用项目组成说明

序号	项目	内容
1	设备购置费	(1)是指购置或自制的达到固定资产标准的设备、工器具及生产家具等所需的费用。 (2)设备及工器具购置费由设备原价、工器具原价和运杂费(包括设备成套公司服务费)组成
2	建筑工程费	(1)建筑工程费是指建筑物、构筑物及与其配套的线路、管道等的建造、装饰费用。 (2)安装工程费是指设备、工艺设施及其附属物的组合、装配、调试等费用
3	工程费用	是指建设期内直接用于工程建造、设备购置及其安装的费用，包括建筑工程费、设备购置费和安装工程费
4	工程建设其他费用	(1)是指建设期发生的与土地使用权取得、整个工程项目建设以及未来生产经营有关的费用。 (2)工程建设其他费用可分为三类： ①第一类是建设用地费，包括土地征用及迁移补偿费和土地使用权出让金； ②第二类是与项目建设有关的费用，包括建设管理费、勘察设计费、研究试验费等； ③第三类是与未来企业生产经营有关的费用，包括联合试运转费、生产准备费、办公和生活家具购置费等
5	建设期利息	(1)是指在建设期内应计的利息和在建设期内为筹集项目资金发生的费用。 (2)包括各类借款利息、债券利息、贷款评估费、国外借款手续费及承诺费、汇兑损益、债券发行费用及其他债务利息支出或融资费用
6	流动资金	是指为进行正常生产运营，用于购买原材料、燃料、支付工资及其他运营费用等所需的周转资金。在可行性研究阶段指的是全部流动资金；在初步设计及以后阶段用于计算"项目报批总投资"或"项目概述总投资"时指的是铺底流动资金
7	铺底流动资金	是指生产性建设项目为保证生产和经营正常进行，按规定应列入建设项目总投资的铺底流动资金，一般按流动资金的30%计算

序号	项目	内容
8	固定资产投资	(1)分为静态投资部分和动态投资部分。 (2)静态投资部分由建筑安装工程费、设备及工器具购置费、工程建设其他费和基本预备费构成。 (3)动态投资部分,是指在建设期内,因建设期利息和国家新批准的税费、汇率、利率变动以及建设期价格变动引起的建设投资增加额,包括价差预备费、建设期利息等

注:(1) 建设项目总投资是指为完成工程项目建设并达到使用要求或生产条件,在建设期内预计或实际投入的总费用。生产性建设项目总投资包括建设投资、建设期利息和铺底流动资金三部分;非生产性建设项目总投资包括建设投资和建设期利息两部分。其中建设投资和建设期利息之和对应固定资产投资。
(2) 建设投资由设备及工器具购置费、建筑安装工程费、工程建设其他费用、预备费(包括基本预备费和涨价预备费)组成。

C26 建筑安装工程费用计算方法

★高频考点:各费用构成要素计算方法

序号	费用构成要素	说明
1	人工费	人工费=Σ(工日消耗量×日工资单价) 日工资单价=$\dfrac{生产工人平均月工资(计时、计件)+平均月(奖金+津贴补贴+特殊情况下支付的工资)}{年平均每月法定工作日}$ 注:公式主要适用于施工企业投标报价时自主确定人工费,也是工程造价管理机构编制计价定额确定定额人工单价或发布人工成本信息的参考依据。 人工费=Σ(工程工日消耗量×日工资单价) 注:公式适用于工程造价管理机构编制计价定额时确定定额人工费,是施工企业投标报价的参考依据
		最低日工资单价不得低于工程所在地的最低工资标准:普工1.3倍;一般技工2倍;高级技工3倍
		计价定额不能只列一个综合工日单价,应适当划分多种日人工单价

序号	费用构成要素	说明
2	材料费（包括工程设备费）	材料费=∑(材料消耗量×材料单价) 材料单价=[(材料原价+运杂费)×[1+运输损耗率(%)]]×[1+采购保管费率(%)]
		工程设备费=∑(工程设备量×工程设备单价) 工程设备单价=(设备原价+运杂费)×[1+采购保管费率(%)]
3	施工机具使用费（包括施工机械使用费和仪器仪表使用费）	施工机械使用费=∑(施工机械台班消耗量×机械台班单价)
		机械台班单价=台班折旧费+台班大修费+台班经常修理费+台班安拆费及场外运费+台班人工费+台班燃料动力费+台班车船税费
		台班折旧费=$\dfrac{机械预算价格\times(1-残值率)}{耐用总台班数}$ 耐用总台班数=折旧年限×年工作台班
		台班大修理费=$\dfrac{一次大修理费\times 大修次数}{耐用总台班数}$
		租赁施工机械的施工机械使用费=∑(施工机械台班消耗量×机械台班租赁单价)
		仪器仪表使用费=工程使用的仪器仪表摊销费+维修费
4	企业管理费	(1)以分部分项工程费为计算基础 企业管理费费率(%)=$\dfrac{生产工人年平均管理费}{年有效施工天数\times 人工单价}$×人工费占分部分项工程费比例(%) (2)以人工费和机械费合计为计算基础 企业管理费费率(%)=$\dfrac{生产工人年平均管理费}{年有效施工天数\times(人工单价+每一工日机械使用费)}$×100%

序号	费用构成要素	说明
4	企业管理费	(3)以人工费为计算基础 $$\text{企业管理费费率}(\%) = \frac{\text{生产工人年平均管理费}}{\text{年有效施工天数} \times \text{人工单价}} \times 100\%$$ 注：上述公式适用于施工企业投标报价时自主确定管理费，是工程造价管理机构编制计价定额确定企业管理费的参考依据。 工程造价管理机构在确定计价定额中企业管理费时，应以定额人工费或(定额人工费＋定额机械费)作为计算基数，其费率根据历年工程造价积累的资料，辅以调查数据确定，列入分部分项工程和措施项目中
5	利润	(1)施工企业根据企业自身需求并结合建筑市场实际自主确定，列入报价中。 (2)工程造价管理机构在确定计价定额中利润时，应以定额人工费或定额人工费与定额机械费之和作为计算基数，其费率根据历年工程造价积累的资料，并结合建筑市场实际确定，以单位(单项)工程测算，利润在税前建筑安装工程费的比重可按不低于5%且不高于7%的费率计算。利润应列入分部分项工程和措施项目中
6	规费	社会保险费和住房公积金应以定额人工费为计算基础，根据工程所在地省、自治区、直辖市或行业建设主管部门规定费率计算 社会保险费和住房公积金＝Σ(工程定额人工费×社会保险费率和住房公积金费率) 式中：社会保险费率和住房公积金费率可按每万元发承包价的生产工人人工费、管理人员工资含量与工程所在地规定的缴纳标准综合分析取定
7	增值税	(1)工程造价＝税前工程造价×(1＋9%) (2)税金＝税前工程造价×税率(或征收率) (3)税金＝$\frac{\text{工程造价}}{1+\text{税率(或征收率)}} \times \text{税率(或征收率)}$

★高频考点:建筑安装工程计价公式

序号	项目	子项目	公式
1	分部分项工程费		分部分项工程费=Σ(分部分项工程量×综合单价) 式中:综合单价包括人工费、材料费、施工机具使用费、企业管理费和利润以及一定范围的风险费用(下同)
2	措施项目费	国家计量规范规定应予计量的措施项目	措施项目费=Σ(措施项目工程量×综合单价)
		国家计量规范规定不宜计量的措施项目	(1)安全文明施工费=计算基数×安全文明施工费费率(%)。 (2)夜间施工增加费=计算基数×夜间施工增加费费率(%)。 (3)二次搬运费=计算基数×二次搬运费费率(%)。 (4)冬雨季施工增加费=计算基数×冬雨季施工增加费费率(%)。 (5)已完工程及设备保护费=计算基数×已完工程及设备保护费费率(%)。 注:上述(2)~(5)项措施项目的计费基数应为定额人工费或(定额人工费+定额机械费),其费率由工程造价管理机构根据各专业工程特点和调查资料综合分析后确定
3	其他项目费	暂列金额	由发包人根据工程特点,按有关计价规定估算,施工过程中由发包人掌握使用、扣除合同价款调整后如有余额,归发包人
		计日工	由建设单位和施工企业按施工过程中的签证计价
		总承包服务费	由发包人在最高投标限价中根据总包服务范围和有关计价规定编制,承包人投标时自主报价,施工过程中按签约合同价执行

序号	项目	子项目	公式
4	规费和税金		发包人和承包人均应按照省、自治区、直辖市或行业建设主管部门发布的标准计算规费和税金，不得作为竞争性费用

★高频考点：建筑安装工程计价程序

序号	内容	计算方法		
		发包人工程最高投标限价计价	承包人工程投标报价计价	竣工结算计价
1	分部分项工程费	按计价规定计算	自主报价	按合同约定计算
1.1				
1.2				
1.3				
2	措施项目费	按计价规定计算	自主报价	按合同约定计算
2.1	其中：安全文明施工费	按规定标准计算		
3	其他项目费			
3.1	其中：暂列金额	按计价规定估算	按招标文件提供金额计列	按合同约定计算
3.2	其中：专业工程暂估价			按合同约定计算
3.3	其中：计日工		自主报价	按计日工签证计算
	其中：总承包服务费			按合同约定计算
3.4	索赔与现场签证			按发承包双方确认数额计算

序号	内容	计算方法		
		发包人工程最高投标限价计价	承包人工程投标报价计价	竣工结算计价
4	规费	按规定标准计算		
5	税金	税前工程造价×税率(或征收率)		
	合计	总价＝1＋2＋3＋4＋5		

C27　增值税计算

★高频考点：增值税税率

序号	增值税税率或扣除率	增值税纳税行业	
1	13%	销售或进口一般货物(另有列举的货物除外)	
		提供服务	提供加工、修理、修配劳务
			提供有形动产租赁服务
2	9%	销售或进口货物	粮食等农产品、食用植物油、食用盐
			自来水、暖气、冷气、热气、煤气、石油液化气、天然气、沼气、居民用煤炭制品
			图书、报纸、杂志、音像制品、电子出版物
			饲料、化肥、农药、农机、农膜
			国务院规定的其他货物
		销售(提供)服务	转让土地使用权、销售不动产、提供不动产租赁、提供建筑服务、提供交通运输服务、提供邮政服务、提供基础电信服务
3	6%	销售(转让)无形资产	技术、商标、著作权、商誉、自然资源使用权(不含土地使用权)和其他权益性无形资产
		提供服务(另有列举的服务除外)	

序号	增值税税率 或扣除率	增值税纳税行业	
4	零税率	出口货物（国务院另有规定的除外）	
		提供服务	国际运输服务、航天运输服务
			向境外单位提供的完全在境外消费的相关服务
			财政部和国家税务总局规定的其他服务

注：（1）在中华人民共和国境内销售服务、无形资产或者不动产的单位和个人，为增值税的纳税人，应当按照营业税改征增值税试点实施办法缴纳增值税，不缴纳营业税。

（2）单位以承包、承租、挂靠方式经营的，承包人、承租人、挂靠人（以下统称承包人）以发包人、出租人、被挂靠人（以下统称发包人）名义对外经营并由发包人承担相关法律责任的，以该发包人为纳税人。否则，以承包人为纳税人。

（3）纳税人分为一般纳税人和小规模纳税人。应税行为的年应征增值税销售额超过财政部和国家税务总局规定标准的纳税人为一般纳税人，未超过规定标准的纳税人为小规模纳税人。

（4）纳税人兼营不同税率的项目，应当分别核算不同税率项目的销售额；未分别核算销售额的，从高适用税率。

★高频考点：增值税应纳税额计算

序号	项目	内容
1	应纳税额 计算公式	（1）应纳税额＝当期销项税额－当期进项税额 （2）销项税额＝销售额×税率
2	销项税额中准予抵扣进项税额的项目	（1）从销售方取得的增值税专用发票上注明的增值税额。 （2）从海关取得的海关进口增值税专用缴款书上注明的增值税额。 （3）购进农产品，除取得增值税专用发票或者海关进口增值税专用缴款书外，按照农产品收购发票或者销售发票上注明的农产品买价和9％的扣除率计算的进项税额，国务院另有规定的除外。进项税额计算公式：进项税额＝买价×扣除率。 （4）自境外单位或者个人购进劳务、服务、无形资产或者境内的不动产，从税务机关或者扣缴义务人取得的代扣代缴税款的完税凭证上注明的增值税额

序号	项目	内容
3	不得从销项税额中抵扣进项税额的项目	（1）用于简易计税方法计税项目、免征增值税项目、集体福利或者个人消费的购进货物、劳务、服务、无形资产和不动产。 （2）非正常损失的购进货物，以及相关的劳务和交通运输服务。 （3）非正常损失的在产品、产成品所耗用的购进货物（不包括固定资产）、劳务和交通运输服务。 （4）国务院规定的其他项目

★高频考点：小规模纳税人应纳税额的简易计算办法

（1）小规模纳税人应纳税额计算公式：应纳税额＝销售额×征收率。

（2）小规模纳税人的标准由国务院财政、税务主管部门规定。

（3）小规模纳税人增值税征收率为3%，国务院另有规定的除外。

（4）小规模纳税人以外的纳税人应当向主管税务机关办理登记。具体登记办法由国务院税务主管部门制定。

★高频考点：建筑业增值税计算办法

序号	项目	内容
1	一般计税方法	（1）一般计税方法，建筑业增值税税率为9%。 （2）计算公式为：增值税销项税额＝税前造价×9%。 （3）税前造价为人工费、材料费、施工机具使用费、企业管理费、利润和规费之和，各费用项目均不包含增值税可抵扣进项税额的价格计算
2	简易计税方法	（1）简易计税方法的应纳税额，是指按照销售额和增值税征收率计算的增值税额，不得抵扣进项税额。 （2）采用简易计税方法时，建筑业增值税税率为3%。 （3）计算公式为：增值税＝税前造价×3%。 （4）税前造价为人工费、材料费、施工机具使用费、企业管理费、利润和规费之和，各费用项目均以包含增值税进项税额的含税价格计算

注：建筑安装工程费用的增值税的计税方法，包括一般计税方法和简易计税方法。一般纳税人发生应税行为适用一般计税方法计税。小规模纳税人发生应税行为适用简易计税方法计税。

C28　设备购置费计算

★高频考点：国产设备购置费的组成和计算

（1）国产标准设备原价一般指的是设备制造厂的交货价，即出厂价。在计算设备原价时，一般按带有备件的出厂价计算。

（2）国产非标准设备原价有多种不同的计算方法，如成本计算估价法、系列设备插入估价法、分部组合估价法、定额估价法等。

注：设备购置费是指购置或自制的达到固定资产标准的设备、工器具及生产家具等所需的费用。设备购置费分为外购设备费和自制设备费。外购设备是指设备生产厂制造，符合规定标准的设备。自制设备是指按订货要求，并根据具体的设计图纸自行制造的设备。所谓固定资产标准是指使用年限在一年以上，单位价值在国家或各主管部门规定的限额以上。新建项目和扩建项目的新建车间购置或自制的全部设备、工具、器具，不论是否达到固定资产标准，均计入设备及工器具购置费中。设备购置费包括设备原价和设备运杂费，即：设备购置费＝设备原价或进口设备抵岸价＋设备运杂费。式中，设备原价是指国产标准设备、非标准设备的原价。设备运杂费是指设备原价中未包括的包装和包装材料费、运输费、装卸费、采购费及仓库保管费、供销部门手续费等。如果设备是由设备成套公司供应的，成套公司的服务费也应计入设备运杂费中。

★高频考点：进口设备的交货方式

序号	项目	内容	说明
1	内陆交货类	卖方在出口国内陆的某个地点完成交货任务	（1）在交货地点，卖方及时提交合同规定的货物和有关凭证，并承担交货前的一切费用和风险。 （2）买方按时接受货物，交付货款，承担接货后的一切费用和风险，并自行办理出口手续和装运出口。 （3）货物的所有权也在交货后由卖方转移给买方

序号	项目	内容	说明
2	目的地交货类	卖方要在进口国的港口或内地交货，包括目的港船上交货价，目的港船边交货价(FOS)和目的港码头交货价(关税已付)及完税后交货价(进口国目的地的指定地点)	买卖双方承担的责任、费用和风险是以目的地约定交货点为分界线，只有当卖方在交货点将货物置于买方控制下方算交货，方能向买方收取货款
3	装运港交货类	卖方在出口国装运港完成交货任务。装运港船上交货价(FOB)，称为离岸价；运费在内价(CFR)；运费、保险费在内价(CIF)，称为到岸价	采用装运港船上交货价(FOB)时卖方的责任是： (1)负责在合同规定的装运港口和规定的期限内，将货物装上买方指定的船只并及时通知买方。 (2)负责货物装船前的一切费用和风险。 (3)负责办理出口手续。 (4)提供出口国政府或有关方面签发的证件。 (5)负责提供有关装运单据。 买方的责任是： (1)负责租船或订舱，支付运费，并将船期、船名通知卖方。 (2)承担货物装船后的一切费用和风险。 (3)负责办理保险及支付保险费，办理在目的港的进口和收货手续。 (4)接受卖方提供的有关装运单据，并按合同规定支付货款

★高频考点：进口设备抵岸价的构成

序号	项目	计算公式	说明
1	进口设备的货价	货价＝离岸价(FOB价)×人民币外汇牌价	
2	国外运费	国外运费＝离岸价×运费率 或： 国外运费＝运量×单位运价	运费率或单位运价参照有关部门或进出口公司的规定

序号	项目	计算公式	说明
3	国外运输保险费	国外运输保险费＝$\dfrac{(离岸价＋国外运费)}{1-国外运输保险费率}$×国外运输保险费率	计算进口设备抵岸价时,将国外运输保险费换算为人民币
4	银行财务费	银行财务费＝离岸价×人民币外汇牌价×银行财务费率	一般指银行手续费,为0.4%~0.5%
5	外贸手续费	外贸手续费＝进口设备到岸价×人民币外汇牌价×外贸手续费率 [进口设备到岸价(CIF)＝离岸价(FOB)＋国外运费＋国外运输保险费]	外贸手续费率一般取1.5%
6	进口关税	进口关税＝到岸价×人民币外汇牌价×进口关税率	属于流转性课税
7	增值税	进口产品增值税额＝组成计税价格×增值税率 (组成计税价格＝到岸价×人民币外汇牌价＋进口关税＋消费税)	进口应税产品均按组成计税价格,依税率直接计算应纳税额,不扣除任何项目的金额或已纳税额,增值税基本税率为13%
8	消费税	消费税＝$\dfrac{到岸价×人民币外汇牌价＋关税}{1-消费税率}$×消费税率	部分进口产品(如轿车等)征收

注：进口设备采用装运港船上交货价（FOB），其抵岸价构成为：进口设备抵岸价＝货价＋国外运费＋国外运输保险费＋银行财务费＋外贸手续费＋进口关税＋增值税＋消费税。

★高频考点：设备运杂费构成

序号	项目	内容
1	国产标准设备	由设备制造厂交货地点起至工地仓库(或施工组织设计指定的需要安装设备的堆放地点)止所发生的运费和装卸费
2	进口设备	由我国到岸港口、边境车站起至工地仓库(或施工组织设计指定的需要安装设备的堆放地点)止所发生的运费和装卸费

序号	项目	内容
3	设备出厂价格中没有包含的设备包装和包装材料器具费	设备出厂价或进口设备价格中如已包括了此项费用,则不应重复计算
4	供销部门的手续费	按统一费率计算
5	建设单位(或工程承包公司)的采购与仓库保管费	指采购、验收、保管和收发设备所发生的各种费用,包括设备采购、保管和管理人员工资、工资附加费、办公费、差旅交通费、设备供应部门办公和仓库所占固定资产使用费、工具用具使用费、劳动保护费、检验试验费等。这些费用可按主管部门规定的采购保管费率计算

注:设备运杂费=设备原价×设备运杂率。此外注意工器具及生产家具购置费=设备购置费×定额费率。

C29 预备费计算

★高频考点:预备费计算

序号	项目	内容	计算公式
1	基本预备费	(1)基本预备费是指在项目实施中可能发生难以预料的支出,需要预先预留的费用,又称不可预见费。主要指设计变更及施工过程中可能增加工程量的费用。(2)基本预备费费率由工程造价管理机构根据项目特点综合分析后确定	基本预备费=(工程费用+工程建设其他费用)×基本预备费费率

序号	项目	内容	计算公式
2	价差预备费	（1）是指为在建设期内利率、汇率或价格等因素的变化而预留的可能增加的费用,亦称为价格变动不可预见费。 （2）价差预备费的内容包括:人工、设备、材料、施工机具的价差费,建筑安装工程费及工程建设其他费用调整,利率、汇率调整等增加的费用	价差预备费计算公式: $$P = \sum_{t=1}^{n} I_t [(1+f)^m (1+f)^{0.5} (1+f)^{t-1} - 1]$$ 式中 P——价差预备费; n——建设期年份数; I_t——建设期第 t 年的投资计划额,包括工程费用、工程建设其他费用及基本预备费,即第 t 年的静态投资计划额; f——投资价格指数; t——建设期第 t 年; m——建设前期年限(从编制概算到开工建设年数)

注:价差预备费中的投资价格指数按国家颁布的计取,当前暂时为零,计算式中 $(1+f)^{0.5}$ 表示建设期第 t 年当年投资分期均匀投入考虑涨价的幅度,对设计建设周期较短的项目价差预备费计算公式可简化处理。特殊项目或必要时可进行项目未来价差分析预测,确定各时期投资价格指数。

C30 资金筹措费计算

★高频考点:资金筹措费

序号	项目	内容
1	自有资金额度	应符合国家或行业有关规定
2	建设期利息	（1）建设期利息是指项目借款在建设期内发生并计入固定资产的利息。 （2）在编制投资估算时通常假定借款均在每年的年中支用,借款第一年按半年计息,其余各年份按全年计息。 （3）根据不同资金来源及利率分别计算。 $$Q = \sum_{j=1}^{n} (P_{j-1} + A_j/2)i$$

序号	项目	内容
2	建设期利息	式中 Q——建设期利息； P_{j-1}——建设期第$(j-1)$年末贷款累计金额与利息累计金额之和； A_j——建设期第j年贷款金额； i——贷款年利率； n——建设期年数
3	其他方式资金筹措费用	按发生额度或相关规定计列

注：资金筹措费包括各类借款利息、债券利息、贷款评估费、国外借款手续费及承诺费、汇兑损益、债券发行费用及其他债务利息支出或融资费用。

C31 建设工程定额的分类

★高频考点：建设工程定额分类

分类标准	内容	说明
按生产要素内容分类	人工定额	指在正常的施工技术和组织条件下，完成单位合格产品所必需的人工消耗量标准
	材料消耗定额	指在合理和节约使用材料的条件下，生产单位合格产品所必须消耗的一定规格的材料、成品、半成品和水、电等资源的数量标准
	施工机械台班使用定额	指施工机械在正常施工条件下完成单位合格产品所必需的工作时间
按编制程序和用途分类	施工定额	(1)以同一性质的施工过程——工序为研究对象，表示生产产品数量与时间消耗综合关系编制的定额。 (2)施工定额是施工企业内部使用的定额，属于企业定额性质。 (3)是工程建设定额中分项最细、定额子目最多的一种定额。 (4)是建设工程定额中的基础性定额。

分类标准	内容	说明
按编制程序和用途分类	施工定额	(5)由人工定额、材料消耗定额和机械台班使用定额组成。 (6)直接用于施工项目的施工管理,用来编制施工作业计划、签发施工任务单、签发限额领料单,以及结算计件工资或计量奖励工资等。 (7)施工定额的定额水平反映施工企业生产与组织的技术水平和管理水平。 (8)施工定额是编制预算定额的基础
	预算定额	(1)预算定额是以建筑物或构筑物各个分部分项工程为对象编制的定额。 (2)预算定额是以施工定额为基础综合扩大编制的,同时也是编制概算定额的基础。 (3)其中的人工、材料和机械台班的消耗水平根据施工定额综合取定,定额项目的综合程度大于施工定额。 (4)预算定额是编制施工图预算的主要依据,是编制定额基价、确定工程造价、控制建设工程投资的基础和依据。 (5)在市场经济体制下,预算定额的指令性作用日益削弱,但各地、各行业,特别是企业自身的预算定额仍是编制最高投标限价、进行投标报的重要基础
	概算定额	(1)是以扩大的分部分项工程为对象编制的。 (2)是编制扩大初步设计概算、确定建设项目投资额的依据。 (3)是在预算定额的基础上综合扩大而成的,每一综合分项概算定额都包含了数项预算定额
	概算指标	(1)是概算定额的扩大与合并。 (2)以整个建筑物和构筑物为对象,以更为扩大的计量单位来编制的。 (3)指标的设定和初步设计的深度相适应。 (4)是设计单位编制设计概算或建设单位编制年度投资计划的依据。 (5)可作为编制估算指标的基础

分类标准	内容	说明
按编制程序和用途分类	投资估算指标	(1)以独立的单项工程或完整的工程项目为计算对象。 (2)根据已建工程或现有工程的价格数据和资料,经分析、归纳和整理编制而成的。 (3)是在项目建议书和可行性研究阶段编制投资估算、计算投资需要量时使用的一种指标。 (4)是合理确定建设工程项目投资的基础
按编制单位和适用范围分类	全国统一定额	在全国范围内使用的定额
	行业定额	在本行业范围内使用的定额
	地区定额	在本地区内使用的定额
	企业定额	由施工企业自行组织,根据企业的自身情况,在本企业内部使用的定额
按投资的费用性质分类	建筑工程定额	是建筑工程的施工定额、预算定额、概算定额和概算指标的统称。建筑工程一般理解为建筑物、构筑物及与其配套的线路、管道等的建造、装饰等工程。建造工程定额如:建造及装饰工程定额、房屋修缮工程定额、市政工程定额
	设备安装工程定额	是设备安装工程的施工定额、预算定额、概算定额和概算指标的统称。设备安装工程一般是指设备、工艺设施及其附属物的组合、装配、调试等工程。安装工程定额如:电气设备安装工程定额、工业管道安装工程定额、工艺金属结构安装工程定额等
	建筑安装工程费用定额	建筑安装工程费用定额一般包括措施费定额、企业管理费定额
	工具、器具定额	是为新建或扩建项目投产运转首次配置的工具、器具数量标准
	工程建设其他费用定额	是独立于建筑安装工程定额、设备和工器具购置之外的其他费用开支的标准

C32 材料消耗定额的编制

★高频考点：材料消耗定额指标的组成

1. 主要材料，指直接构成工程实体的材料；
2. 辅助材料，直接构成工程实体，但比重较小的材料；
3. 周转性材料（又称工具性材料），指施工中多次使用但并不构成工程实体的材料，如模板、脚手架等；
4. 零星材料，指用量小、价值不大、不便计算的次要材料，可用估算法计算。

注：上述分类是按其使用性质、用途和用量大小划分为四类的。

★高频考点：材料消耗定额的编制

分类	内容	说明
材料净用量确定	理论计算法	根据设计、施工验收规范和材料规格等，从理论上计算材料的净用量
	测定法	根据试验情况和现场测定的资料数据确定材料的净用量
	图纸计算法	根据选定的图纸，计算各种材料的体积、面积、延长米或重量
	经验法	根据历史上同类项目的经验进行估算
材料损耗量的确定	用损耗率表示，可以通过观察法或统计法计算确定	材料消耗量计算的公式如下： $$损耗率 = \frac{损耗量}{净用量} \times 100\%$$ 总消耗量 = 净用量 + 损耗量 = 净用量 ×(1+损耗率)

★高频考点：周转性材料消耗定额的编制

项目	内容
影响因素	(1)第一次制造时的材料消耗（一次使用量）。 (2)每周转使用一次材料的损耗（第二次使用时需要补充）。 (3)周转使用次数。 (4)周转材料的最终回收及其回收折价

项目	内容
表示指标	(1)用一次使用量和摊销量两个指标表示。 (2)一次使用量是指周转材料在不重复使用时的一次使用量,供施工企业组织施工用。 (3)摊销量是指周转材料退出使用,应分摊到每一计量单位的结构构件的周转材料消耗量,供施工企业成本核算或投标报价使用
捣制混凝土结构木模板用量的计算公式	一次使用量=净用量×(1+操作损耗率) $$周转使用量=\frac{一次使用量\times[1+(周转次数-1)\times补损率]}{周转次数}$$ $$回收量=\frac{一次使用量\times(1-补损率)}{周转次数}$$ 摊销量=周转使用量-回收量×回收折价率
预制混凝土构件的模板用量的计算公式	一次使用量=净用量×(1+操作损耗率) $$摊销量=\frac{一次使用量}{周转次数}$$

C33 施工定额和企业定额的编制

★高频考点：施工定额的编制

序号	项目	内容
1	施工定额的作用	(1)施工定额是企业计划管理的依据。 (2)施工定额是组织和指挥施工生产的有效工具。 (3)施工定额是计算工人劳动报酬的依据。 (4)施工定额有利于推广先进技术。 (5)施工定额是编制施工预算,加强企业成本管理和经济核算的基础
2	施工定额的编制原则	(1)施工定额水平必须遵循平均先进的原则。 (2)定额的结构形式简明适用的原则
3	编制施工定额前的准备工作	(1)明确编制任务和指导思想。 (2)系统整理和研究日常积累的定额基本资料。 (3)拟定定额编制方案,确定定额水平、定额步距、表达方式等

★高频考点：企业定额的编制

序号	项目	内容
1	企业定额的作用	(1)企业定额是施工企业计算和确定工程施工成本的依据，是施工企业进行成本管理、经济核算的基础。 (2)企业定额是施工企业进行工程投标、编制工程投标价格的基础和主要依据。 (3)企业定额是施工企业编制施工组织设计的依据
2	企业定额的编制原则	企业定额可采用基础定额的形式，按统一的工程量计算规则、统一划分的项目、统一的计量单位进行编制
3	企业定额的编制方法	(1)编制企业定额最关键的工作是确定人工、材料和机械台班的消耗量，以及计算分项工程单价或综合单价。 (2)人工消耗量的确定，首先是根据企业环境，拟定正常的施工作业条件，分别计算测定基本用工和其他用工的工日数，进而拟定施工作业的定额时间。 (3)确定材料消耗量，是通过企业历史数据的统计分析、理论计算、实验试验、实地考察等方法计算确定材料包括周转材料的净用量和损耗量，从而拟定材料消耗的定额指标。 (4)机械台班消耗量的确定，同样需要按照企业的环境，拟定机械工作的正常施工条件，确定机械净工作效率和利用系数，据此拟定施工机械作业的定额台班和与机械作业相关的工人小组的定额时间。 (5)人工价格也即劳动力价格，一般情况下就按地区劳务市场价格计算确定。人工单价最常见的是日工资单价，通常是根据工种和技术等级的不同分别计算人工单价，有时可以简单地按专业工种将人工粗略划分为结构、精装修、机电等三大类，然后按每个专业需要的不同等级人工的比例综合计算人工单价。 (6)材料价格按市场价格计算确定，其应是供货方将材料运至施工现场堆放地或工地仓库后的出库价格。 (7)施工机械使用价格最常用的是台班价格。应通过市场询价，根据企业和项目的具体情况计算确定

注：企业定额是施工企业根据本企业的技术水平和管理水平，编制制定的完成单位合格产品所必需的人工、材料和施工机械台班消耗量，以及其他生产经营要素消耗的数量标准。企业定额反映企业的施工生产与生产消费之间的数量关系，是施工企业生产力水平的体现。企业定额是施工企业进行施工管理和投标报价的基础和依据，也是企业核心竞争力的具体表现。

C34　预算定额及其基价的编制

★高频考点：预算定额的编制

序号	项目	内容	说明
1	人工消耗量指标的确定	（1）人工消耗指标的组成	①基本用工，指完成分项工程的主要用工量。 ②其他用工：包括超运距用工、辅助用工、人工幅度差用工
		（2）人工消耗指标的计算	1)综合取定工程量：预算定额是一项综合性定额，它是按组成分项工程内容的各工序综合而成的 2)计算人工消耗量： ①基本用工的计算：基本用工数量=Σ（工序工程量×时间定额）； ②超运距用工的计算：超运距用工数量=Σ（超运距材料数量×时间定额）。其中，超运距=预算定额规定的运距－劳动定额规定的运距 ③辅助用工的计算：辅助用工数量=Σ（加工材料数量×时间定额）； ④人工幅度差用工的计算：人工幅度差用工数量=Σ(基本用工＋超运距用工＋辅助用工)×人工幅度差系数
2	材料耗用量指标的确定	是在节约和合理使用材料的条件下，生产单位合格产品所必须消耗的一定品种规格的材料、燃料、半成品或配件数量标准	材料耗用量指标是以材料消耗定额为基础，按预算定额的定额项目，综合材料消耗定额的相关内容，经汇总后确定

序号	项目	内容	说明
3	机械台班消耗指标的确定	（1）机械幅度差	内容包括： ①施工机械转移工作面及配套机械互相影响损失的时间； ②在正常的施工情况下，机械施工中不可避免的工序间歇； ③检查工程质量影响机械操作的时间； ④临时水、电线路在施工中移动位置所发生的机械停歇时间； ⑤工程结尾时，工作量不饱满所损失的时间
		（2）机械台班消耗指标的计算	①小组产量计算法： 分项定额机械台班使用量 $=\dfrac{\text{分项定额计量单位值}}{\text{小组产量}}$ ②台班产量计算法： 定额台班用量 $=\dfrac{\text{定额单位}}{\text{台班产量}}\times\text{机械幅度差系数}$

注：预算定额是在施工定额的基础上进行综合扩大编制而成的。预算定额中的人工、材料和施工机械台班的消耗水平根据施工定额综合取定，定额子目的综合程度大于施工定额，从而可以简化施工图预算的编制工作。预算定额是编制施工图预算的主要依据。预算定额的说明包括定额总说明、分部工程说明及各分项工程说明。

★**高频考点：预算定额基价**

（1）预算定额基价就是预算定额分项工程或结构构件的单价，只包括人工费、材料费和施工机具使用费，也称工料单价。

（2）在拟定的预算定额的基础上，根据所在地区的工资、物价水平计算确定相应的人工、材料和施工机械台班的价格，即相应的人工工资价格、材料预算价格和施工机械台班价格，计算拟定预算定额中每一分项工程的单位预算价格，这一过程也称为单位估价表的编制。

（3）工料单价是确定定额计量单位的分部分项工程的人工费、

材料费和机械使用费的费用标准,即人、料、机费用单价。

(4)定额基价应是地区定额基价,应按当地的资源价格来编制。定额基价应是动态变化的,应随着市场价格的变化而变化。

(5)定额基价是以一个城市或一个地区为范围进行编制,在该地区范围内适用。

(6)定额基价的编制依据如下:

①全国统一或地区通用的预算定额或基础定额,以确定人工、材料、机械台班的消耗量;

②本地区或市场上的资源实际价格或市场价格,以确定人工、材料、机械台班价格。

(7)编制定额基价时,在项目的划分、项目名称、项目编号、计量单位和工程量计算规则上应尽量与定额保持一致。

注:定额基价的编制公式为:分部分项工程单价=分部分项人工费+分部分项材料费+分部分项机械费=Σ(人工定额消耗量×人工价格)+Σ(材料定额消耗量×材料价格)+Σ(机械台班定额消耗量×机械台班价格)。

C35 设计概算的内容和作用

★高频考点:设计概算文件的组成内容

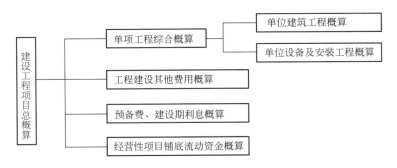

注:设计概算可分为单位工程概算、单项工程综合概算和建设工程项目总概算三级。

★**高频考点：单项工程综合概算的组成内容**

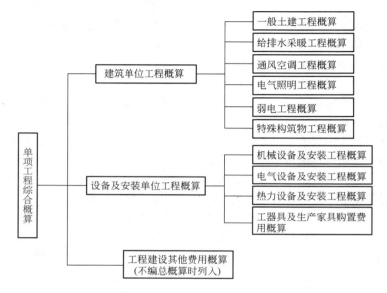

★**高频考点：设计概算的作用**

（1）设计概算是制定和控制建设投资的依据；

（2）设计概算是编制建设计划的依据；

（3）设计概算是进行贷款的依据；

（4）设计概算是编制最高投标限价（招标标底）和投标报价的依据；

（5）设计概算是签订工程总承包合同的依据；

（6）设计概算是考核设计方案的经济合理性和控制施工图预算和施工图设计的依据；

（7）设计概算是考核和评价建设工程项目成本和投资效果的依据。

注：设计概算是设计文件的重要组成部分，是由设计单位根据初步设计（或技术设计）图纸及说明、概算定额（或概算指标）、各项费用定额或取费标准（指标）、设备、材料预算价格等资料或参照类似工程预决算文件，编制和确定的建设工程项目从筹建至竣

工交付使用所需全部费用的文件。

C36　设计概算的审查内容

★高频考点：设计概算审查的内容

序号	项目	内容
1	审查设计概算的编制依据	(1)合法性审查。 (2)时效性审查。 (3)适用范围审查
2	建筑工程概算的审查	(1)工程量审查。 (2)采用的定额或指标的审查。 (3)材料预算价格的审查。 (4)各项费用的审查
3	设备及安装工程概算的审查	(1)标准设备原价。 (2)非标准设备原价。 (3)设备运杂费审查。 (4)进口设备费用的审查。 (5)设备安装工程概算的审查
4	综合概算和总概算的审查	(1)审查概算的编制是否符合国家经济建设方针、政策的要求。 (2)审查概算的投资规模、生产能力、设计标准、建设用地、建筑面积、主要设备、配套工程、设计定员等是否符合原批准可行性研究报告或立项批文的标准。 (3)审查其他具体项目
5	财政部对设计概算评审的要求	(1)项目概算评审包括对项目建设程序、建筑安装工程概算、设备投资概算、待摊投资概算和其他投资概算等的评审。 (2)项目概算应由项目建设单位提供,项目建设单位没有编制项目概算的,评审机构应督促项目建设单位尽快编制。 (3)项目建设程序评审包括对项目立项、项目可行性研究报告、项目初步设计概算、项目征地拆迁及开工报告等批准文件的程序性评审。 (4)建筑安装工程概算评审包括对工程量计算、概算定额选用、取费及材料价格等进行评审。

序号	项目	内容
5	财政部对设计概算评审的要求	(5)设备投资概算评审,主要对设备型号、规格、数量及价格进行评审。 (6)待摊投资概算和其他投资概算的评审,主要对项目概算中除建筑安装工程概算、设备投资概算之外的项目概算投资进行评审。 (7)部分项目发生的特殊费用,应视项目建设的具体情况和有关部门的批复意见进行评审。 (8)对已招投标或已签订相关合同的项目进行概算评审时,应对招投标文件、过程和相关合同的合法性进行评审。 (9)概算评审时需要对项目投资细化、分类的,按财政细化基本建设投资项目概算的有关规定进行评审

★**高频考点:设计概算审查的方法**

序号	项目	内容
1	对比分析法	(1)建设规模、标准与立项批文对比。 (2)工程数量与设计图纸对比。 (3)综合范围、内容与编制方法、规定对比。 (4)各项取费与规定标准对比。 (5)材料、人工单价与统一信息对比。 (6)技术经济指标与同类工程对比
2	查询核实法	(1)主要设备的市场价向设备供应部门或招标公司查询核实。 (2)重要生产装置、设施向同类企业(工程)查询了解。 (3)进口设备价格及有关费税向进出口公司调查落实。 (4)复杂的建安工程向同类工程的建设、承包、施工单位征求意见。 (5)深度不够或不清楚的问题直接向原概算编制人员、设计者询问
3	联合会审法	(1)联合会审前,可先采取多种形式分头审查。 (2)会审大会上,由设计单位介绍概算编制情况及有关问题,各有关单位、专家汇报初审及预审意见,然后进行认真分析、讨论,实事求是地处理、调整

C37　施工图预算的作用

★高频考点：施工图预算的作用

序号	项目	内容
1	对建设单位的作用	（1）是施工图设计阶段确定建设工程项目造价的依据，是设计文件的组成部分。 （2）是建设单位在施工期间安排建设资金计划和使用建设资金的依据。 （3）施工图预算是确定工程最高投标限价的依据。 （4）施工图预算可以作为确定合同价款、拨付工程进度款及办理工程结算的基础
2	对施工单位的作用	（1）是确定投标报价的依据。 （2）是施工单位进行施工准备的依据。 （3）施工图预算是施工企业控制工程成本的依据。 （4）施工图预算是进行"两算"对比的依据
3	施工图预算对其他方面的作用	（1）对于工程咨询单位而言，尽可能客观、准确地为委托方做出施工图预算，是其业务水平、素质和信誉的体现。 （2）对于工程造价管理部门而言，施工图预算是监督检查执行定额标准、合理确定工程造价、测算造价指数及审定最高投标限价的重要依据。 （3）如在履行合同的过程中发生经济纠纷，施工图预算还是有关仲裁、管理、司法机关按照法律程序处理、解决问题的依据

C38　施工图预算的编制依据

★高频考点：施工图预算的编制依据

（1）国家、行业和地方有关规定；

（2）相应工程造价管理机构发布的预算定额；

（3）施工图设计文件及相关标准图集和规范；

（4）项目相关文件、合同、协议等；

(5) 工程所在地的人工、材料、设备、施工机械市场价格;
(6) 施工组织设计和施工方案;
(7) 项目的管理模式、发包模式及施工条件;
(8) 其他应提供的资料。

★高频考点:施工图预算的编制内容

序号	项目	内容
1	施工图预算文件的组成	(1)施工图预算由建设项目总预算、单项工程综合预算和单位工程预算组成。 (2)施工图预算根据建设项目实际情况可采用三级预算编制或二级预算编制形式。 (3)三级预算编制形式由建设项目总预算、单项工程综合预算、单位工程预算组成。 (4)当建设项目只有一个单项工程时,应采用二级预算编制形式,二级预算编制形式由建设项目总预算和单位工程预算组成。 (5)采用三级预算编制形式的工程预算文件包括:封面、签署页及目录、编制说明、总预算表、综合预算表、单位工程预算表、附件等内容。 (6)采用二级预算编制形式的工程预算文件包括:封面、签署页及目录、编制说明、总预算表、单位工程预算表、附件等内容
2	施工图预算的内容	(1)建设项目总预算是反映施工图设计阶段建设项目投资总额的造价文件,是施工图预算文件的主要组成部分。由组成该建设项目的各个单项工程综合预算和相关费用组成,具体包括:建筑安装工程费、设备及工器具购置费、工程建设其他费用、预备费、资金筹措费及铺底流动资金。 (2)施工图总预算应控制在已批准的设计总概算投资范围以内。 (3)单项工程综合预算编制的费用项目是各单项工程的建筑安装工程费和设备及工器具购置费总和。 (4)单位工程预算是依据单位工程施工图设计文件、现行预算定额以及人工、材料和施工机械台班价格等,按照规定的计价方法编制的工程造价文件。包括单位建筑工程预算和单位设备及安装工程预算

C39　工程量清单的作用

★高频考点：工程量清单适用

工程量清单是指建设工程的分部分项工程项目、措施项目、其他项目、规费项目和税金项目的名称和相应数量等的明细清单。使用国有资金投资的建设工程发承包，必须采用工程量清单计价；非国有资金投资的建设工程，宜采用工程量清单计价；不采用工程量清单计价的建设工程，应执行规范除工程量清单等专门性规定外的其他规定。

注：工程量清单是工程量清单计价的基础，贯穿于建设工程的招投标阶段和施工阶段，工程量清单为投标人的投标竞争提供了一个平等和共同的基础；是建设工程计价的依据；是工程付款和结算的依据；是调整工程价款、处理工程索赔的依据。

C40　合同价款的约定

★高频考点：合同类型的选择

序号	项目	内容
1	单价合同	（1）是指合同当事人约定以工程量清单及其综合单价进行合同价格计算、调整和确认的建设工程施工合同，在约定的范围内合同单价不作调整。 （2）合同当事人应在专用合同条款中约定综合单价包含的风险范围和风险费用的计算方法，并约定风险范围以外的合同价格的调整方法，其中因市场价格波动引起的调整按"市场价格波动引起的调整"条款约定执行
2	总价合同	（1）是指合同当事人约定以施工图、已标价工程量清单或预算书及有关条件进行合同价格计算、调整和确认的建设工程施工合同，在约定的范围内合同总价不作调整。 （2）合同当事人应在专用合同条款中约定总价包含的风险范围和风险费用的计算方法，并约定风险范围以外的合同价格的调整方法，其中因市场价格波动引起的调整、因法律变化引起的调整按合同约定执行
3	其他价格形式	当事人可在专用合同条款中约定其他合同价格形式

★高频考点：合同价款的约定

序号	约定项目	约定内容
1	预付工程款	(1)预付款数额：可以是绝对数也可以是额度。 (2)支付时间。 (3)抵扣方式。 (4)违约责任
2	安全文明施工费	(1)支付计划。 (2)使用要求
3	工程计量与支付工程进度款	(1)计量时间和方式：可按月计量，可按工程形象部位(目标)划分分段计量。 (2)支付周期：与计量周期保持一致。 (3)支付时间。 (4)支付数额。 (5)违约责任
4	工程价款的调整	(1)调整因素。 (2)调整方法。 (3)调整程序。 (4)支付时间
5	施工索赔与现场签证	(1)索赔与现场签证的程序：如由承包人提出、发包人现场代表或授权的监理工程师核对等。 (2)索赔提出时间：知道索赔事件发生后的28天内等。 (3)核对时间。 (4)支付时间：原则上与工程进度款同期支付
6	承担计价风险	(1)风险的内容范围。 (2)物价变化调整幅度
7	工程竣工价款	(1)结算编制与核对。 (2)支付及时间
8	工程质量保证金	(1)数额。 (2)预留方式。 (3)归还时间
9	违约责任以及发生合同价款争议	(1)违约责任的解决方法及时间。 (2)约定解决价款争议的方法

序号	约定项目	约定内容
10	与履行合同、支付价款有关的其他事项等	合同中涉及工程价款的事项较多,能够详细约定的事项应尽可能具体约定,约定的用词应尽可能唯一,如有几种解释,最好对用词进行定义,尽量避免因理解上的歧义造成合同纠纷

注:实行招标的工程合同价款应在中标通知书发出之日起30天内,由发承包双方依据招标文件和中标人的投标文件在书面合同中约定。合同约定不得违背招标、投标文件中关于工期、造价、质量等方面的实质性内容。招标文件与中标人投标文件不一致的地方应以投标文件为准。

C41 工程变更价款的确定

★高频考点:变更程序

序号	项目	内容
1	发包人提出变更	(1)发包人提出变更的,应通过监理人向承包人发出变更指示。 (2)变更指示应说明计划变更的工程范围和变更的内容
2	监理人提出变更建议	(1)监理人提出变更建议的,需要向发包人以书面形式提出变更计划,说明计划变更工程范围和变更的内容、理由,以及实施该变更对合同价格和工期的影响。 (2)发包人同意变更的,由监理人向承包人发出变更指示。发包人不同意变更的,监理人无权擅自发出变更指示
3	变更执行	(1)承包人收到监理人下达的变更指示后,认为不能执行,应立即提出不能执行该变更指示的理由。 (2)承包人认为可以执行变更的,应当书面说明实施该变更指示对合同价格和工期的影响,且合同当事人应当按照约定确定变更估价

★高频考点:变更估价

序号	项目	内容
1	变更估价原则	(1)已标价工程量清单或预算书有相同项目的,按照相同项目单价认定。

序号	项目	内容
1	变更估价原则	（2）已标价工程量清单或预算书中无相同项目，但有类似项目的，参照类似项目的单价认定。 （3）变更导致实际完成的变更工程量与已标价工程量清单或预算书中列明的该项目工程量的变化幅度超过15%的，或已标价工程量清单或预算书中无相同项目及类似项目单价的，按照合理的成本与利润构成的原则，由合同当事人协商确定变更工作的单价
2	变更估价程序	（1）承包人应在收到变更指示后14天内，向监理人提交变更估价申请。 （2）监理人应在收到承包人提交的变更估价申请后7天内审查完毕并报送发包人，监理人对变更估价申请有异议，通知承包人修改后重新提交。 （3）发包人应在承包人提交变更估价申请后14天内审批完毕。发包人逾期未完成审批或未提出异议的，视为认可承包人提交的变更估价申请。 （4）因变更引起的价格调整应计入最近一期的进度款中支付

★高频考点：措施项目费的调整

序号	项目	内容
1	安全文明施工费	应按照实际发生变化的措施项目调整，不得浮动
2	采用单价计算的措施项目费	应按照实际发生变化的措施项目按照前述已标价工程量清单项目的规定确定单价
3	按总价（或系数）计算的措施项目费	按照实际发生变化的措施项目调整，但应考虑承包人报价浮动因素，即调整金额按照实际调整金额乘以承包人报价浮动率计算。 承包人报价浮动率可按下列公式计算： （1）招标工程：承包人报价浮动率 $L=(1-中标价/最高投标限价)\times 100\%$ （2）非招标工程：承包人报价浮动率 $L=(1-报价值/施工图预算)\times 100\%$

注：如果承包人未事先将拟实施的方案提交给发包人确认，则视为工程变更不引起措施项目费的调整或承包人放弃调整措施项目费的权利。

★高频考点：工程变更价款调整方法的应用

序号	应用方法	适用情形
1	直接采用适用的项目单价	前提是其采用的材料、施工工艺和方法相同，也不因此增加关键线路上工程的施工时间
2	参考类似的项目单价由承发包双方协商新的项目单价	前提是其采用的材料、施工工艺和方法基本类似，不增加关键线路上工程的施工时间，可仅就其变更后的差异部分，参考类似的项目单价由承发包双方协商新的项目单价
3	按成本加利润的原则由发承包双方协商新的综合单价	无法找到适用和类似的项目单价时，应采用招投标时的基础资料和工程造价管理机构发布的信息价格
4	发承包双方协商确定	无法找到适用和类似的项目单价、工程造价管理机构也没有发布此类信息价格

C42 竣工结算与支付

★高频考点：竣工结算的编制方法

序号	项目	内容
1	采用总价合同的	应在合同价基础上对设计变更、工程洽商以及工程索赔等合同约定可以调整的内容进行调整
2	采用单价合同的	应计算或核定竣工图或施工图以内的各个分部分项工程量，依据合同约定的方式确定分部分项工程项目价格，并对设计变更、工程洽商、施工措施以及工程索赔等内容进行调整
3	采用成本加酬金合同的	应依据合同约定的方法计算各个分部分项工程以及设计变更、工程洽商、施工措施等内容的工程成本，并计算酬金及有关税费

★高频考点：竣工结算的计价原则

序号	项目	内容
1	分部分项工程和措施项目中的单价项目	应依据双方确认的工程量与已标价工程量清单的综合单价计算；发生调整的，应以发承包双方确认调整的综合单价计算

序号	项目	内容
2	措施项目中的总价项目	应依据已标价工程量清单的项目和金额计算;发生调整的,应以发承包双方确认调整的金额计算,其中安全文明施工费应按国家或省级、行业建设主管部门的规定计算
3	其他项目	(1)计日工应按发包人实际签证确认的事项计算。 (2)暂估价应按计价规范相关规定计算。 (3)总承包服务费应依据已标价工程量清单的金额计算;发生调整的,应以发承包双方确认调整的金额计算。 (4)索赔费用应依据发承包双方确认的索赔事项和金额计算。 (5)现场签证费用应依据发承包双方签证资料确认的金额计算。 (6)暂列金额应减去合同价款调整(包括索赔、现场签证)金额计算,如有余额归发包人
4	规费和税金	按国家或省级、建设主管部门的规定计算。规费中的工程排污费应按工程所在地环境保护部门规定标准缴纳后按实列入

注:计价法通常采用单价合同的合同计价方式,竣工结算的编制是采取合同价加变更签证的方式进行。(1)工程项目竣工结算价=Σ单项工程竣工结算价;(2)单项工程竣工结算价=Σ单位工程竣工结算价;(3)单位工程竣工结算价=分部分项工程费+措施费+其他项目费+规费+税金。

★高频考点:竣工结算的审查

序号	项目	子项目	内容
1	竣工结算的审查方法	(1)采用总价合同的	应在合同价的基础上对设计变更、工程洽商以及工程索赔等合同约定可以调整的内容进行审查
		(2)采用单价合同的	应审查施工图以内的各个分部分项工程量,依据合同约定的方式审查分部分项工程价格,并对设计变更、工程洽商、工程索赔等调整内容进行审查
		(3)采用成本加酬金合同的	应依据合同约定的方法审查各个分部分项工程以及设计变更、工程洽商等内容的工程成本,并审查酬金及有关税费的取定

序号	项目	子项目	内容
2	竣工结算的审查内容	(1)审查结算的递交程序和资料的完备性	①审查结算资料的递交手续、程序的合法性,以及结算资料具有的法律效力; ②审查结算资料的完整性、真实性和相符性
		(2)审查与结算有关的各项内容	①建设工程发承包合同及其补充合同的合法性和有效性; ②施工发承包合同范围以外调整的工程价款; ③分部分项、措施项目、其他项目工程量及单价; ④发包人单独分包工程项目的界面划分和总包人的配合费用; ⑤工程变更、索赔、奖励及违约费用; ⑥规费、税金、政策性调整以及材料差价计算; ⑦实际施工工期与合同工期发生差异的原因和责任,以及对工程造价的影响程度; ⑧其他涉及工程造价的内容

★高频考点:竣工结算款支付

序号	项目	内容
1	竣工结算申请单内容	(1)竣工结算合同价格。 (2)发包人已支付承包人的款项。 (3)应扣留的质量保证金。已缴纳履约保证金的或提供其他工程质量担保方式的除外。 (4)发包人应支付承包人的合同价款
2	发包人签发竣工结算支付证书	发包人在收到承包人提交竣工结算申请书后28天内未完成审批且未提出异议的,视为发包人认可承包人提交的竣工结算申请单,并自发包人收到承包人提交的竣工结算申请单后第29天起视为已签发竣工付款证书
3	支付结算款	除专用合同条款另有约定外,发包人应在签发竣工付款证书后的14天内,完成对承包人的竣工付款。发包人逾期支付的,按照中国人民银行发布的同期同类贷款基准利率支付违约金;逾期支付超过56天的,按照中国人民银行发布的同期同类贷款基准利率的两倍支付违约金

序号	项目	内容
4	支付异议处理	承包人对发包人签认的竣工付款证书有异议的,对于有异议部分应在收到发包人签认的竣工付款证书后7天内提出异议,并由合同当事人按照专用合同条款约定的方式和程序进行复核,或按照"争议解决"约定处理。对于无异议部分,发包人应签发临时竣工付款证书。承包人逾期未提出异议的,视为认可发包人的审批结果

★高频考点：最终结清

序号	项目	内容
1	最终结清申请单	(1)除专用合同条款另有约定外,承包人应在缺陷责任期终止证书颁发后7天内,按专用合同条款约定的份数向发包人提交最终结清申请单,并提供相关证明材料。 (2)除专用合同条款另有约定外,最终结清申请单应列明质量保证金、应扣除的质量保证金、缺陷责任期内发生的增减费用。 (3)发包人对最终结清申请单内容有异议的,有权要求承包人进行修正和提供补充资料,承包人应向发包人提交修正后的最终结清申请单
2	最终结清证书和支付	(1)除专用合同条款另有约定外,发包人应在收到承包人提交的最终结清申请单后14天内完成审批并向承包人颁发最终结清证书。发包人逾期未完成审批,又未提出修改意见的,视为发包人同意承包人提交的最终结清申请单,且自发包人收到承包人提交的最终结清申请单后15天起视为已颁发最终结清证书。 (2)除专用合同条款另有约定外,发包人应在颁发最终结清证书后7天内完成支付。发包人逾期支付的,按照中国人民银行发布的同期同类贷款基准利率支付违约金;逾期支付超过56天的,按照中国人民银行发布的同期同类贷款基准利率的两倍支付违约金。 (3)承包人对发包人颁发的最终结清证书有异议的,按"争议解决"的约定办理

C43 合同价款纠纷的处理

★高频考点：不可抗力解除合同

因不可抗力导致合同无法履行连续超过 84 天或累计超过 140 天的，发包人和承包人均有权解除合同。合同解除后，由双方当事人按照〔商定或确定〕条款商定或确定发包人应支付的款项，除专用合同条款另有约定外，合同解除后，发包人应在商定或确定上述款项后 28 天内完成款项的支付。

该款项包括：

（1）合同解除前承包人已完成工作的价款；

（2）承包人为工程订购的并已交付给承包人，或承包人有责任接受交付的材料、工程设备和其他物品的价款；

（3）发包人要求承包人退货或解除订货合同而产生的费用，或因不能退货或解除合同而产生的损失；

（4）承包人撤离施工现场以及遣散承包人人员的费用；

（5）按照合同约定在合同解除前应支付给承包人的其他款项；

（6）扣减承包人按照合同约定应向发包人支付的款项；

（7）双方商定或确定的其他款项。

★高频考点：因发包人违约解除合同的规定

序号	项目	内容	处理规定
1	发包人违约的情形	（1）因发包人原因未能在计划开工日期前 7 天内下达开工通知的。 （2）因发包人原因未能按合同约定支付合同价款的。 （3）发包人违反"变更的范围"第（2）项约定，自行实施被取消的工作或转由他人实施的。 （4）发包人提供的材料、工程设备的规格、数量或质量不符合合同约定，或因发包人原因导致交货日期延误或交货地点变更等情况的。	（1）发包人发生除本项第（7）目以外的违约情况时，承包人可向发包人发出通知，要求发包人采取有效措施纠正违约行为。发包人收到承包人通知后 28 天内仍不纠正违约行为的，承包人有权暂停相应部位工程施工，并通知监理人。 （2）除专用合同条款另有约定外，承包人按"发包人违约的情形"约定暂停

序号	项目	内容	处理规定
1	发包人违约的情形	（5）因发包人违反合同约定造成暂停施工的。 （6）发包人无正当理由没有在约定期限内发出复工指示，导致承包人无法复工的。 （7）发包人明确表示或者以其行为表明不履行合同主要义务的。 （8）发包人未能按照合同约定履行其他义务的	施工满28天后，发包人仍不纠正其违约行为并致使合同目的不能实现的，或承包人明确表示或者以其行为表明不履行合同主要义务的；承包人有权解除合同，发包人应承担由此增加的费用，并支付承包人合理的利润
2	因发包人违约解除合同后的付款	承包人按照上述"发包人违约"解除合同的，发包人应在解除合同后28天内支付下列款项，并解除履约担保： （1）合同解除前所完成工作的价款。 （2）承包人为工程施工订购并已付款的材料、工程设备和其他物品的价款。 （3）承包人撤离施工现场以及遣散承包人人员的款项。 （4）按照合同约定在合同解除前应支付的违约金。 （5）按照合同约定应当支付给承包人的其他款项。 （6）按照合同约定应退还的质量保证金。 （7）因解除合同给承包人造成的损失	（1）合同当事人未能就解除合同后的结清达成一致的，按照"争议解决"的约定处理。 （2）承包人应妥善做好已完工程和与工程有关的已购材料、工程设备的保护和移交工作，并将施工设备和人员撤出施工现场，发包人应为承包人撤出提供必要条件

★高频考点：因承包人违约解除合同的规定

序号	项目	内容	处理规定
1	承包人违约的情形	（1）承包人违反合同约定进行转包或违法分包的。 （2）承包人违反合同约定采购和使用不合格的材料和工程设备的。	（1）承包人发生除本项第（7）目约定以外的其他违约情况时，监理人可向承包人发出整改通知，要求其在指定的期限内改正。

序号	项目	内容	处理规定
1	承包人违约的情形	(3)因承包人原因导致工程质量不符合合同要求的。 (4)承包人违反"材料与设备专用要求"的约定，未经批准，私自将已按照合同约定进入施工现场的材料或设备撤离施工现场的。 (5)承包人未能按施工进度计划及时完成合同约定的工作，造成工期延误的。 (6)承包人在缺陷责任期及保修期内，未能在合理期限对工程缺陷进行修复，或拒绝按发包人要求进行修复的。 (7)承包人明确表示或者以其行为表明不履行合同主要义务的。 (8)承包人未能按照合同约定履行其他义务的	(2)承包人应承担因其违约行为而增加的费用和(或)延误的工期。此外，合同当事人可在专用合同条款中另行约定承包人违约责任的承担方式和计算方法。 (3)除专用合同条款另有约定外，出现"承包人违约的情形"第(7)条约定的违约情况时，或监理人发出整改通知后，承包人在指定的合理期限内仍不纠正违约行为并致使合同目的不能实现的，发包人有权解除合同。合同解除后，因继续完成工程的需要，发包人有权使用承包人在施工现场的材料、设备、临时工程、承包人文件和由承包人或以其名义编制的其他文件，合同当事人应在专用合同条款约定相应费用的承担方式。发包人继续使用的行为不免除或减轻承包人应承担的违约责任
2	因承包人违约解除合同后的处理	因承包人原因导致合同解除的，则合同当事人应在合同解除后28天内完成估价、付款和清算，并按以下约定执行： (1)合同解除后，按〔商定或确定〕条款商定或确定承包人实际完成工作对应的合同价款，以及承包人已提供的材料、工程设备、施工设备和临时工程等的价值。 (2)合同解除后，承包人应支付的违约金。	(1)因承包人违约解除合同的，发包人有权暂停对承包人的付款，查清各项付款和已扣款项。发包人和承包人未能就合同解除后的清算和款项支付达成一致的，按照"争议解决"的约定处理。

序号	项目	内容	处理规定
2	因承包人违约解除合同后的处理	（3）合同解除后，因解除合同给发包人造成的损失。 （4）合同解除后，承包人应按照发包人要求和监理人的指示完成现场的清理和撤离。 （5）发包人和承包人应在合同解除后进行清算，出具最终结清付款证书，结清全部款项	（2）因承包人违约解除合同的，发包人有权要求承包人将其为实施合同而签订的材料和设备的采购合同的权益转让给发包人，承包人应在收到解除合同通知后14天内，协助发包人与采购合同的供应商达成相关的转让协议

★高频考点：合同价款争议解决

序号	解决方式	说明
1	和解	合同当事人可以就争议自行和解，自行和解达成协议的经双方签字并盖章后作为合同补充文件，双方均应遵照执行
2	调解	合同当事人可以就争议请求建设行政主管部门、行业协会或其他第三方进行调解，调解达成协议的，经双方签字并盖章后作为合同补充文件，双方均应遵照执行
3	争议评审	（1）争议评审小组的确定：合同当事人可以共同选择一名或三名争议评审员，组成争议评审小组。除专用合同条款另有约定外，合同当事人应当自合同签订后28天内，或者争议发生后14天内，选定争议评审员。选择一名争议评审员的，由合同当事人共同确定；选择三名争议评审员的，各自选定一名，第三名成员为首席争议评审员，由合同当事人共同确定或由合同当事人委托已选定的争议评审员共同确定，或由专用合同条款约定的评审机构指定第三名首席争议评审员。除专用合同条款另有约定外，评审员报酬由发包人和承包人各承担一半。 （2）争议评审小组的决定：自收到争议评审申请报告后14天内作出书面决定，并说明理由。 （3）争议评审小组决定的效力：争议评审小组作出的书面决定经合同当事人签字确认后，对双方具有约束力，双方应遵照执行。任何一方当事人不接受争议评审小组决定或不履行争议评审小组决定的，双方可选择采用其他争议解决方式

序号	解决方式	说明
4	仲裁或诉讼	因合同及合同有关事项产生的争议,合同当事人可以在专用合同条款中约定以下一种方式解决争议: (1)向约定的仲裁委员会申请仲裁。 (2)向有管辖权的人民法院起诉

★高频考点:建设工程造价鉴定

序号	项目	内容
1	计量争议的鉴定	(1)当鉴定项目图纸完备,当事人就计量依据发生争议时,鉴定人应以现行国家相关工程计量规范规定的工程量计算规则计量;无国家标准的,按行业标准或地方标准计量。但当事人在合同中约定了计量规则的除外。 (2)一方当事人对双方当事人已经签认的某一工程项目的计量结果有异议的,鉴定人应按以下规定进行鉴定: ①当事人一方仅提出异议未提供具体证据的,按原计量结果进行鉴定。 ②当事人一方既提出异议又提出具体证据的,应对原计量结果进行复核,必要时可到现场复核,按复核后的计量结果进行鉴定。 (3)当事人就总价合同计量发生争议的,总价合同对工程计量标准有约定的,按约定进行鉴定;没有约定的,仅就工程变更部分进行鉴定
2	计价争议的鉴定	(1)当事人因工程变更导致工程量数量变化,要求调整综合单价发生争议的;或对新增工程项目组价发生争议的,鉴定人应按以下规定进行鉴定: ①合同中有约定的,应按合同约定进行鉴定。 ②合同中约定不明的,鉴定人应厘清合同履行情况,如是按合同履行的,应向委托人提出按其进行鉴定;如没有履行,可按现行国家标准计价规范的相关规定进行鉴定,供委托人判断使用。 ③合同中没有约定的,应提请委托人决定并按其决定进行鉴定,委托人暂不决定的,可按现行国家标准计价规范的相关规定进行鉴定,供委托人判断使用。 (2)当事人因物价波动,要求调整合同价款发生争议的,鉴定人应按以下规定进行鉴定: ①合同中约定了计价风险范围和幅度的,按合同约定进行鉴定;合同中约定了物价波动可以调整,但没有约定风险范围和幅度的,应提请委托人决定,按现行国家

序号	项目	内容
2	计价争议的鉴定	标准计价规范的相关规定进行鉴定；但已经采用价格指数法进行了调整的除外。 ②合同中约定物价波动不予调整的，仍应对实行政府定价或政府指导价的材料按《中华人民共和国合同法》的相关规定进行鉴定。 （3）当事人因人工费调整文件，要求调整人工费发生争议的，鉴定人应按以下规定进行鉴定： ①如合同中约定不执行的，鉴定人应提请委托人决定并按其决定进行鉴定。 ②合同中没有约定或约定不明的，鉴定人应提请委托人决定并按其决定进行鉴定，委托人要求鉴定人提出意见的，鉴定人应分析鉴别：如人工费的形成是以鉴定项目所在地工程造价管理部门发布的人工费为基础在合同中约定的，可按工程所在地人工费调整文件作出鉴定意见；如不是，则应作出否定性意见，供委托人判断使用。 （4）当事人因材料价格发生争议的，鉴定人应提请委托人决定并按其决定进行鉴定。委托人未及时决定可按以下规定进行鉴定，供委托人判断使用： ①材料价格在采购前经发包人或其代表签批认可的，应按签批的材料价格进行鉴定； ②材料采购前未报发包人或其代表认质认价的，应按合同约定的价格进行鉴定； ③发包人认为承包人采购的材料不符合质量要求，不予认价的，应按双方约定的价格进行鉴定，质量方面的争议应告知发包人另行申请质量鉴定。 （5）发包人以工程质量不合格为由，拒绝办理工程结算而发生争议的，鉴定人应按以下规定进行鉴定： ①已竣工验收合格或已竣工未验收但发包人已投入使用的工程，工程结算按合同约定进行鉴定。 ②已竣工未验收且发包人未投入使用的工程，以及停工、停建工程，鉴定人应对无争议、有争议的项目分别按合同约定进行鉴定。工程质量争议应告知发包人申请工程质量鉴定，待委托人分清当事人的质量责任后，分别按照工程造价鉴定意见判断采用
3	工期索赔争议的鉴定	（1）当事人对鉴定项目开工时间有争议的，鉴定人应提请委托人决定，委托人要求鉴定人提出意见的，鉴定人应按以下规定提出鉴定意见，供委托人判断使用：

序号	项目	内容
3	工期索赔争议的鉴定	①合同中约定了开工时间,但发包人又批准了承包人的开工报告或发出了开工通知,应采用发包人批准的开工报告或发出的开工通知的时间。 ②合同中未约定开工时间,应采用发包人批准的开工时间;没有发包人批准的开工时间,可根据施工日志、验收记录等相关证据确定开工时间。 ③合同中约定了开工时间,因承包人原因不能按时开工,发包人接到承包人延期开工申请且同意承包人要求的,开工时间相应顺延;发包人不同意延期要求或承包人未在约定时间内提出延期开工要求的,开工时间不予顺延。 ④因非承包人原因不能按照合同中约定的开工时间开工,开工时间相应顺延。 ⑤因不可抗力原因不能按时开工的,开工时间相应顺延。 ⑥证据材料中,均无发包人或承包人提前或推迟开工时间的证据,采用合同约定的开工时间。 (2)当事人对鉴定项目工期有争议的,鉴定人应按以下规定进行鉴定: ①合同中明确约定了工期的,以合同约定工期进行鉴定; ②合同对工期约定不明或没有约定的,鉴定人应按工程所在地相关专业工程建设主管部门的规定或国家相关工程工期定额进行鉴定。 (3)当事人对鉴定项目实际竣工时间有争议的,鉴定人应提请委托人决定,委托人要求鉴定人提出意见的,鉴定人应按以下规定提出鉴定意见,供委托人判断使用: ①鉴定项目经竣工验收合格的,以竣工验收之日为竣工时间; ②承包人已经提交竣工验收报告,发包人应在收到竣工验收报告之日起在合同约定的时间内完成竣工验收而未完成验收的,以承包人提交竣工验收报告之日为竣工时间; ③鉴定项目未经竣工验收,未经承包人同意而发包人擅自使用的,以占有鉴定项目之日为竣工时间。 (4)当事人对鉴定项目暂停施工、顺延工期有争议的,鉴定人应按以下规定进行鉴定: ①因发包人原因暂停施工的,相应顺延工期;

序号	项目	内容
3	工期索赔争议的鉴定	②因承包人原因暂停施工的，工期不予顺延； ③工程竣工前，发包人与承包人对工程质量发生争议停工待鉴的，若工程质量鉴定合格，承包人并无过错的，鉴定期间为工期顺延时间。 （5）当事人对鉴定项目因设计变更顺延工期有争议的，鉴定人应参考施工进度计划，判别是否因增加了关键线路和关键工作的工程量而引起工期变化，如增加了工期，应相应顺延工期；如未增加工期，工期不予顺延。 （6）当事人对鉴定项目因工期延误索赔有争议的，鉴定人应按《建设工程造价鉴定规范》GB/T 51262—2017的有关规定先确定实际工期，再与合同工期对比，以此确定是否延误以及延误的具体时间。对工期延误责任的归属，鉴定人可从专业鉴别、判断的角度提出建议，最终由委托人根据当事人的举证判断确定
4	工程签证争议的鉴定	（1）当事人因工程签证费用而发生争议，鉴定人应按以下规定进行鉴定： ①签证明确了人工、材料、机械台班数量及其价格的，按签证的数量和价格计算； ②签证只有用工数量没有人工单价的，其人工单价按照工作技术要求比照鉴定项目相应工程人工单价适当上浮计算； ③签证只有材料和机械台班用量没有价格的，其材料和台班价格按照鉴定项目相应工程材料和台班价格计算； ④签证只有总价款而无明细表述的，按总价款计算； ⑤签证中的零星工程数量与该工程应予实际完成的数量不一致时，应按实际完成的工程数量计算。 （2）当事人因工程签证存在瑕疵而发生争议的，鉴定人应按以下规定进行鉴定： ①签证发包人只签字证明收到，但未表示同意，承包人有证据证明该签证已经完成，鉴定人可作出鉴定意见并单列，供委托人判断使用； ②签证既无数量，又无价格，只有工作事项的，由当事人双方协商，协商不成的，鉴定人可根据工程合同约定的原则、方法对该事项进行专业分析，作出推断性意见，供委托人判断使用。 （3）承包人仅以发包人口头指令完成了某项零星工作或工程，要求费用支付，而发包人又不认可，且无物证的，鉴定人应以法律证据缺失为由，作出否定性鉴定

序号	项目	内容
5	合同解除争议的鉴定	（1）工程合同解除后，当事人就价款结算发生争议，如送鉴的证据满足鉴定要求的，按送鉴的证据进行鉴定；不能满足鉴定要求的，鉴定人应提请委托人组织现场勘验或核对，会同当事人采取以下措施进行鉴定： ①清点已完工程部位、测量工程量； ②清点施工现场人、材、机数量； ③核对签证、索赔所涉及的有关资料； ④将清点结果汇总造册，请当事人签认，当事人不签认的，及时报告委托人，但不影响鉴定工作的进行； ⑤分别计算价款。 （2）当事人对已完工程数量不能达成一致意见，鉴定人现场核对也无法确认的，应提请委托人委托第三方专业机构进行现场勘验，鉴定人应按勘验结果进行鉴定。 （3）委托人认定发包人违约导致合同解除的，应包括以下费用： ①已完成永久工程的价款； ②已付款的材料设备等物品的金额（付款后归发包人所有）； ③临时设施的摊销费用； ④签证、索赔以及其他应支付的费用； ⑤撤离现场及遣散人员的费用； ⑥发包人违约给承包人造成的实际损失（其违约责任的分担按委托人的决定执行）； ⑦其他应由发包人承担的费用。 （4）委托人认定承包人违约导致合同解除的，应包括以下费用： ①已完成永久工程的价款； ②已付款的材料设备等物品的金额（付款后归发包人所有）； ③临时设施的摊销费用； ④签证、索赔以及其他应支付的费用； ⑤承包人违约给发包人造成的实际损失（其违约责任的分担按委托人的决定执行）； ⑥其他应由承包人承担的费用。 （5）委托人认定因不可抗力导致合同解除的，鉴定人应按合同约定进行鉴定；合同没有约定或约定不明的，鉴定人应提请委托人认定不可抗力导致合同解除后适用的归责原则，可建议按现行国家标准计价规范的相关

序号	项目	内容
5	合同解除争议的鉴定	规定进行鉴定,由委托人判断,鉴定人按委托人的决定进行鉴定。 (6)单价合同解除后的争议,按以下规定进行鉴定,供委托人判断使用: ①合同中有约定的,按合同约定进行鉴定。 ②委托人认定承包人违约导致合同解除的,单价项目按已完工程量乘以约定的单价计算(其中,单价措施项目应考虑工程的形象进度),总价措施项目按与单价项目的关联度比例计算。 ③委托人认定发包人违约导致合同解除的,单价项目按已完工程量乘以约定的单价计算,其中剩余工程量超过15%的单价项目可适当增加企业管理费计算。总价措施项目已全部实施的,全额计算;未实施完的,按与单价项目的关联度比例计算。未完工程量与约定的单价计算后按工程所在地统计部门发布的建筑企业统计年报的利润率计算利润。 (7)总价合同解除后的争议,按以下规定进行鉴定,供委托人判断使用: ①合同中有约定的,按合同约定进行鉴定; ②委托人认定承包人违约导致合同解除的,鉴定人可参照工程所在地同时期适用的计价依据计算出未完工程价款,再用合同约定的总价款减去未完工程价款计算; ③委托人认定发包人违约导致合同解除的,承包人请求按照工程所在地同时期适用的计价依据计算已完工程价款,鉴定人可采用这一方式鉴定,供委托人判断使用

C44 国际工程投标报价的程序

★高频考点:承包商人员及其在报价编制过程中的作用

序号	人员	人员的作用
1	承包商高级管理人员	决定是否参加投标,商谈资金,标价调整
2	工程估价人员	负责人工、材料、设备基础单价的计算,分摊费用的计算,单价分析和标价汇总

序号	人员	人员的作用
3	公司内部设计人员	编制替代设计方案
4	临时工程设计人员	全部临时工程结构,模板工程,脚手架,围堰等
5	设备经理	对施工设备的适用性和新设备的购置提出建议,分析设备维修费用
6	现场人员	对施工方法、资源需求和各项施工作业的大概时间提出建议
7	计划人员	编制施工方法说明,按施工进度表配置资源
8	采购人员	获取材料报价和估算运输费用
9	法律合同人员	对合同条款和融资提出建议
10	工程测量员	估算实施项目的工程量
11	市场人员	寻找未来工程的机会,保证充分了解业主要求,协助估价人员校核资料
12	财务顾问	同金融机构商谈按最佳条件获取资金,商谈保函事宜
13	人事部门人员	向估价部门提出有关可用的职员和关键人员的建议,编制人员雇用条件,协助计算现场管理费用

★高频考点：外单位人员及其在报价编制过程中的作用

序号	人员	人员的作用
1	业主的顾问（设计师、工程师、工料测量员）	澄清承包商在详细检查招标条件后提出的疑问
2	材料供应商	向承包商提交工程所需材料的报价
3	分包商	向承包商提交指定项目的报价以及详细资料
4	海运、包装及运输公司	对物资从装运港运至现场提出建议及报价
5	联营公司	按商定的比例分享利润,进行联合施工以减少承包商的风险

序号	人员	人员的作用
6	当地代理及当地使馆人员	向估价人员提供工程所在国的有关商务、社会、法律以及地理条件等方面的信息
7	银行及金融机构	为工程的实施提供资金和保函

★高频考点：研究招标文件的要求

序号	项目	内容	说明
1	关于合同条件方面	(1)核实日期	①投标截止日期和时间； ②投标有效期； ③招标文件中规定的由合同签订到开工的允许时间； ④总工期和分阶段验收的工期； ⑤缺陷通知期
		(2)保函与担保	①保函或担保的种类； ②保函额或担保额的要求； ③保函或担保的有效期等
		(3)保险	①保险种类； ②险种的最低保险金额、保期和免赔额； ③索赔次数要求以及对保险公司要求的限制等
		(4)误期赔偿	①误期赔偿金额和最高限额的规定； ②提前竣工奖励的规定
		(5)付款条件	①预付款； ②永久设备和材料付款； ③工程进度款的付款方法和付款比例； ④签发支付证书到付款的时间； ⑤拖期付款是否支付利息； ⑥扣留保证金的比例、最高限额和退还条件
		(6)物价调整条款	①调整的规定； ②限制条件； ③调整计算公式
		(7)商务条款	①报价货币的规定； ②支付货币的规定

序号	项目	内容	说明
1	关于合同条件方面	(8)税收	是否免税或部分免税
		(9)不可抗力	①造成损害的补偿办法和规定；②中途停工的处理办法和补救措施
		(10)争端解决	—
		(11)承包商可能获得补偿的权利方面	了解招标文件中关于补偿的规定
2	关于承包商责任范围和报价要求方面	(1)注意合同类型	注意合同属于单价合同、总价合同还是成本加酬金合同等，应根据具体情况分别核算报价
		(2)落实需要报价的详细范围	应将工程量清单与投标人须知、合同条件、技术规范、图纸等认真核对，以保证在投标报价中不错报、不漏报
3	技术规范和图纸方面	(1)研究工程技术规范	特别要注意研究该规范是参照或采用英国规范、美国规范或是其他国际技术规范
		(2)图纸分析	要注意平、立、剖面图之间尺寸、位置的一致性，结构图与设备安装图之间的一致性

★高频考点：调查研究内容

序号	项目	内容
1	市场、政治、经济环境调查	(1)工程所在国的政治形势：政局的稳定性、该国与周边国家的关系、该国与我国的关系、政策的开放性与连续性。 (2)工程所在国的经济状况：经济发展情况、金融环境(包括外汇储备、外汇管理、汇率变化、银行服务等)、对外贸易情况、保险公司的情况。 (3)当地的法律法规：需要了解的至少应包括与招标、投标、工程实施有关的法律法规。 (4)项目所在国工程市场的情况：工程市场容量与发展趋势、市场竞争的概况、生产要素(材料、设备、劳务等)的市场供应一般情况

序号	项目	内容
2	施工现场自然条件调查	(1)气象资料。 (2)水文资料。 (3)地质情况。 (4)地震等自然灾害情况
3	现场施工条件调查	(1)现场的公共基础设施。 (2)现场用地范围。 (3)地形、地貌。 (4)交通。 (5)通信。 (6)现场"三通一平"情况。 (7)附近各种服务设施。 (8)当地政府对施工现场管理的一般要求
4	劳务规定、税费标准和进出口限额调查	(1)工程所在国的劳务规定。 (2)税费标准。 (3)进出口限额
5	工程项目业主的调查	(1)工程的资金来源情况。 (2)各项手续是否齐全。 (3)业主的工程建设经验。 (4)业主的信用水平及工程师的情况
6	竞争对手的调查	(1)调查获得本工程投标资格、购买投标文件的公司情况。 (2)有多少家公司参加了标前会议和现场勘察。 (3)参加投标竞争公司的有关情况,包括规模和实力、技术特长、管理水平、经营状况、在建工程情况以及联营体情况等

★高频考点：标前会议和现场勘察

序号	项目	内容
1	标前会议	(1)对工程内容范围不清的问题应当提请说明,但不要表示或提出任何修改设计方案的要求。 (2)对招标文件中图纸与技术说明互相矛盾之处,可请求说明应以何者为准,但不要轻易提出修改技术要求。

序号	项目	内容
1	标前会议	（3）对含糊不清、容易产生歧义理解的合同条件，可以请求给予澄清、解释，但不要提出任何改变合同条件的要求。 （4）投标人应注意提问的技巧，不要批评或否定业主在招标文件中的有关规定，提问的问题应是招标文件中比较明显的错误或疏漏，不要将对己方有利的错误或疏漏提出来，也不要将己方机密的设计方案或施工方案透露给竞争对手，同时要仔细倾听业主和竞争对手的谈话，从中探察他们的态度、经验和管理水平
2	现场勘察	派有丰富工程施工经验的工程技术人员参加，可对大型项目进行现场录像，回国后给参与投标的全体人员和专家研究

★高频考点：生产要素与分包工程询价

序号	项目	内容
1	生产要素询价	（1）主要建筑材料的采购渠道、质量、价格、供应方式。 （2）施工机械的采购与租赁渠道、型号、性能、价格以及零配件的供应情况。 （3）当地劳务的技术水平、工作态度与工作效率、雇用价格与手续。 （4）当地的生活费用指数、食品及生活用品的价格、供应情况
2	分包工程询价	（1）分包工程施工图及技术说明。 （2）详细说明分包工程在总包工程中的进度安排。 （3）提出需要分包商提供服务的时间。 （4）说明分包商对分包工程顺利进行应负的责任和应提供的技术措施。 （5）总包商提供的服务设施及分包商到总包现场认可的日期。 （6）分包商应提供的材料合格证明、施工方法及验收标准、验收方式。 （7）分包商必须遵守的现场安全和劳资关系条例。 （8）工程报价及报价日期、报价货币

C45　单价分析和标价汇总的方法

★高频考点：分项工程的单价分析的步骤

序号	项目	内容	说明
1	计算分项工程的单位工程量人、料、机费用	(1)单位工程量人、料、机费用 a = 单位工程量人工费 + 单位工程量的材料费 + 单位工程量施工机具使用费。 (2)本分项工程人、料、机费用 A = 本分项工程的单位工程量人、料、机费用 a × 本分项工程量	分项工程人、料、机费用常用的估价方法有定额估价法、作业估价法和匡算估价法等： (1)使用定额估价法时，应具备较准确的人工、材料、机械台班的消耗定额以及人工、材料和机械台班的使用单价。一般拥有较可靠定额标准的企业，定额估价法应用较为广泛。 (2)应用定额估价法是以定额消耗标准为依据，并不考虑作业的持续时间，因此当机械设备所占比重较大，适用均衡性较差，机械设备搁置时间过长而使其费用增大，这种机械搁置而又无法在定额估价中给予恰当的考虑时，这时就应采用作业估价法进行计算更为合适。 (3)作业估价法是先估算出总工作量、分项工程的作业时间和正常条件下劳动人员、施工机械的配备，然后计算出各项作业持续时间内的人工和机械费用。为保证估价的正确和合理性，作业估价法应包括：制定施工计划，计算各项作业的资源费用等。 (4)匡算估价法是指估价师根据以往的实际经验或有关资料，直接估算出分项工程中人工、材料、机具的消耗量，从而估算出分项工程的人、料、机单价。采用这种方法，估价师的实际经验直接决定了估价的准确程度。因此，往往适用于工程量不大，所占费用比例较小的那部分分项工程

序号	项目	内容	说明
2	求整个工程项目的人、料、机费用	整个工程项目的人、料、机费用等于所有分项工程人、料、机费用之和	以 ΣA 表示
3	求整个工程项目的待摊费用	根据工程项目实际情况列出	以 ΣB 表示
4	计算分摊系数 β 和本分项工程分摊费 B	$\beta = \dfrac{\sum B}{\sum A} \times 100\%$ 本分项工程分摊费 $B=$ 本分项工程人、料、机费用 $A \times$ 分摊系数 β； 本分项工程的单位工程量分摊费 $b=$ 本分项工程的单位工程量人、料、机费用 $a \times$ 分摊系数 β	分摊系数等于整个工程项目的待摊费用之和除以所有分项的人、料、机费用之和
5	计算本分项工程的单价 U 和合价 S	$U=$ 本分项工程的单位工程量人、料、机费用 $a+$ 本分项工程的单位工程量分摊费 $b=$ 本分项工程的单位工程量人、料、机费用 $a \times (1+$ 分摊系数 $\beta)$	本分项工程合价 $S=$ 本分项工程单价 $U \times$ 本分项工程量 Q

注：分项工程单价也叫工程量单价，是指工程量清单上所列项目的单价。单价分析之前，首先计算出工程中拟使用的人工、材料、施工机具使用费的基础单价，选择好适用的工程定额，然后对工程量清单中每一个分项进行分析与计算。将工程量清单中所有分项工程的合价汇总，即可算出工程的总标价。总标价＝分项工程合价＋分包工程总价＋暂定金额。

C46 国际工程投标报价的技巧

★高频考点:根据招标项目的不同特点采用不同报价

序号	项目	内容
1	报价可高一些的工程	(1)施工条件差的工程。 (2)专业要求高的技术密集型工程,而本公司在这方面有专长,声望也较高。 (3)总价低的小型工程以及自己不愿做、又不方便不投标的工程。 (4)特殊的工程,如港口码头、地下开挖工程等。 (5)工期要求急的工程。 (6)竞争对手少的工程。 (7)支付条件不理想的工程
2	报价可低一些的工程	(1)施工条件好的工程。 (2)工作简单、工程量大而一般公司都可以做的工程。 (3)本公司目前急于打入某一市场、某一地区,或在该地区面临工程结束,机械设备等无工地转移时。 (4)本公司在附近有工程,而本项目又可利用该工地的设备、劳务,或有条件短期内突击完成的工程。 (5)竞争对手多,竞争激烈的工程。 (6)非急需工程。 (7)支付条件好的工程

注:国际工程投标报价时,既要考虑自身的优势和劣势,也要分析招标项目的特点。按照工程项目的不同特点、类别、施工条件等来选择报价策略。

★高频考点:适当运用不平衡报价法

(1)能够早日结账收款的项目(如开办费、土石方工程、基础工程等)可以报高一些,后期工程项目(如机电设备安装工程,装饰工程等)适当降低;

(2)经过工程量核算,预计今后工程量会增加的项目,单价适当提高,工程量可能减少的项目单价降低;

(3)设计图纸不明确,估计修改后工程量要增加的,可以提高单价。工程内容说明不清的,可降低单价。

注:不平衡报价法也叫前重后轻法。不平衡报价是指一个工程项目的投标报价,在总价基本确定后,调整内部各个项目的报价,

以期既不提高总价从而影响中标，又能在结算时得到更理想的经济效益。

★高频考点：其他报价策略和方法

序号	项目	内容
1	注意计日工的报价	单纯对计日工报价，可以报高一些。如招标文件中有假定的"名义工程量"时，则需具体分析是否报高价，以免提高总报价
2	适当运用多方案报价法	工程范围不很明确，条款不清楚或很不公正，或技术规范要求过于苛刻时，按多方案报价法处理
3	适当运用"建议方案"报价	招标文件中规定可以提出建议方案，即可以修改原设计方案，提出投标者的方案，可采用本方法
4	适当运用突然降价法	先按一般情况报价或表现出自己对该工程兴趣不大，而到快投标截止时，再突然降价
5	适当运用先亏后盈法	采取不惜代价，只求中标的低价报价方案
6	注意暂定工程量的报价	（1）业主规定了暂定工程量的分项内容和暂定总价款，并规定所有投标人都必须在总报价中加入这笔固定金额，但由于分项工程量不很准确，允许将来按投标人所报单价和实际完成的工程量付款。第一种情况，由于暂定总价款是固定的，对各投标人的总报价水平竞争力没有任何影响，因此，投标时应当对暂定工程量的单价适当提高。这样做，既不会因今后工程量变更而吃亏，也不会削弱投标报价的竞争力。（2）业主列出了暂定工程量的项目和数量，但并没有限制这些工程量的估价总价款，要求投标人既列出单价，也应按暂定项目的数量计算总价，当将来结算付款时可按实际完成的工程量和所报单价支付。第二种情况，投标人必须慎重考虑。如果单价定高了，同其他工程量计价一样，将会增大总报价，影响投标报价的竞争力；如果单价定低了，将来这类工程量增大，将会影响收益。一般来说，这类工程量可以采用正常价格。如果承包商估计今后实际工程量肯定会增大，则可适当提高单价，使将来可增加额外收益。（3）只有暂定工程的一笔固定总金额，将来这笔金额做什么用，由业主确定。第三种情况对投标竞争没有实际意义，按招标文件要求将规定的暂定款列入总报价即可

序号	项目	内容
7	合理运用无利润算标法	(1)有可能在得标后,将大部分工程分包给索价较低的一些分包商。 (2)分期建设的项目,低价获得首期工程,赢得机会创造第二期工程中的竞争优势。 (3)较长时期内承包商没有在建的工程项目,中标以维持生存,只要维持管理费即可

C47 经济效果评价的内容

★高频考点：经济效果评价的基本内容

序号	项目	含义	主要分析指标
1	技术方案的盈利能力	分析和测算拟定技术方案计算期的盈利能力和盈利水平	包括技术方案财务内部收益率和财务净现值、资本金财务内部收益率、静态投资回收期、总投资收益率和资本金净利润率等
2	技术方案的偿债能力	分析和判断方案和企业的偿债能力,重点是财务主体——企业的偿债能力	包括利息备付率、偿债备付率和资产负债率等
3	技术方案的财务生存能力	是根据拟定技术方案的财务计划现金流量表,通过考察拟定技术方案计算期内各年的投资、融资和经营活动所产生的各项现金流入和流出,计算净现金流量和累计盈余资金,分析技术方案是否有足够的净现金流量维持正常运营,以实现财务可持续性	财务可持续性应首先体现在有足够的经营净现金流量,这是财务可持续的基本条件;其次在整个运营期间,允许个别年份的净现金流量出现负值,但各年累计盈余资金不应出现负值,这是财务生存的必要条件

注：在实际应用中，对于经营性方案，经济效果评价是从拟定技术方案的角度出发，根据国家现行财政、税收制度和现行市场价格，计算拟定技术方案的投资费用、成本与收入、税金等财务数据，通过编制财务分析报表，计算财务指标，分析拟定技术方案的盈利能力、偿债能力和财务生存能力；对于非经营性方案，经济效果评价应主要分析拟定技术方案的财务生存能力。

★高频考点：经济效果评价方法

序号	项目	内容	说明
1	经济效果评价的基本方法	包括确定性评价方法与不确定性评价方法两类	对同一个技术方案必须同时进行确定性评价和不确定性评价
2	按评价方法的性质分类	（1）定量分析	定量分析因素包括资产价值、资本成本、有关销售额、成本等一系列可以以货币表示的一切费用和收益
		（2）定性分析	对无法精确度量的重要因素实行的估量分析方法
3	按评价方法是否考虑时间因素分类	（1）静态分析	不考虑资金的时间因素，而对技术方案现金流量分别进行直接汇总来计算分析指标的方法
		（2）动态分析	是在分析技术方案的经济效果时，对发生在不同时间的现金流量折现后来计算分析指标
4	按评价是否考虑融资分类	（1）融资前分析	编制技术方案投资现金流量表，计算技术方案投资内部收益率、净现值和静态投资回收期等指标。融资前分析排除了融资方案变化的影响，应以动态分析为主，静态分析为辅
		（2）融资后分析	应以融资前分析和初步的融资方案为基础，考察技术方案在拟定融资条件下的盈利能力、偿债能力和财务生存能力，判断技术方案在融资条件下的可行性。融资后分析用于比选融资方案，帮助投资者做出融资决策。融资后的盈利能力分析也应包括动态分析和静态分析。动态分析包括：技术方案资本金现金流量分析；投资各方现金流量分析。静态分析系指不采取折现方式处理数据，依据利润与利润分配表计算技术方案资本金净利润率（ROE）和总投资收益率（ROI）指标

序号	项目	内容	说明
5	按技术方案评价的时间分类	（1）事前评价	在技术方案实施前为决策所进行的评价，有不确定性和风险性
		（2）事中评价	在技术方案实施过程中所进行的评价
		（3）事后评价	在技术方案实施完成后，总结评价技术方案决策的正确性、实施过程中项目管理的有效性等

注：在技术方案经济效果评价中，应坚持定量分析与定性分析相结合，以定量分析为主的原则；应坚持动态分析与静态分析相结合，以动态分析为主的原则。

★高频考点：经济效果评价的程序

序号	项目	内容	说明
1	熟悉技术方案的基本情况	包括投资目的、意义、要求、实施的条件和投资环境	做好市场调查研究和预测、技术水平研究和设计方案
2	收集、整理和计算有关技术经济基础数据资料与参数	收集、估计、测算和选定一系列有关的技术经济数据与参数	（1）投入物和产出物的价格、费率、税率、汇率、计算期、生产负荷及基准收益率等。 （2）建设期间分年度投资支出额和技术方案投资总额。 （3）资金来源方式、数额、利率、偿还时间、分年还本付息数额。 （4）生产期间的分年产品成本、总成本、经营成本、单位产品成本、固定成本和变动成本。 （5）生产期间的分年产品销售数量、营业收入、税金及附加、营业利润及其分配数额
3	根据基础财务数据资料编制各基本财务报表	—	—

序号	项目	内容	说明
4	经济效果评价	计算技术方案的各经济效果分析指标值,并进行经济可行性分析,得出结论	(1)首先进行融资前的盈利能力分析。 (2)"可行"情况下分析资本金盈利能力分析和偿债能力分析

注：收集、整理和计算有关技术经济基础数据资料与参数的对象针对的是技术方案。

★高频考点：经济效果评价方案

序号	项目	内容	说明
1	独立型方案	指技术方案间互不干扰、在经济上互不相关的技术方案,即这些技术方案是彼此独立无关的,选择或放弃其中一个技术方案,并不影响其他技术方案的选择	独立型方案在经济上是否可接受,取决于技术方案自身的经济性,即技术方案的经济指标是否达到或超过了预定的评价标准或水平
2	互斥型方案	在若干备选技术方案中,各个技术方案彼此可以相互代替,因此技术方案具有排他性,选择其中任何一个技术方案,则其他技术方案必然被排斥	互斥方案经济评价包含两部分内容：一是考察各个技术方案自身的经济效果,即进行"绝对经济效果检验"；二是考察哪个技术方案相对经济效果最优,即"相对经济效果检验"

注：在进行相对经济效果检验时，不论使用哪种指标，都必须满足方案可比条件（包括方案在满足需要、消耗费用、价格、时间和原始数据资料等方面的可比性）。

★高频考点：技术方案的计算期

序号	项目	内容	说明
1	建设期	从资金正式投入开始到技术方案建成投产为止所需要的时间	通常建设期应根据技术方案实施的内容、工程量大小、技术难易以及资金保障程度、实施条件和管理组织等多因素综合研究确定

序号	项目	内容	说明
2	运营期	(1)投产期	指技术方案投入生产,但生产能力尚未完全达到设计能力时的过渡阶段
		(2)达产期	指生产运营达到设计预期水平后的时间

注:技术方案计算期的长短主要取决于技术方案本身的特性,不能对技术方案计算期作出统一规定。计算期不宜定得太长。计算期较长的技术方案多以年为时间单位。计算期较短的技术方案,在较短的时间间隔内现金流水平有较大变化时,可根据技术方案的具体情况选择合适的计算现金流量的时间单位。对需要比较的技术方案应取相同的计算期。

C48 不确定性分析

★高频考点:不确定性分析

序号	项目	内容
1	不确定性因素产生的原因	(1)所依据的基本数据不足或者统计偏差。这是指由于原始统计上的误差,统计样本点的不足,公式或模型的套用不合理等所造成的误差。比如说技术方案建设投资和流动资金是技术方案经济效果评价中重要的基础数据,但在实际中,往往会由于各种原因而高估或低估了它的数额,从而影响了技术方案经济效果评价的结果。 (2)预测方法的局限,预测的假设不准确。 (3)未来经济形势的变化。由于有通货膨胀的存在,会产生物价的波动,从而会影响技术方案经济效果评价中所用的价格,进而导致诸如年营业收入、年经营成本等数据与实际发生偏差;同样,由于市场供求结构的变化,会影响到产品的市场供求状况,进而对某些指标值产生影响。 (4)技术进步。技术进步会引起产品和工艺的更新替代,这样根据原有技术条件和生产水平所估计出的年营业收入、年经营成本等数据就会与实际值发生偏差。 (5)无法以定量来表示的定性因素的影响。 (6)其他外部影响因素,如政府政策的变化,新的法律、法规的颁布,国际政治经济形势的变化等,均会对技术方案的经济效果产生一定的甚至是难以预料的影响

序号	项目	内容
2	不确定性分析的方法	(1)盈亏平衡分析 盈亏平衡分析也称量本利分析,就是将技术方案投产后的产销量作为不确定因素,通过计算技术方案的盈亏平衡点的产销量,据此分析判断不确定性因素对技术方案经济效果的影响程度,说明技术方案实施的风险大小及技术方案承担风险的能力,为决策提供科学依据。根据生产成本及销售收入与产销量之间是否呈线性关系,盈亏平衡分析又可进一步分为线性盈亏平衡分析和非线性盈亏平衡分析。通常只要求线性盈亏平衡分析。 (2)敏感性分析 敏感性分析则是分析各种不确定性因素发生增减变化时,对技术方案经济效果评价指标的影响,并计算敏感度系数和临界点,找出敏感因素

注:根据拟实施技术方案的具体情况,分析各种内外部条件发生变化或者测算数据误差对技术方案经济效果的影响程度,以估计技术方案可能承担不确定性的风险及其承受能力,确定技术方案在经济上的可靠性,并采取相应的对策力争把风险减低到最小限度,称为不确定性分析。不确定性不同于风险。风险是指不利事件发生的可能性,其中不利事件发生的概率是可以计量的;而不确定性是指人们在事先只知道所采取行动的所有可能后果,而不知道它们出现的可能性,或者两者均不知道,只能对两者做些粗略的估计,因此不确定性是难以计量的。

C49　财务会计的内涵

★高频考点:财务会计的内涵

财务会计利用专门的方法和程序,对经济活动进行完整、连续、系统的反映和监督,旨在提供会计信息,并对企业经营活动和财务收支进行监督。

(1) 会计的对象是企业的经济活动。企业一切能够用货币计量的经济活动都要在会计上予以记录。如现金支付、材料采购、商品销售等。

(2) 财务会计是一个提供财务信息的经济信息系统。该系统输入已经发生的经济活动的财务信息,输出反映企业财务信息的财务会计报表。财务会计反映的信息主要是企业的财务状况、经营成果和现金流量。

（3）主要为外部利害关系人服务。企业经营管理者可以依据财务会计信息进行经营管理决策，但财务会计信息本身主要为企业外部利害关系人服务，外部利害关系人主要有投资者、债权人、政府及其有关部门、社会公众。财务会计对外提供的信息反映了企业与投资者、债权人的利益关系，是投资者和债权人做出合理决策的重要依据；是投资者和社会公众监督和衡量企业管理层受托责任履行情况及履行社会责任绩效的依据；还是政府部门进行宏观经济管理的重要信息来源。

（4）有统一的规则和方法。为便于外部利害关系人对企业提供的财务会计信息进行科学、一致、可比较、可追溯的解释和运用，财务会计应当以统一的会计准则为核心制订统一的规则和方法，且不得变更。

（5）以货币作为主要计量尺度。货币计量能够综合反映企业经济活动的各个方面，财务会计以货币作为主要计量尺度对经济活动进行核算和报告，反映企业过去的资金运动或经济活动历史。

（6）财务会计包括确认、计量和报告三个环节。企业应当对其本身发生的交易或者事项进行会计确认、计量和报告。会计确认是指按照规定的标准和方法，辨认和确定经济信息是否作为会计信息进行正式记录并列入财务报表的过程；会计计量是企业在将符合确认条件的会计要素登记入账并列报于会计报表及其附注时，应当按照规定的会计计量属性进行计量，确定其金额；报告是指在日常会计核算基础上，分期编制财务会计报告，提供相关会计信息。

C50　会计核算的基本前提

★高频考点：会计核算的基本假设

序号	项目	内容
1	会计主体假设	是指会计信息所反映的特定单位或组织。企业会计主体与企业法人主体并不是完全对应的关系

序号	项目	内容
2	持续经营假设	是指在可以预见的将来，企业将会按当前的规模和状态继续经营下去，不会停业，也不会大规模削减业务。该假设旨在解决企业的资产计价和费用分配等问题。企业会计确认、计量和报告应当以持续经营为前提
3	会计分期假设	我国通常以日历年作为企业的会计年度，即以公历1月1日至12月31日为一个会计年度
4	货币计量假设	企业会计应当以货币计量

注：(1)《中华人民共和国会计法》规定，会计核算以人民币为记账本位币。业务收支以人民币以外的货币为主的单位，可以选定其中一种货币作为记账本位币，但是编报的财务会计报告应当折算为人民币。

(2) 会计核算四个基本前提相互依存、相互补充。会计主体确立了会计核算的空间范围，持续经营与会计分期确立了会计核算的时间长度，货币计量则为会计核算提供了必要手段。没有会计主体就没有持续经营；没有持续经营就没有会计分期；没有会计分期就不能及时提供会计信息供利害相关人使用；没有货币计量就不会有现代会计这一综合性管理手段。

(3) 权责发生制基础要求，凡是当期已经实现的收入和已经发生或应当负担的费用，无论款项（货币）是否收付，都应当作为当期的收入和费用，计入损益表；凡是不属于当期的收入和费用，即使款项在当期收付，也不应作为当期的收入和费用。权责发生制是按照收益、费用是否归属本期为标准来确定本期收益、费用的一种方法。权责发生制是以会计分期假设和持续经营为前提的会计基础。为了更加真实地反映特定会计期间的财务状况和经营成果，我国《企业会计准则》规定，企业应当以权责发生制为基础进行会计确认、计量和报告。

C51 流动资金的估算方法

★高频考点：流动资金的估算方法

序号	项目	内容
1	扩大指标估算法	(1)是参照同类企业的流动资金占营业收入、经营成本的比例或者是单位产量占用营运资金的数额估算流动资金。

序号	项目	内容
1	扩大指标估算法	(2)流动资金额＝各种费用基数(指年营业收入,年经营成本或年产量等)×相应的流动资金所占比例(或占营运资金的数额)
2	分项详细估算法	(1)流动资金＝流动资产－流动负债 (2)流动资产＝应收账款＋预付账款＋存货＋库存现金 (3)流动负债＝应付账款＋预收账款

注：流动资金系指运营期内长期占用并周转使用的营运资金，不包括运营中需要的临时性营运资金。流动资金的估算方法有扩大指标估算法和分项详细估算法两种。

C52 概算定额与概算指标的编制

★高频考点：概算定额的编制

序号	项目	内容
1	概算定额的作用	(1)是在初步设计阶段编制设计概算或技术设计阶段编制修正概算的依据。 (2)是确定建设工程项目投资额的依据。 (3)概算定额可用于进行设计方案的技术经济比较。 (4)概算定额也是编制概算指标的基础
2	编制概算定额的一般要求	(1)概算定额的编制深度要适应设计深度的要求。 (2)概算定额水平的确定应与基础定额、预算定额的水平基本一致。 (3)概算定额与预算定额之间产生并允许留有一定的幅度差，以便根据概算定额编制的概算能够控制住施工图预算
3	概算定额的编制方法	(1)直接利用综合预算定额。 (2)在预算定额的基础上再合并其他次要项目。 (3)改变计量单位。 (4)采用标准设计图纸的项目,可以根据预先编好的标准预算计算。 (5)工程量计算规则进一步简化

注：概算定额手册的内容，按专业特点和地区特点编制的概算定额手册，内容基本上是由文字说明、定额项目表和附录三个部分组成。

★高频考点：概算指标的编制

序号	项目	内容	说明
1	概算指标含义	是以每100m²建筑面积、每1000m³建筑体积或每座构筑物为计量单位，规定人工、材料、机械及造价的定额指标	概算指标是概算定额的扩大与合并，它是以整个房屋或构筑物为对象，以更为扩大的计量单位来编制的，也包括劳动力、材料和机械台班定额三个基本部分
2	概算指标的作用	作用与概算定额类似，在设计深度不够的情况下，往往用概算指标来编制初步设计概算	概算指标比概算定额进一步扩大与综合，但精确度也随之降低
3	概算指标的编制方法	通常按工业建筑和民用建筑分别编制。工业建筑中又按各工业部门类别、企业大小、车间结构编制，民用建筑中又按用途性质、建筑层高、结构类别编制	单位工程概算指标，一般选择常见的工业建筑的辅助车间和一般民用建筑项目为编制对象，根据设计图纸和现行的概算定额等，测算出每100m²建筑面积或每1000m³建筑体积所需的人工、主要材料、机械台班的消耗量指标和相应的费用指标等

注：概算指标的组成内容一般分为文字说明、指标列表和附录等几部分。